최소주의와
최후의 수단

최소주의와 최후의 수단

김 광 섭 지음

Minimalism and Last Resort

한국문화사

최소주의와 최후의 수단

1판1쇄 발행 2018년 4월 10일
1판2쇄 발행 2019년 11월 30일

지은이 김광섭
펴낸이 김진수
펴낸곳 **한국문화사**
등 록 1991년 11월 9일 제2-1276호
주 소 서울특별시 성동구 광나루로 130 서울숲 IT캐슬 1310호
전 화 02-464-7708
팩 스 02-499-0846
이 메 일 hkm7708@hanmail.net
홈페이지 http://www.hankookmunhwasa.co.kr

책값은 뒤표지에 있습니다.

잘못된 책은 구매처에서 바꾸어 드립니다.
이 책의 내용은 저작권법에 따라 보호받고 있습니다.

ISBN 978-89-6817-624-1 93700

이 도서의 국립중앙도서관 출판예정도서목록(CIP)은 서지정보유통지원시스템 홈페이지(http://seoji.nl.go.kr)와 국가자료공동목록시스템(http://www.nl.go.kr/kolisnet)에서 이용하실 수 있습니다. (CIP제어번호: CIP2018010836)

이 저서는 2013년 정부(교육부)의 재원으로 한국연구재단의 지원을 받아 수행된 연구임. (NRF-2013S1A6A4016496)

머리말

촘스키가 주창하고 있는 최소주의 문법에는 여러 가지 흥미로운 개념이 등장한다. 이 중 필자의 관심을 끈 것 중의 하나가 '최후의 수단'(last resort)이라는 개념이다. 최소주의에서 '최후의 수단'이란 정문을 만들기 위해 어쩔 수 없이 수행할 수밖에 없는 무리한 연산 작업(operation)을 의미한다. 비문이 생성될 위기에 처했을 때, 일종의 돌파구로 적용하는 수단이 최후의 수단인 것이다. 최후의 수단이라는 개념은, 생성문법의 시작을 알리는 촘스키의 1957년 저서 『통사구조(Syntactic Structures)』에서 처음 제시되었다. 이 저서에서 촘스키는 의미가 없는 조동사 do의 분포를 포착하기 위하여 최후의 수단이라는 책략을 사용하였다. 모형조동사(dummy auxiliary verb) do가 최후의 수단으로 삽입된다는 촘스키의 주장은, 반세기 이상이 흐른 지금도 정설로 자리 잡고 있다. 만약 최후의 수단이라는 책략이 올바른 분석방법이라면, 그것이 do의 분포를 설명하는 데만 그치지 않고 언어현상 전반에 폭넓게 적용되었으리라 예상할 수 있다. 그러나 실상 지금까지 최후의 수단이라는 개념이 적용되어 분석이 된 현상은 예상에 못 미치는 수준이라고 할 수 있다. 본서는, 최후의 수단 책략으로 do를 분석하는 것이 옳다면, 최후의 수단이 적용되는 다른 많은 현상이 존재하는 것이 아닌가 하는 문제의식으로부터 비롯되었다. 이러한 문제의식을 구체화시키는 과정에서, 필자는 최후의 수단이라는 책략(strategy)으로 언어를 설명하는 것이 올바른 방향이었음을 확인할 수 있었다. 본서에서는 문장이 우리 입을 통해 발화되고 해석되기까지의 여러 과정에 걸쳐서 다양한 최후의 수단책략이 발생한다는 것을 보이고 있다. 즉, 최후의 수단이란 지엽적이거나 예외적인 작업이 아니라, 언어의 본질을 보여주는 핵심적인 책략이라는 것이 본서의 주요주장이다.

최소주의 통사론에서 허용되는 유일한 연산 작업은 병합(merge)이다. 좀 더 정확히 말하면, 최소주의 통사론은 병합과 최후의 수단으로 이루어져 있다고 말할 수 있다. 병합이란 두 개의 구성소가 합쳐지는 작업을 의미하므로 더 이상의 설명이 필요 없는 작업이다. 이 병합의 뒷설거지를 해주는 작업이 최후의 수단이다. 사실상 모든 연산 작업은 넓은 의미에서 최후의 수단이라고 말할 수 있다. 왜냐하면 더 이상의 연산 작업이 발생하지 않으면 비문이 발생하기 때문이다. 이러한 측면에서 보면 병합마저도 최후의 수단이라고 할 수 있다. 반면에 좁은 의미의 최후의 수단이란, 조작금지조건이나 경제성 원리와 같은 근본원리를 위반하면서까지 적용을 시켜야만 하는 최후의 수단을 의미한다. 본서의 목적은 주로 좁은 의미의 최후의 수단이 생각보다 훨씬 더 광범위하게 적용되고 있다는 것을 보여주는 것이다. 이러한 목적을 위하여, 본서는 모두 3부로 나누어져 있다. 제1부에서는 삽입(insertion)에 의한 보수작업을 다루고, 제2부에서는 생략에 의한 보수작업을 다룬다. 제1부와 2부의 공통점은 통사-음운 접합부에서 발생하는 최후의 수단을 다루고 있다는 것이다. 한편, 제 3부에서는 순수통사부(narrow syntax)와 통사-의미접합부 혹은 논리형태부(LF)에서도 좁은 의미의 최후의 수단이 적용될 수 있음을 보인다. 제3부에서는 표찰달기(labeling), 재병합(remerge), 양화사 삽입 등과 같은 연산 작업을 최후의 수단이라는 시각에서 분석한다.

본서를 집필하고 출판하는 과정에서 많은 분들의 도움을 받았다. 본 저서의 내용 중 많은 부분이 국내외의 학회에서 발표된 바 있다. 발표과정에서 귀중한 논평과 질문을 하여주신 국내외 학자들께 깊은 사의를 표한다. 본서의 일부는 대학원 수업에서 사용되었다. 수업에 참여하고 열띤 논의를 펼쳐 준 대학원생들에게 감사를 표하고 싶다. 출판하는 과정에서 한국문화사의 이은하 과장님을 비롯하여 여러 관계자들의 도움이 많이 있었음을 밝힌다. 그리고 열과 성을 다해 교정을 하여준 김다정 박사와 박사과정생 김재량, 김지혜에게도 고마움을 전한다. 또한, 나의 모든 원고의 첫 번째 독자로서 도움이 되는 구체적인 조언을 해줄 뿐 아니라, 한결같은 모습으로 응원해주는 아내 송영미에게 감사를 표한다. 마지막으로, 학자로 살아가는 아빠의 삶을 이해하고 지지해 주는 두 아들 재우와 재익이에게도 깊은 사랑의 마음을 전하고 싶다.

2018년 4월
저자 씀

차례

- 머리말 / v

들어가는 말 ... 1

제1부 · 최후의 수단으로서의 삽입 ... 9

제1장　Do-삽입 ... 10
제2장　'하'-삽입 ... 40
제3장　To-삽입 ... 77
제4장　That의 분포와 삽입전략 ... 103
제5장　For의 분포와 삽입전략 ... 121
제6장　허사(expletive) it/es-삽입 ... 130
제7장　격과 삽입에 의한 보수 ... 148

제2부 · 최후의 수단으로서의 생략 ... 173

제8장　복원가능성의 원리(Principle of Recoverability) ... 175
제9장　최후의 수단과 통사-음운접합부와 논리형태부(LF)에서의 복사본 생략 (Copy Deletion) ... 182
제10장　국부조건(locality condition)위반과 생략에 의한 보수 ... 201
제11장　최후의 수단으로의 후치사 생략 ... 216
제12장　최후의 수단으로서의 굴절어미 생략 ... 228

제3부 · 통사부와 논리형태부(LF)에서의 최후의 수단　251

　제13장　최후의 수단으로의 재병합(remerge)　253

　제14장　최후의 수단으로의 표찰달기(labeling)　276

　제15장　논리형태부(LF)에서의 삽입에 의한 보수　296

맺음말　323

- 참고문헌　328
- 찾아보기　338

들어가는 말

일반적으로 언어이론이 지향하는 목표는 언어현상을 관찰(observation), 기술(description), 설명(explanation)하는 것이다. 그러나 Chomsky(1995, 2001, 2004, 2008, 2013)가 주창하고 있는 최소주의의 지향점은 그것보다 훨씬 더 원대하다. 관찰, 기술, 설명에 그치지 않고 왜 언어가 그러한 현상을 가질 수밖에 없는가를 보여주는 단계(beyond explanation)까지 도달하고자 하는 것이 최소주의의 목표이다. 이러한 단계에 도달하기 위해서는, 지배-결속(Government & Binding)이론에서 발전시킨 '지배'나 '결속'이라는 복잡한 개념을, 좀 더 간단하고 직관적으로 자연스러운 원리로 재해석하는 것이 필요하다. 따라서 최소주의에서 지향하는 바는, 언어가 완벽한 체계(perfect system)라는 가정 하에 경제성 원리와 같은 간단명료한 원리를 바탕으로 언어를 설명하고자 하는 것이다.

다른 이론적 틀(framework)에서와 마찬가지로, 최소주의의 틀 안에서도 여러 갈래의 이론이 존재한다. 그중 강최소주의론(strong minimalist thesis)의 옹호자들은, 언어에만 적용되는 언어고유(language-specific)의 원리나 현상은 거의 존재하지 않는다고 주장한다. 굳이 언어고유의 속성을 꼽자면, 두 개의 구성소를 결합(combine)하고 그 결과물에 표찰(label)을 붙이는 것 정도라고 할 수 있다. 두 개의 구성소를 결합하는 작업을 '병합'(merge)이라고 일컫는데, '병합'을 무한대로 적용하는 능력이 가장 중요한 언어고유의 속성이라는 것이다. Chomsky(2004)는 무한대로 병합할 수 있는 능력이 인간의 언어와 동물의 의사소통을 구별하는 가장 중요한 요소라고 주장하고 있다. 이러한 강최소주의론을 뒷받침하기 위하여, Hornstein (2009)은 결속(binding), 통제(control), 그리고 성분통어(c-command)와 같은 개념을 '병합'으로부터 도출하려는 시도를 하고 있다. 앞에서 언급한 바와 같이, 강최소주의론에 따르면 통사부에서 활용할 수 있는 유일한 연산 작업은 '병합'이며, 이 병합이라는 연산 작업(operation)은 다음과 같은 조작금지조건 (No Tampering Condition)의 저촉을 받는다.

(1) 조작금지조건
연산 작업의 과정에서 임의로 어떠한 요소를 삽입하거나 생략할 수 없다.

위의 조작금지조건에 따르면 문장을 도출하는 과정에서 어떠한 요소도 임의로 삽입되거나 생략되어서는 안 된다는 것이다. '조작금지조건'은 개념적으로 자연스러운 제약일 뿐더러, 최소주의의 근간을 이루는 중요한 조건 중의 하나이다. 최소주의의 기본 정신은 문장을 도출해 내는 과정에서 완력(brute force)을 사용할 수 없다는 것이므로, '조작금지조건'은 새삼스러울 것 없는 당연한 제약조건이라고 할 수 있다.

문제는 문장이 음성적으로 실현이 되고 의미가 해석되는 과정에는 완벽해 보이지 않는 현상이 많이 존재한다는 것을 부인하기 어렵다는 것이다. 이러한 현상이 발생하는 주요 이유는, 이상세계인 순수통사부(narrow syntax)에서 만들어진 구조물을 현실세계와 인접해 있는 음운부와 논리형태부에서 직접 사용할 때에 문제가 발생할 수 있기 때문이다. 다시 말해, 이상적으로 만들어진 구조물을 실제로 발음하고 해석할 때 문제점이나 하자가 발생할 수 있는데 이를 보수하는 작업이 필요하다. 이와 같이 문장 도출과정에서 조작금지 조건과 같은 제약조건을 어쩔 수 없이 어기면서까지 수행하는 작업을 '최후의 수단'(last resort)이라고 부른다. 본서에서 중점적으로 다루게 될 주제가 바로 '최후의 수단'이다.

사실상 최소주의에서는 모든 연산 작업이 최후의 수단이라고 말할 수 있다. 그 이유는, 모든 연산 작업은 그 작업이 일어나지 않으면 문법에 맞는(well-formed) 문장이 생성될 수 없다는 점에서 '최후의 수단'이라는 성격을 띠고 있기 때문이다. 예를 들어, 이동이 일어나는 이유는 이동이 일어나지 않으면 비문(ill-formed sentence)이 되기 때문이라고 알려져 있다. 이러한 점을 고려할 때 이동도 또한 최후의 수단이다.[1] 이동과 같은 작업은 넓은 의미의 최후의 수단이며, 사실상 모든 연산 작업은 넓은 의미에서 최후의 수단이라고 말할 수 있다. 반면에 좁은 의미의 최후의 수단이란, 위에서 언급한 바와 같이 조작금지조건이나 경제성 원리와 같은 근본원리를 위반하면서까지 적용을 시켜야만 하는 최후의 수단을 의미한다. 좁은 의미의 최후의 수단은, 앞에서 언급한 바와 같이, 주로 이상세계에서 만들어진 구조물을 현실세계에서 실용화할 때 생겨나는 문제점을 보수하기 위해서 사용된다. 물론 순수 통사부에서도 부득이한 경우에 좁은 의미의 최후의 수단을 사용하기도 한다. 예를 들어, 표찰달기(labeling)가 순수통사부에서 발생하는 대표적인 좁은 의미의 최후의 수단이라고 할 수 있다. 본서에서는 통사-음운 접합부, 통사-의미 접합부, 그리고 순수통사부에서 발생하는 좁은 의미의 최후의 수단을 탐구하고자 한다.

본서는 모두 3부로 나누어져 있다. 제1부와 2부에서는 통사-음운 접합부에서 발생하는 최후의 수단을 다루며, 제3부에서는 순수통사부와 통사-의미접합부 혹은 논리형태부에서도 좁은 의미의 최후의 수단이 적용될 수 있음을 보인다. 즉, 1-2부에서는 통사부에서 만들어진 구조물을 발음하기 위해서 필요한 보수 작업을 다루게 되는데, 1부에서는 삽입에 의한 보수 작업을, 그리고 2부에서는 생략에 의한 보수 작업을 다룬다. 제3부에서는 통사부나 논리형태부에서 발생하는 보수 작업을 다룬다. 일반적

---

[1] 이동에 대한 최소주의적 분석은 9장과 13장을 참즈하기 바람.

으로 통사부에서는 좁은 의미의 최후의 수단이 적용되지 않는다고 알려져 있다. 그러나 앞에서 언급한 바와 같이, 좁은 의미의 최후의 수단이 다른 원리를 위반하면서까지 적용되는 작업을 의미한다면, 통사부에서 발생하는 표찰달기(labeling)는 조작금지조건을 경미하게 어긴다는 점에서 좁은 의미의 최후의 수단이라고 할 수 있다. 동사 love와 명사구 Mary가 병합을 한 뒤, 병합에서 그치지 않고 VP 혹은 V라는 표찰(label)을 달게 되는데, 이 표찰달기라는 것이 바로 임의로 무엇인가를 집어넣는 작업이라고 할 수 있다. Chomsky(1995)의 필수구조이론(bare phrase structure)에서는 조작금지 조건을 위반하지 않기 위해 love Mary의 표찰은 love라고 제안한다.

  (2) [$_{love}$ love Mary]

그러나 이렇게 love라고 표찰을 다는 것도 경미하게 조작금지 이론을 위반하고 있다고 말할 수 있다. 왜냐하면, (2)에서 love라는 어휘를 한 번 더 반복해야 하는데 이렇게 반복하여 집어넣는 것 자체가 조작금지조건을 경미하게 위반한다고 말할 수 있기 때문이다. 다시 말해 표찰을 다는 작업자체가 일종의 조작이 아니냐 하는 것이다. 본서에서는 표찰달기의 앨고리듬(Algorithm)을 최후의 수단이라는 관점에서 재해석하고자 한다. 표찰을 달지 않으면 더 이상의 연산 작업을 진행할 수 없기 때문에 최후의 수단으로 표찰을 달 수 밖에 없다는 시각에서 표찰달기의 앨고리듬을 새로 제안하고자 한다.[2]

 3부에서 다루고 있는 또 다른 주요 현상은 논리형태부에서 발생하는 최후의 수단이다. 예를 들어, Heim(1982)이 주장하는 자동양화(default quantification)는 다음과 같이 최후의 수단이라는 시각으로 재해석할 수

---

[2] Hornstein(2009)은 인간이 표찰을 달 수 있는 능력을 갖추게 된 순간부터 언어를 말할 수 있게 되었다고 주장하고 있다.

있다. Heim이 주장하듯이, 비한정사(indefinite)의 의미는 변항(variable)이라고 가정하자. 변항은 결속되어야만 하므로, 비한정사를 결속해줄 수 있는 결속자가 없으면, 비문이 만들어 진다. 이를 수리하기 위해 논리형태부에서 양화사를 삽입한다면, 이것이 바로 최후의 수단이다. 논리형태부에서의 양화사 삽입은 조작금지조건을 위반하는 것이므로 최후의 수단이라고 볼 수 있다. 본서의 주요 주장 중의 하나는 최후의 수단이라는 개념을 논리형태부에서 적용하면, 비한정사의 특이성뿐 아니라 왜 any가 분포제약을 갖게 되는지를 원리에 입각하여 설명할 수 있다는 것이다.

본격적으로 최후의 수단이라는 시각에서 언어현상을 설명하기 전에, 간단한 예를 들어, 최후의 수단을 소개해 보기로 하자. 최후의 수단의 대표적인 예로는 do-삽입을 들 수 있다. 문장을 생성하는 과정에서 임의로 단어를 삽입하는 것은 일반적으로 허용되지 않지만 피치 못할 상황이 발생하기도 한다. 결속형태소(bound morpheme), 즉 접사(affix)는 반드시 다른 형태소에 들러붙어 있어야 된다는 접사좌초금지조건(stray affix condition)을 준수하여야 한다. 그러나 문장을 만드는 과정에서 접사가 좌초될 처지에 놓이게 될 수 있는데, 이럴 경우 의미가 없는 do와 같은 모형동사(dummy verb)가 삽입될 수 있다는 것이 Chomsky(1957)와 Lasnik(2000)의 주장이다. 시제접사인 T는 홀로 존재할 수 없으며, 일반적으로 접사이동(affix hopping)을 통하여 접사좌초금지조건을 만족하게 된다.

(3) a. [... T [$_{VP}$ V ⋯]]: T가 V로 접사 이동
    b. [... T̄ [$_{VP}$ [V T] ⋯]]

그런데 만약 T와 V사이에 무엇인가가 가로막고 있어서 접사이동이 불가능하게 되면 비문이 초래될 위기를 맞는다. 도출과정에서 다른 제약조건은 다 준수하였으나 마지막으로 발음되는 단계에서 접사이동을 할 수 없기 때문에 비문이 될 위기에 처했을 때, 최후의 수단인 do-삽입이 허락

된다는 것이다.

  (4) a. T [xp X [vp V ...]]: T가 V로 접사 이동 못함. 따라서 do-삽입
    b. [do T] [xp X [vp V ...]]

사실상 만약 do-삽입이 허락되지 않으면 영어에서 부정문을 만드는 것은 불가능하게 된다. (5)에서 보여주는 구조는 통사적/의미적으로 문제가 없는 구조이다. 다만 형태/음운적으로는 문제가 있는 구조이다. 접사 -ed는 자신을 지지해주는 지지대(host)가 반드시 필요한데, not이 -ed와 love사이를 가로 막고 있어서 -ed가 love를 지지대로 사용할 수 없는 것이다.

  (5) *[John ed [not [love Mary]]]

이러한 문제점을 해결해 주는 것이 do-삽입과 같은 최후의 수단이다.
 한국어에도 do-삽입과 비슷한 '하'-삽입이 있는 것으로 알려져 있다. 시제가 명시적으로(overtly) 존재하는 언어의 경우,[3] 동사는 언어 보편적으로 시제와 같이 나타난다. 이렇게 동사가 시제와 같이 나타나는 방법으로는 시제가 동사 쪽으로 이동하거나 아니면 동사가 시제 쪽으로 이동하게 되는 두 가지가 있다. 한국어 동사는 핵이동(head movement)을 통하여 시제 쪽으로 이동하여 시제와 만난다고 알려져 있다. 예를 들어, '사랑하'라는 동사는 핵이동을 통하여 시제 '였다'와 병합된다.

  (6) a. [사랑하 [였다]]: 핵이동
    b. [사랑하 [사랑하였다]]

그러나 만약 동사와 시제 사이에 부정어와 같은 다른 요소가 끼여 있다면 병합이 될 수 없다. 병합이 될 수 없으면 시제 '었'은 접사좌초금지조

---

[3] 중국어와 같은 언어의 경우 명시적 시제가 존재하지 않는다.

건을 어길 수밖에 없다. 이러한 상황에서 '하'가 최후의 수단으로 삽입된다. '하'가 삽입되면 시제 '엿'은 자신을 지지해주는 형태소에 의지할 수 있으므로 접사좌초금지조건을 만족하게 된다.

(7) a. 사랑하지 아니 였다: '하'-삽입
    b. 사랑하지 아니 하였다.

간단히 말해 삽입이나 생략은 허용되어서는 안 되는 연산 작업이기는 하나, 최후의 수단으로 허용되는 도구이다. 본서의 주요 목적은 미제로 남아 있는 많은 현상들을 최후의 수단원리라는 시각으로 재해석하고 설명하고자 하는 것이다.

요약하면, 최후의 수단이란 경제성 원리나 조작금지조건과 같은 기본적인 원리를 고려할 때 허용되어서는 안 되지만, 허용하지 않으면 비문이 될 수밖에 없는 구조를 살리기 위하여 할 수 없이 허용하는 연산 작업을 의미한다. 즉, 최후의 수단이란 하자보수작업(repairing operation)이라고 할 수 있으며, 이 하자보수작업은 문장을 생성하는 과정에서 혹은 문장을 생성원리에 맞게 다 만들어 놓은 다음 발음을 하거나 의미를 해석할 때 발생한다. 이러한 좁은 의미의 최후의 수단을 개략적으로 분류하면 다음과 같다.

(8) 최후수단 작업
    a. 삽입에 의한 보수(repair-by-insertion) (예: do-삽입, '하' 삽입, 보문소 that/for-삽입, to-삽입, 허사주어 삽입)
    b. 생략에 의한 보수(repair-by-ellipsis) (예: 주류영어와 아프리카계 미국인 영어의 굴절어미 생략, 분사구문에서의 동일 주어생략, 한국어 후치사 생략, 격 생략)
    c. 자동적 가치부여에 의한 보수(repair-by-default value assignment) (예: 주격/속격 부여, 자동적 삼인칭 단수 부여(default third

person singular feature assignment), 자동적 양화사 부여(default quantification))
   d. 재병합(remerge)에 의한 보수 (예: 우분지 상승 구문(Right Node Raising) 등)
   e. 이동에 의한 보수 (예: 양화사 인상 등)
   f. 표찰달기(labeling)에 의한 보수

본서에서는 지금까지 제대로 설명이 될 수 없었던 많은 현상을 설명하는데 이 최후수단원리가 매우 중요한 역할을 한다는 것을 보이고자 한다. 다시 말해, 최후의 수단이라는 것이 언어이론의 변두리에 속해 있는 미미한 작업이 아니라 언어본질의 중요한 부분을 차지한다는 것을 보이고자 한다.

제1부
최후의 수단으로서의 삽입

　삽입현상은 음운부에서 흔히 볼 수 있는 현상이다. 삽입은 특히 외래어를 차용할 때 자주 나타난다. 예를 들어, strike라는 영어 단어를 한국인 화자가 발음할 경우, 'ㅡ'모음이 반드시 삽입되어야 한다. 그 이유는 영어의 경우 어두에서 자음이 최대 세 개까지 나올 수 있지만 한국어의 경우 자음 다음에 반드시 모음이 발음되어야하기 때문이다. 따라서 strike를 발음하기 위해서는 최후의 수단으로 모음 'ㅡ'가 삽입된다.[1]

(1) a. straik: i-삽입
　　b. sitiraik(i)

즉, 한국어에서는 영어의 strike를 '스트라이크'나 '스트라익'으로 발음하게 되는데, 이러한 삽입현상은 음운부에서 빈번하게 발생하는 현상이다. 본 장의 주요 주장은 이와 같은 삽입현상이 통사-음운 접합부(syntax-phonology interface)에서도 종종 발생한다는 것이다. 통사부에서 만들어진 산출물을 발음할 수 있도록, 통사-음운 접합부에서 마지막으로 손질을 하는 작업을 하게 되는데 이러한 손질과정에서 형태소나 단어의 삽입이 일어날 수 있다. 제1부에서는 통사-음운 접합부에서 발생하는 다양한 삽입현상을 검토하기로 한다.

---

[1] 왜 하필 'ㅡ'모음이 삽입되는가라는 질문에 대해서는 2.4 참조.

제1장 Do-삽입

생성문법(Generative Grammar)의 시작을 알리는 Chomsky(1957)의 저서 『통사구조(Syntactic Structures)』가 통사론의 발전에 기여한 바가 지대하다는 것은 모두가 공감하는 바일 것이다. 구체적으로 어떠한 면에서 기여를 했는가를 따질 때 빠질 수 없는 것 중의 하나가 조동사 do의 분포를 체계적으로 포착하였다는 것이다. Chomsky는 이 조동사의 분포를 바로 do-삽입이라는 것으로 포착하고 있다. 본 절에서는 do-삽입으로 포착할 수 있는 현상을 소개한 뒤, do-삽입과 관련하여 쟁점이 되고 있는 문제(issue)들을 소개하고 그 문제점들을 해결하고자 한다.

1.1 Do-삽입과 최후의 수단

영어의 do동사는 본동사와 조동사로 나뉠 수 있다. 본동사 do는 '하다'라는 분명한 의미를 가지고 있으나, 조동사 do는 의미가 없고 형태만 존재하는 모형동사(dummy verb)라고 알려져 있다. 예를 들어, (1a)에서는 did가 '했다'라는 의미를 갖지만, (1b)에서 n't앞의 did가 어떠한 의미를 갖느냐고 묻는다면 과거라는 의미 이외에는 특정한 의미를 갖는다고 말하기가 어렵다.

(1) a. I did it.
　　b. I didn't do it.

문제는 이렇게 의미가 없는 단어가 문장에서 왜 존재하느냐 하는 것이다. 본 절에서는 의미가 없는 do가 존재하는 이유는 do가 통사-음운 접합부에서 삽입될 수 있기 때문이라는 것을 보이고자 한다.

1.1.1 최후의 수단으로의 do-삽입

의미가 없는 모형동사(dummy verb) do가 나타나고 있는 예문 (2a-e)를 검토하여 보기로 하자. 이들의 공통점은, 이들 구문 모두 시제(T)가 동사에 인접하지 못한다는 특징을 가지고 있다는 것이다.[2]

(2) a. Tom doesn't like you. (부정문)
　　b. Does Tom like you? (의문문)
　　c. John likes Mary, and Tom does, too. (동사구 생략 구문)
　　d. John likes Mary, and so does Tom. (대동사구(pro-verb) 구문)
　　e. Tom does like you. (강조 구문)

---

[2] T가 동사와 따로 존재하다가 접사이동을 통해 동사와 연결된다는 것은 부정과 생략현상을 통해서 잘 알 수 있다. 문부정문(sentential negation)의 경우에 (ia)와 같은 문장이 불가능한 이유를 설명하기 위해서는, (ib)와 같이 T와 동사가 서로 떨어져 있다고 가정하여야 할 것이다.

(i) a. *John not loves Mary
　　b.　John T not love Mary.

또한, 만약 처음부터 동사 love가 접사 s와 같이 나타난다고 가정하면 (ii)에서 생략된 요소가 loves Mary가 아니라 love Mary라는 것을 설명할 수 없다.

(ii) John loves Mary, and Tom does too.

반면에 (iii)에서처럼 T와 love가 서로 분리되어서 나타난다면 생략된 요소가 love Mary라는 것을 쉽게 설명할 수 있다.

(iii) John T love Mary, and Tom T ~~love Mary~~ too.

(3a)가 보여주듯이, Pollock(1989)은 not이나 n't가 핵(head)이라고 주장하고 있다. 만약 부정소가 핵이라면, (2a)에서 T는 like에 인접할 수 없다. (2b)의 경우에도, (3b)를 보면 잘 알 수 있듯이, 문두로 이동한 T는 like에 인접하지 못한다. 마찬가지로, (2c)에서도 T는 동사에 인접할 수 없다. (3c)에서 보듯이, (2c)가 like Mary가 생략된 결과로 만들어진 문장이라고 가정하면, 이 문장에서는 동사자체가 없는 것이다.

    (3) a. [Tom T [NegP n't like you]]
        b. [CP T C [TP Tom T̄ like you]]?
        c. [Tom T [like Mary]]

물론 (2c)에 나오는 do동사가 조동사가 아니라 본동사 혹은 대동사(pro-verb)라고 주장하는 방법도 있다. 그러나 그러한 주장은, 조동사가 명시적으로 나오는 경우를 고려하면 설득력을 잃는다. 예를 들어, 예문 (4)에서 might를 대동사라고 주장 할 수는 없다. 예문 (4)는 분명히 동사구 like Mary가 생략된 경우이다. 만약 이렇게 동사구 생략이 가능하다면, (2c)도 마찬가지로 동사구 love Mary가 생략된 경우라고 봐야할 것이다.

    (4) a. John may like Mary, and Tom might too.
        b. John may like Mary, and Tom might like Mary too.

더욱이 (2d)의 경우에는 so가 like Mary를 명시적으로 지칭하고 있기 때문에 do는 의미가 없는 조동사라고 할 수 있으며, 이 경우에도 T는 동사에 인접할 수 없다.

    (5) John likes Mary, and so T Tom.

마지막으로, 강조 구문 (2e)를 알아보기로 하자. 이 문장의 경우에는 T가 동사에 인접해 있는 것처럼 보인다. 그러나 Chomsky(1957), Laka(1990) 그리고 Culicover(1991) 등의 학자들은 강조 구문이 부정 구문과 비슷한 구조를 가지고 있다고 주장한다. 마치 부정소인 not이 vP/VP를 보충어로 취하는 핵 역할을 하듯이, 강조 구문의 경우 발음은 되지 않지만 참(positive)이라는 것을 의미하는 핵이 존재한다고 주장하는 것이다. 즉, 부정문의 경우에는 부정극어구(Negative Polarity Phrase, Neg PolP)가 존재하고 강조 구문의 경우에는 긍정극어구(Positive Polarity Phrase, Pos PolP)가 존재한다고 주장하여 부정문과 강조문의 유사성을 포착하고 있다.

(6) a. T [NegP not [VP ...]] = T [Negative PolP not [VP ...]]
 b. T [EmphaticP Ø [VP ...]] = T [Positive PolP Ø [VP ...]]

만약 이러한 주장이 옳다면 강조 구문에서 T는 vP/VP에 인접할 수 없게 된다. 지금까지의 논의를 정리하면, 조동사 do가 나타나는 모든 종류의 구문을 살펴본 결과, 이들의 공통점은 모두 T가 등사에 인접하지 못하는 경우라는 것이다.

(7) 모형동사 do는 T가 동사와 인접할 수 없을 때 나타난다.

이제 (7)의 일반화를 설명하여 보도록 하자. T는 접사(affix)이며, 이 접사가 동사에 덧붙여질 수 없는 상황일 때 do가 최후의 수단으로 삽입된다고 가정해 보자. 이러한 가정을 하게 되면, 위에서 제시한 의미가 없는 조동사 do의 분포를 모두 포착할 수 있다. 이러한 견해가 바로 Chomsky(1957)가 처음 주장한 이래 생성문법에서 일반적으로 견지되고 있는 견해이다. 좀 더 구체적으로 말하면, (8)과 (9)의 두 가지 주장을 하게 되면 조동사 do의 분포를 포착할 수 있다.

(8) a. T는 접사이다.
   　　 b. 만약 T가 동사에 덧붙여질 수 없는 환경이라면 do가 최후의 수단
   　　　 으로 삽입된다.
   (9) 접사좌초금지조건 (Lasnik 2000)
   　　 접사는 다른 구성성분에 반드시 부가되어야 한다.

(8-9)에 있는 원리를 예를 들어 설명하여 보기로 하자. (10a)에서는 접사 이동이 일어날 수 있으므로 접사는 반드시 다른 구성성분에 부가되어야 한다는 (9)의 조건을 만족시킬 수 있다.

   (10) a. John T love Mary: T가 love로 접사이동
   　　　b. John [love T] Mary: 음성적 실현
   　　　c. John loves Mary

그러나 (11a)에서처럼 T가 not에 의하여 동사와 분리되면 (9)의 요건을 만족시킬 수 없게 된다. 이러한 경우에 바로 do-삽입이 최후의 수단으로 발생한다.

   (11) a. Tom T [n't [like you]]: do-삽입
   　　　b. Tom [do T] [n't [like you]]: 음성적 실현
   　　　c. Tom doesn't like you.

즉, do삽입은 T가 동사에 들러붙을 수 없는 상황에 최후의 수단으로 발생하는 보수작업이다. (12-15)에서 보여주듯이, 부정문의 경우뿐만 아니라 의문문, 생략문, so-구문, 강조문에서도 같은 이유로 do가 삽입된다.

   (12) a. [$_{CP}$ C [$_{TP}$ Tom T like you]]: T가 C로 이동
   　　　b. [$_{CP}$ T C [$_{TP}$ Tom ⊤ like you]]: do-삽입
   　　　c. [$_{CP}$ [do T C] [$_{TP}$ Tom like you]]: 음성적 실현

   d. does Tom like you

 (13) a. Tom T [vP like Mary]: vP-생략

   b. Tom T [~~vP like Mary~~]: do-삽입

   c. Tom [do T]: 음성적 실현

   d. Tom does

 (14) a. T [Tom so]: so-이동

   b. so T [Tom ~~so~~]: do-삽입

   c. so [do T] Tom:³ 음성적 실현

   d. so does Tom

 (15) a. Tom T [PolP Pol like you]: do-삽입

   b. Tom [do T] [PolP Pol like you]:⁴ 음성적 실현

   c. Tom does like you

---

3 (14c)에서 왜 so와 Tom의 어순이 도치되었는가에 대해서는 다양한 견해가 있을 수 있다. 예를 들어, 의문문에서처럼 T가 주어를 넘어서 초점의 핵인 F자리로 이동하고, so가 F의 SPEC 자리로 이동했다고 가정할 수 있다.

 (i) a. [FP F [TP Tom T [~~Tom~~ so]]]: T가 F로 이동 (여기서 F는 Focus)
   b. [FP F T [TP Tom ~~T~~ [~~Tom~~ so]]]: so의 초점(Focus)이동
   c. [FP so F T [TP Tom ~~T~~ [~~Tom~~ so]]]: do-삽입
   d. [FP so [do F T] [TP Tom ~~T~~ [~~Tom~~ so]]]: 음성적 실현
   e. so does Tom

혹은 (14)에서 보여주듯이 so가 T의 SPEC자리로 이동하였기 때문에 도치가 되었다고 볼 수도 있다. 본 장에서는 어떠한 분석이 옳은지에 대하여 중립적인 입장을 취한다. 다만 지적하고자 하는 것은, 어떠한 견해를 취하여도 do-삽입은 T가 동사구에 들러붙을 수 없는 경우에 최후의 수단으로 발생한다는 주장을 유지할 수 있다는 것이다.

4 T는 주어가 삼인칭 단수일 경우 -s로 실현된다. 반면에 주어가 복수라면 영형태소(zero morpheme)로 실현된다. 영형태소는 발음이 되지는 않지만 존재하지 않는 것은 아니기 때문에 명시적으로 발음되는 형태소인 -s나 -ed와 마찬가지로 지지대가 필요하다. 따라서 주어가 복수이거나 인칭이 3인칭이 아닐 경우에도 T는 영형태소의 모습으로 존재하며 또한 do-삽입이 필요하다.

 (i) a. They Ø not like Mary: do-삽입
   b. They [do Ø] not like Mary: 음성적 실현
   c. They do not like Mary

1.1.2 화법조동사와 do-동사의 상보적 분포

위에서 우리는 T가 좌초될 위기에 있을 때 최후의 수단으로 do-동사가 삽입된다는 것을 알았다. 만약 이러한 주장이 옳다면, T가 좌초되지 않는 상황에서는 do가 절대로 나타날 수 없다고 예측할 수 있다. 이러한 예측이 맞는지를 알아보기로 하자. 화법조동사는 어떠한 경우에도 시제와 같이 나타나야 한다. 다시 말해 화법조동사가 시제와 같이 나타나지 않으면 비문이다. 예를 들어, to-부정사 구문(*to*-infinitival construction)에는 화법조동사가 나타날 수 없는데 그 이유는 to-부정사 구문에서는 동사가 정형시제(finite tense)와 같이 나타날 수 없기 때문이다.

(16) a. *To must meet Mary is required.
b. *To may meet Mary is permitted.

(16a-b)와 같은 문장이 비문인 이유는 화법조동사는 정형굴절시제(finite inflectional ending)와 병합되어야 한다는 제약을 준수하지 못하기 때문이다. To-부정사 구문에서는 시제가 정형굴절어미로 실현되지 않기 때문에, 화법조동사가 시제와 같이 나타날 수 없다. 따라서 (16a-b)는 비문이다.[5] 재미있는 현상은 화법조동사가 있는 문장에서는 조동사 do가 절대로 나타날 수 없다는 것이다.

(17) a. *John might love Mary, and Tom did may too.
b. *Did John may love Mary?
c. *John might love Mary, and so did may Tom.
d. *John DID may love Mary.

---

[5] 또한 모형동사 do도 to-부정사 구문에서는 나타날 수 없다. 이는 시제에 해당하는 to가 접사가 아니기 때문에 모형동사 do가 삽입이 될 필요가 없기 때문이다. 즉, 모형동사 do는 시제어미가 좌초될 위기에 있을 경우에만 최후의 수단으로 삽입된다.

다시 말해, do-동사와 화법조동사는 서로 상보적 분포(complementary distribution)를 보인다. 이와 같이 화법조동사가 있는 경우에 do동사가 나타나지 않는다는 것은 do동사가 최후의 수단으로 삽입된다는 것을 보여주는 좋은 증거이다. 왜냐하면 화법조동사가 나타나면 시제나 일치를 나타내는 굴절어미가 좌초될 수가 없으며, 굴절어미가 좌초되지 않는다면 do-삽입이라는 최후의 수단을 사용해서는 안 되기 때문이다.

화법조동사가 반드시 시제와 같이 나타나는 현상을 다루는 방법에는 크게 두 가지가 있다. 첫 번째 방법은, 화법조동사가 시제와 병합을 하는 장소가 통사부가 아니라 어휘부라고 주장하는 것이다. 즉, 화법조동사는 어휘부에서부터 굴절어미를 가지고 있으며, 그 상태로 통사부에 도입된다고 주장하는 것이다.[6] 예를 들어, 이미 굴절어미를 가지고 있는 might가 T자리에서 기저생성되어 (18a-d)의 예문이 만들어진다는 것이다.

(18) a. Might John love Mary?
b. John might love Mary, and Tom might too.
c. John might love Mary, and so might Tom
d. John MIGHT love Mary.

또 다른 방법은 화법조동사는 반드시 T로 핵이동을 하여야 한다고 주장하는 것이다. 예를 들어, 화법조동사는 비해석적 시제(uninterpretable tense)라는 자질을 가지고 있고 그 자질을 점검받기 위해 해석적 시제를 가지고 있는 시제접사 쪽으로 핵이동을 해나간다고 가정하는 것이다. 이에 따르면, (18a-d)의 예문은, 각각 다음과 같은 표상(representation)을 갖는다.

---

[6] 이러한 식의 주장을 펼치고 있는 학자로는 Lasnik(2000)을 들 수 있다. Lasnik은 조동사는 본동사와 달리 어휘부에서부터 굴절어미를 가지고 있다고 주장한다. 즉, had, might, could등과 같은 조동사는 원래부터 완전히 굴절어미가 구비되어 있는 상태라고 하면, do-동사가 삽입될 필요가 없다.

(19) a. [C John T may love Mary]: may가 T로 이동
    b. [C John [may T] ~~may~~ love Mary]: [may T]가 C로 이동
    c. [[[may T] C] John ~~[may T]~~ ~~may~~ love Mary]: 음성적 실현
    d. might John love Mary
(20) a. [John T may love Mary]: may가 T로 이동
    b. [John [may T] ~~may~~ love Mary]: VP-생략
    c. [John [may T] ~~may love Mary~~]: 음성적 실현
    d. John might
(21) a. [T may [Tom so]]: may가 T로 이동
    b. [may T] ~~may~~ [Tom so]]: so가 T-SPEC으로 이동
    c. [so [may T] ~~may~~ [Tom ~~so~~]]: 음성적 실현
    d. so might Tom
(22) a. John T [PolP ∅ [may [love Mary]]]: may가 PolP의 핵으로 이동
    b. John T [PolP [may ∅] [~~may~~ [love Mary]]]: [may ∅]가 T로 이동
    c. John [may T ∅] [PolP ~~[may ∅]~~ [~~may~~ [love Mary]]]: 음성적 실현
    d. John MIGHT love Mary

위의 모든 표상에서 화법조동사는 T로 이동하여 접사좌초금지조건을 만족시킬 수 있다.

정리하면, 화법조동사는 처음부터 시제와 병합한 채로 통사부에 등장한다는 입장과, 이와는 대조적으로 원형상태로 통사부에 등장하여 반드시 T자리로 핵이동을 한다는 입장이 있다. 이 두 입장 중에서 어느 입장이 옳은지를 가리는 것은 쉬운 일이 아니다. 다만 Roberts (1998)는, 부정어와 화법조동사의 작용역 중의성을 근거로, 화법조동사가 T로 핵이동(head movement) 한다는 주장을 펼치고 있다. (23a)에서 부정어 not은 need를 부정할 수 있다.

(23) a. John need not meet Mary today.

b. John need T [NegP not ~~need~~ meet Mary today]

이렇게 not이 need를 부정할 수 있는 이유는, (23ㄱ)에서 보듯이, need가 not보다 낮은 자리에 있다가 T자리로 이동했기 때문이라는 것이 Roberts의 주장이다. 본서에서는 이러한 Roberts의 주장이 올바른 방향에 들어섰다고 가정한다. 위의 논의를 요약하면, 화법조동사는 반드시 T와 병합하여야 한다. 따라서 화법조동사가 존재하면, do-삽입이 발생하지 않는다. 왜냐하면 do-삽입은 최후의 수단이기 때문이다.

1.2 명령문에서의 Do-삽입

다음 두 문장의 어순을 고려해 보기로 하자. (24a)의 경우에는 not이 be동사 뒤에 위치하고 (24b)의 경우에는 not이 be의 앞에 위치한다.

(24) a. John is not happy.
　　　b. John will not be happy.

이러한 현상을 설명하기 위해서는 조동사의 이동을 이용하여야 한다. 먼저 문부정소(sentential negator)로 쓰이는 not의 위치는 고정되어 있다고 가정하여 보자. 즉, (24-b)에서 not은 같은 자리를 차지하고 있다고 가정하는 것이다. (24a)의 경우에는, (25a-b)에서 보듯이, be가 not을 거슬러서 T자리로 이동하였다고 주장하면, is not이라는 어순이 나온다.

(25) a. John T not be happy: be가 T로 이동
　　　b. John [be T] not ~~be~~ happy: 음성적 실현
　　　c. John is not happy

한편 (24b)의 경우에는 T자리를 will이 이미 차지하고 있기 때문에 be가 T로 이동할 필요가 없다. 그러므로 will not be라는 어순이 만들어 지는 것이다.

이러한 접근방법에서 제기되는 한 가지 의문점은 왜 T가 be쪽으로 내려가지 않고 be가 T쪽으로 올라가느냐 하는 것이다. 이를 설명하는 한 가지 방법은, Radford(2004)가 주장하듯이, 접사이동이 힘의 원리(power game)에 의해 발생한다는 것을 인정하는 것이다. 즉, T는 본동사 보다는 힘이 약하지만(weak), 조동사나 be-동사 보다 힘이 강하다고(strong) 주장하는 것이다. 만약 약한 것이 강한 쪽으로 이동을 한다면, be-동사가 T쪽으로 이동하는 것은 자연스러운 일이 된다.[7]

(26) 힘의 위계
    a. T 〉 조동사(Auxiliary Verbs), 연결사(Copula)
    b. T 〈 본동사(Main Verb)[8]

다음 두 문장의 어순도 힘의 위계를 통하여 잘 설명할 수 있다.

(27) a. John is always happy.
    b. John always meets Mary (when he comes to Seoul).

Not과 마찬가지로 always도 항상 같은 곳에 위치한다고 알려져 있다.[9]

---

[7] 여기서 말하는 강과 약은, Chomsky(1995)가 주장하는 강자질(strong feature)과는 다른 개념이다. Chomsky가 말하는 강자질이란 음운/의미 인접부에서는 해석이 될 수 없기 때문에, 반드시 통사부에서 제거가 되어야만 하는 자질을 말한다. 이러한 강자질 때문에 외현적 이동이 발생한다. 반면에 위 본문에서 말하는 강자질이란 단지 물리적으로 잡아당기는 힘이 세다는 것을 의미한다.

[8] 이러한 위계에 의한 설명 방법을 비판하고 대안을 제시한 논문으로는 김광섭(2015a)을 들 수 있다.

[9] Not과 마찬가지로 always는 T에 인접한 자리에 위치한다. 왜냐하면 always는 빈도 부사로서 사건논항(event argument)과 관계를 맺어야 하는데, Davidson(1967)과 Parsons(1990)와 같은 학자가 주장하듯이, T가 사건논항의 술어이기 때문이다.

(28a-c)가 보여주듯이, (27a)에서는 be동사가 T보다 힘이 약하므로, T쪽으로 이동하여 always보다 앞에 위치한다. 한편, (27b)에서는 T가 본동사 meet보다 약하므로 아래로 내려가게 되어 T가 always보다 낮은 곳에서 발음되게 되는 것이다. 이러한 T의 하강을 (29a-c)가 보여주고 있다.

(28) a. John T (always) [$_{VP}$ be happy]: be가 T로 핵이동
b. John [be T] (always) [$_{VP}$ ~~be~~ happy]: 음성적 실현
c. John is always happy

(29) a. John T (always) [$_{VP}$ meet Mary]: T가 meet으로 접사이동[10]
b. John T̸ (always) [$_{VP}$ meet T] Mary: 음성적 실현
c. John always meets Mary

위의 논의에 따르면, 조동사나 be는 T보다 약하기 때문에 T쪽으로 이동하여야 한다는 것이다. 문제는 이러한 일반화가 명령문에는 적용되지 않는다는 것이다. 명령문에서는 (30a-b)에서 보듯이 be동사가 T쪽으로 핵이동을 하지 않는다.

(30) a. Don't be rude.
b. *Be not rude.

이러한 현상을 설명하는 간단한 방법은 명령문의 경우에는 T가 없다고 주장하는 것이다. 즉, 다음과 같은 구조를 갖는다면 be가 상승할 이유가 없는 것이다.

---

[10] Not과 always의 중요한 차이점은 not은 핵으로서 동사구를 보충어로 취하지만, always는 핵이 아니라 부가어로서 동사구에 부가된다는 것이다. 그러한 의미에서 always는 never와 같은 통사적 속성을 가지고 있다. 핵은 T가 동사 쪽으로 하강하는 것을 막지만 부가어는 그렇지 못하다. 그러므로 (29a-b)에서 접사이동이 가능하다. T는 핵이고 핵만이 핵의 이동을 막을 수 있다고 가정하면 왜 not은 T가 하강하는 것을 막을 수 있지만, always는 그렇지 못하는지를 설명할 수 있다. 부가어와 핵의 차이에 대한 좀 더 자세한 논의는 1.3 참조.

(31) [NegP not [VP be rude]]

하지만 이러한 주장으로는 do가 삽입되는 이유를 설명해줄 수 없다. 좌초될 T가 없는데 왜 do가 삽입되느냐라는 질문에 대한 답을 해줄 수가 없는 것이다. 즉, 명령문에 T가 없다는 주장은, T가 좌초될 위험성이 있을 때 do-삽입이 최후의 수단으로 적용된다는 주장과 양립하지 않는다. 따라서 명령문의 경우에만 특이하게 T가 없다고 주장을 펼치는 것은 근본적인 해결책이 될 수 없다. Do-삽입이 T가 좌초될 위험성이 있을 때 일어나는 최후의 수단이라는 주장을 견지하기 위해서는 명령문의 경우에도 T가 존재한다고 가정하여야 하는 것이다. 명령문에서 T가 존재한다면, 명령문의 T는 조동사 보다 약할 가능성이 높다. 명령문의 T는 평서문의 T와는 달리 be동사를 잡아당길 힘이 없으며, 따라서 부정의문문의 경우에는 (33a)에서 보듯이 T가 좌초될 위험성에 처하게 되어 do가 최후의 수단으로 삽입된다는 것이다.

(32) a. T n't be rude: be가 T로 이동 못함
     b. *[be T] n't be rude
(33) a. T n't be rude: Do-삽입
     b. Don't be rude

이제 남은 문제는 왜 유독 명령문의 경우에만 T가 be를 잡아당기지 못하느냐 하는 것이다.

이 문제를 해결하는 한 가지 방법은 Williams(1984)가 주장하듯이 명령문에 나오는 be동사는 본동사로서 의도성을 가지고 있다고 주장하는 것이다. 의도성 본동사 be는 다른 본동사와 마찬가지로 T보다 강하기 때문에 T가 접사이동을 한다고 주장하는 것이다. 이러한 주장을 뒷받침해주는 증거 중의 하나로 다음과 같이 be동사가 진행형으로 쓰일 수 있다는 점을 들 수 있다. 다음 문장은 존이 일부러 어리석은 행동을 하고 있다

고 해석된다.

(34) John is being stupid.

이러한 해석이 가능한 이유는 being의 be가 의도성을 가지고 있는 본동사로서의 be동사이기 때문이라고 말할 수 있다. 특히 (34)에서는 be가 행동을 한다는 의미를 갖고 있는데, 명령문의 경우에도 행동을 하는 동사가 나와야 하므로 명령문의 be는 본동사라는 주장이 설득력이 있을 수 있다. 그러나 이러한 주장의 문제점 중의 하나는 다음과 같은 문장에서는 be가 절대로 본동사로 쓰일 수 없다는 것이다.

(35) *John doesn't be stupid.

즉, be동사가 본동사로 쓰일 수 있다면, (36a)와 같은 표상에서 be가 본동사일 가능성이 허락되어야 한다. 만약 be가 본동사라면 T로 핵이동을 할 수 없으며, 따라서 do가 최후의 수단으로 삽입되어야 한다.

(36) a. John T n't be stupid: 최후의 수단으로 do 삽입
　　　b. John [do T] n't be stupid: 음성적 실현
　　　c. *John doesn't be stupid

그러나 (35)는 비문이다. 이 보다 더 큰 문제는 다음과 같은 완료형 명령문에서 발생한다. 예문 (37a)에서 조동사 have는 본동사로 쓰였다고 할 수 없다. 분명 이 문장에 나오는 have는 완료를 나타내는 조동사 have이다.[11]

---

[11] 종속절에서는 have와 be가 다른 행태를 보인다.
　　(i) a. The association urges that he not be examined by that quack.
　　　　b. ?It is imperative that the contestant have not seen the answers ahead of time. (Potsdam 1997: 537)
　　이러한 차이에 대한 연구는 다음 기회로 미루기로 하겠다.

(37) a. Don't have eaten all the pizza by the time I get back.
　　 b. *Haven't eaten all the pizza by the time I get back.

그러나 이러한 경우에도 have는 T로 이동하지 못하며, 따라서 do가 최후의 수단으로 삽입되어 T가 좌초되는 것을 막아야 한다.

(38) a. [T [n't [have eaten all the pizza]]]: have가 T로 이동 못함
　　 b. *[have T [n't [have eaten all the pizza]]]
(39) a. [T [n't [have eaten all the pizza]]]: Do-삽입
　　 b. [do T [n't [have eaten all the pizza]]]: 음성적 실현
　　 c. don't have eaten all the pizza

위의 현상을 설명하기 위해서는 명령문의 T는 조동사 보다 강하지 못하다고 결론을 내릴 수밖에 없다.

(40) Be, Auxiliary Verb ⟩ $T_{imperative}$

이제 즉각적으로 제기되는 질문은 왜 명령문의 T는 be동사나 조동사보다 약한 것인가 하는 것이다. 이러한 의문점에 대한 해결책은 명령문의 경우에는 굴절어미가 전혀 붙지 않는다는 점에서 찾을 수 있을 것 같다. 정형시제(finite tense)는 굴절어미가 실현되는 구성소이다.[12] 이에 반해 명령문의 시제는 어떠한 경우에도 굴절어미로 실현되지 않는다. 즉, T는 시제와 일치(agreement)자질로 이루어져 있는데, 명령문에서는 시제자질은 존재하지만 일치자질은 실현되지 않는다고 말할 수 있다.[13] 그렇다면

---

[12] 물론 굴절어미가 영형태소의 형태로 실현되는 경우도 있지만 영형태소도 하나의 굴절어미로 본다면 정형시제는 굴절어미로 실현된다.
[13] 명령문에서 AGR이 없다는 것은 다음 문장에서 인칭의 일치를 보여주지 않는 것으로 잘 알 수 있다.

　　(i) a. Don't everyone shout it out.

다음과 같은 일반화를 내릴 수 있다.

(41) a. AGRless T ⟨ be, Auxiliary Verb
    b. T with AGR ⟩ be, Auxiliary Verb

(41a-b)와 같은 주장을 하게 되면 왜 명령문에서 조동사가 상승하지 않는 지를 잘 설명할 수 있다. 또한 이러한 주장으로 우리는 다음 문장에서 왜 be가 상승하지 않는지를 설명할 수 있다.

(42) The doctor suggested that John not be in the bed all day long.

예문 (42)에서 be가 not을 거슬러 이동하지 않는 이유로 혹자는 위 문장이 should가 생략된 경우라고 주장할 수 있다.

(43) The doctor suggested that John should not be in the bed all day long.

그러나 should가 나타날 수 없는 문맥에서도 be는 상승하지 않는다. 다음 문장에서는 should가 외현적으로 나타날 수 없다. 즉, 이들 문장에서는 should가 존재하지 않는다는 것이다.

(44) a. Our ardent wish is that she soon (*should) recover.
    b. I desire that John (*should) not leave.
    c. I desire that John (*should) not be sick.

---

   b. *Doesn't everyone shout it out.
(ii) a. Don't anyone move.
    b. *Doesn't anyone move.

또한 명령문에서는 시제가 존재하며, 시제는 미래시제라고 말할 수 있다. 왜냐하면 미래의 행위를 요구할 뿐만 아니라, 부가의문문에서는 미래조동사 will이 나타나기 때문이다.

(iii) Do it at once, will you?

이들 문장에서 should가 나타날 수 없는 이유는 '희망'이라는 의미와 당위성을 나타내는 should는 서로 의미적으로 어울리지 않기 때문이다. 요지는 이렇게 should가 나타날 수 없는 문장에서도 (44c)에서 보듯이 be가 핵이동을 하지 않는다는 것이다. 이러한 현상은 (41a)와 같은 위계가 있다고 가정하면 자연스럽게 설명된다. 즉, (45)에서 보듯이, 일치소가 없는 T는 be를 잡아당길 수 없으므로 (44c)에서 be는 T쪽으로 상승할 수 없는 것이다.

(45) I desire that John AGRless T not be sick

이러한 주장이 옳다면 다음과 같은 상당히 재미있는 현상을 설명할 수 있다. (46)과 같은 why don't-구문에서도 be는 핵이동을 하지 않는다.

(46) Why don't you be more considerate?

이렇게 핵이동을 하지 않으려면 T는 AGR이 없는 형태이어야 한다. 만약 T가 AGR이 있다면 (47)과 같이 be가 C자리까지 상승하여야하기 때문이다.

(47) Why aren't you more considerate?

(47)과 같이 be가 핵이동을 하게 되면, 제안으로 해석될 수 없고 단순한 질문으로 해석되어야 한다. 이러한 차이가 생기는 이유는 T가 AGR이 있으면 단순한 상황을 기술하지만 AGR이 없으면 상황의 기술이 아니라 아직 실현되지 않은 사실을 기술하기 때문이다. 따라서 (47)은 제안으로 해석될 수 없지만, (46)은 제안으로 해석될 수 있게 된다. 이렇게 T가 AGR이 없으면 조동사조차도 끌어당길 수 있는 힘이 없기 때문에 핵이동이 일어날 수 없다. 이런 상황에서 n't 때문에 접사이동마저 가능하지 않다면 최후의 수단으로 do가 삽입된다.

(48) a. [CP why C [NegP n't [TP you T [be more considerate]]]]¹⁴:
T가 C로 이동
   b. [CP why [T C] [NegP n't [TP you T̶ [be more considerate]]]]:
do-삽입
   c. [CP why [do T C] [NegP n't [TP you T̶ [be more considerate]]]]:
n't가 do로 접사화
   d. [CP why [do T C] n't [NegP n̶'t̶ [TP you T̶ [be more considerate]]]]:
음성적 실현
   e. why don't you be more considerate

지금까지의 주장을 정리하자면, 제안의 의미를 갖기 위해서는 T가 AGR을 갖지 말아야 하고 그럴 경우에는 조동사가 핵이동을 할 수 없다는 것이다. 이러한 주장이 옳다는 것은 만약 AGR이 반드시 필요한 문맥이 되면 be동사는 반드시 상승하여야 한다는 것으로 알 수 있다. 만약 주어가 삼인칭이라면, 그 문장은 제안의 의미로 쓰일 수 없기 때문에,

---

¹⁴ (48a)에서는 n't가 C의 자리에서 기저생성된다고 가정하고 있는데, 좀 더 정확하게 말하면 n't의 위치에 대하여 두 가지 가능성이 있다. 첫째, n't는 not과 똑같이 T의 보충어구의 핵으로 생성된다고 가정하는 것이다. 이렇게 가정을 한 뒤 n't가 T로 이동하고 [n't T]가 C로 이동한 다음 do가 삽입된다고 주장하는 것이다.

(i) a. [TP you T [NegP n't be more considerate]]: n't가 T로 이동
   b. [TP you n't T [NegP n̶'t̶ [be more considerate]]]: C와의 병합 및 [T n't]가 C로 이동
   c. [CP [T n't] C [TP you n̶'t̶ T̶ [NegP be n̶'t̶ [be more considerate]]]]: why와의 병합
   d. [CP why [T n't] C [TP you n̶'t̶ T̶ [NegP be n̶'t̶ [be more considerate]]]]: do-삽입
   e. [CP why [do T n't] C [TP you n̶'t̶ T̶ [NegP be n̶'t̶ [be more considerate]]]]: 음성적 실현
   f. why don't you be more considerate

두 번째 방법은 (48a)에서 가정하듯이 n't가 T와 C 사이에서 기저생성된다고 주장하는 것이다. 본 장에서는 이 두 가지 가능성 중에서 어느 방법이 옳은지에 대해서 중립적인 입장을 취하고 있다.

T는 반드시 AGR을 가져야 한다. 만약 그렇다면, T가 조동사와 같이 나타날 경우 핵이동이 반드시 일어나야 한다. 다시 말해, 주어가 삼인칭이라면 반드시 핵이동이 일어나야 한다고 예측할 수 있는데, (49a-b)는 이러한 예측이 올바르다는 것을 보여준다. Be가 핵이동을 하지 않은 (49a)는 비문이고, 반면에 핵이동을 한 (49b)는 정문이다.

(49) a. *Why doesn't he be more considerate?
 b. Why isn't he more considerate?

또한 시제가 과거시제로 바뀌어도 권유의 뜻은 사라진다. 따라서 과거시제일 때는 반드시 핵이동이 일어난다고 예측할 수 있고, 이러한 예측대로 (50a)는 비문이다.

(50) a. *Why didn't you be more considerate?
 b. Why weren't you more considerate?

Why don't you는 명령문과 같이 청자에게만 쓰일 수 있는 구문으로써 제안을 나타내기 때문에 T에 AGR이 없는 형태로 나타난다.[15] 본 절을 요약하면, 명령문과 명령문에 준하는 why don't와 같은 구문에서 조동사

---

[15] 일인칭 복수일 때는 AGR이 없는 T를 사용할 수 있다. 예문 (i)은 제안으로 사용될 수 있다. 그 이유는 'we'는 나를 포함한 다른 사람도 지칭하기 때문에, 나를 제외한 다른 사람에게 제안을 하는 것이 가능하기 때문이다.

 (i) Why don't we have lunch now?

위의 예문에서 do는 1인칭 복수 어미를 갖는 것이 아니라, AGR이 없는 표현이다. 이러한 주장에 대한 증거로 (iia-b)를 들 수 있다.

 (ii) a. Why don't we be more considerate?
  b. Why aren't we more considerate?

예문 (iia)는 제안으로 쓰일 수 있으나, (iib)는 그럴 수 없다. 제안을 할 때 나타나는 T는 AGR이 없고 AGR이 없는 T는 be동사를 끌어당길 수 없기 때문에, (iia)에서 do가 삽입된다.

가 핵이동을 하지 않는 이유는 이들 구문에 나타나는 T가 AGR이 없고 이렇게 AGR이 없는 T는 조동사를 잡아당길 만큼 강한 힘을 가지고 있지 못하기 때문이다. 그 결과 부정명령문에서는 항상 do-삽입이 일어난다.

1.3 Do-삽입과 접사이동의 상보적 분포에 관한 논쟁

T가 접사화될 수 없을 때 do가 최후의 수단으로 삽입된다는 주장은 최소한 생성문법에서는 표준이론으로 자리 잡고 있지만, 이러한 주장을 위협하는 듯한 현상들이 존재한다. 본 절에서는 이러한 현상들을 면밀히 검토한 뒤 이들은 do-삽입이 최후의 수단이라는 주장에 반례가 될 수 없음을 보인다.

1.3.1 Embick과 Noyer(2001)의 반박

지금까지 우리는 다음과 같은 가정 하에 조동사 do의 분포를 설명하고자 하였다.

> (51) T에서 v/V로의 접사이동이 구조적으로 불가능할 경우에, 혹은 v/V 에서 T로의 핵이동이 불가능한 경우에, do-삽입이 최후의 수단으로 발생한다.

만약 T와 v/V가 서로 병합하는 것이 불가능할 대 do-삽입이 최후의 수단으로 일어난다면, do-삽입과 T와 v/V의 병합은 서로 상보적 분포를 이룰 것이다. 이렇게 두 작업이 상보적 분포를 보인다는 것은, 화법조동사가 있는 경우에 do-삽입이 불가능하다는 것으로 잘 확인할 수 있었다.

(52) a. *John might love Mary, and Tom did may too. (= 17)
　　 b. *Did John may love Mary?
　　 c. *John might love Mary, and so did may Tom.
　　 d. *John DID may love Mary.

화법조동사는 항상 T 자리에 나와야 하므로 화법조동사가 있는 구문에서는 T가 좌초될 위험성이 전혀 없다. 따라서 화법조동사가 나타나는 경우에는 do-삽입이 가능하지 않다.

그러나 Embick과 Noyer(2001)는 (51)과 같은 일반화가 옳지 않다고 지적한 뒤, do-삽입은 T의 보충어(complement)가 vP/VP가 아닐 경우에 발생한다고 주장하고 있다.

(53) Do-삽입: T가 vP/VP-보충어를 취하지 않을 때, v/V의 성질을 가진 do가 T에 병합된다.

(53)에 따르면, T는 vP/VP를 보충어로 취해야 하는데, 만약 T의 보충어가 vP/VP가 아니라면 do가 삽입된다는 것이다. (53)의 일반화가 (51)의 일반화와 다른 점은, do-삽입이 발생하는 이유가 T가 접사화를 못하기 때문이 아니라 T의 보충어가 동사구가 아니기 때문이라는 것이다. 본 장에서는 이 둘의 차이점을 검토한 뒤, 올바른 일반화는 (53)이 아니라 (51)임을 보이고자 한다.

1.3.1.1 Embick과 Noyer의 주장과 문제점

먼저 Embick과 Noyer가 (53)을 주장하게 된 근거를 살펴보기로 하자. 다음 예문들은 T always not V라는 구조를 가지고 있다.

(54) a. John can always not agree.
　　 b. John cannot always not agree.

위의 예문들은 정문이다. 따라서 우리는 'T always not V/v'라는 표상은 올바른 구조라고 가정할 수 있다. 그러나 문제는 (55a)와 같은 표상은 정문을 만들어 내지 못한다는 것이다. 만약 표상 (55a)에서 T로부터 agree로의 접사이동이 가능하다면, (55b)가 정문이라고 예측할 수 있다. 그러나 (55b)는 비문이다. 따라서 (55a)에서 T의 접사이동은 불가능하다고 할 수 있다.

(55) a. John T always not agree: 접사 이동
b. *John always not agrees.

T가 접사화되는 것이 불가능할 때 do-삽입이 최후의 수단으로 적용되어야 한다는 (51)의 일반화가 옳다면, (56a)에서 do-삽입이 가능하여야 한다. 그러나 예상과는 달리 do-삽입 또한 불가능하다.

(56) a. John T always not agree: do-삽입
b. *John does always not agree.

이를 바탕으로 Embick과 Noyer는, do-삽입은 (51)에서 말하는 것처럼 T가 좌초될 때 최후의 수단으로 발생하는 것이 아니라고 결론을 내리고 있다. 그들은 (54-56)을 설명하기 위하여 (51)에 대한 대안으로 (53)을 제시하고 있다. 먼저 (53)의 일반화가 앞에서 제시한 기본 자료를 설명할 수 있는지를 살펴보기로 하자. 부정문, 의문문, 생략문, so-구문, 강조 구문은 모두 T가 vP/VP를 보충어로 취하지 못하는 구문들이다. 부정문에서 T의 보충어는 부정극어구(Negative PolP)이고, 의문문에서도 이동한 T의 보충어는 vP/VP가 아니며, 동사구 생략 구문에서도 vP/VP가 생략되어 버리면 이들이 더 이상 T의 보충어가 아니다. 또한, so-구문과 강조 구문에서도 T의 보충어는 각각 소절과 긍정극어구(Positive PolP)이다.

(57) a. I don't like you.
　　a'. T [Negative PolP ...]
　　b. Do you like me?
　　b'. T C [TP ...]
　　c. John likes Mary, and Tom does, too.
　　c'. T [vP ...]
　　d. John likes Mary, and so does Tom.
　　d'. T [small clause DP so]
　　e. I do like you.
　　e'. T [Positive PolP ...]

간단히 말해, do-삽입이 발생하는 모든 구문에서 T의 보충어가 동사구가 될 수 없으므로, (53)의 일반화는 기본적인 자료를 모두 설명해준다고 말할 수 있다.

이제 (53)의 일반화가 (54-56)의 자료를 어떻게 설명해주는지를 알아보기로 하자. 만약 always와 같은 부사가 vP/VP에 부가(adjoin)된다고 가정하면, (58a)는 (58b)와 같은 구조를 가질 것이다. (58b)에서 T는 vP를 보충어로 취한다. 그러므로 (53)에 따르면, do-삽입은 일어나지 않는다.

(58) a. John always agrees.
　　b. John T [vP always [vP agree]]: *do-삽입

또한, always는 XP이므로 핵인 T가 agree로 하강(lowering)하는 것을 방해할 수 없다. 따라서 접사이동이 일어날 수 있게 되어 (58a)가 생성된다.

(59) a. John T [vP always [vP agree]]: 접사이동 (T가 agree로 이동)
　　b. John T̵ [vP always [vP [agree T]]]: 음성적 실현
　　c. John always agrees

다음으로 (60a)에 있는 표상을 검토해보기로 하자. 만약 not이 문부정소 (sentential negator)로 쓰이지 않고 vP를 부정하는 성분부정(constituent negation)용법으로 쓰이게 되면 not은 always와 마찬가지로 vP에 부가된다.[16] 그렇다면 not은 T가 agree로 하강하는 것을 막을 수 없다.

    (60) a. John T [$_{vP}$ [$_{AdvP}$ not] [$_{vP}$ agree]]
          b. *John not agrees.

문제는 (60b)가 비문이라는 것이다. 이러한 문제점을 해결하기 위해 Embick과 Noyer는 not은 always와는 달리 특이한 행태를 보인다고 주장한다. 비록 not이 성분부정소로서 vP에 부가된다고 하더라도 not은 XP가 아니라 핵으로서의 지위를 갖는다는 것이다. 즉, (61)에서 보는 것처럼 not은 동사구인 agree에 부가되어 있지만 핵으로서의 지위를 계속 유지한다는 것이다.

    (61) John T [$_{vP}$ [$_{Adv}$ not] [$_{vP}$ agree]]

(61)에서는 T가 vP를 보충어로 취하고 있으므로 do-삽입이 일어날 수 없다. 또한 T가 agree로 하강할 수 없는데, 그 이유는 not이 핵이므로 접사이동을 방해하기 때문이라는 것이다.

---

[16] 문부정과 성분부정은 구조적으로 크게 두 가지 차이가 있다. 첫째, 문부정의 not은 T에 인접해야하지만, 성분부정은 그럴 필요가 없다. 둘째, 문부정의 not은 핵으로서 동사구를 보충어로 취하지만 성분부정의 not은 자신이 부정하는 요소에 부가(adjoin)된다. 문부정의 경우 (ia)에서 보듯이 not은 T에 인접하고 vP를 보충어로 취하고 있으며, 성분부정의 경우에는 (ib)에서 보듯이 T에 인접하지 않아도 되며, 반드시 VP/vP를 보충어로 취할 필요도 없다.

    (i) a. John T [$_{NegP}$ not love Mary] (문부정)
        b. John T love [$_{DP}$ [$_{DP}$ not Mary] but Susie]〈성분부정〉

본 장의 후반부에서는 성분부정의 not은 절대 T에 인접하여서는 안 된다고 주장하고 있다.

위의 주장을 바탕으로 Embick과 Noyer가 위에서 제기한 문제를 어떻게 해결하고 있는지를 알아보기로 하자. 제기되었던 문제는 'T always not V'와 같은 표상이 왜 정문을 만들어 낼 수 없는가 하는 것이었다. 만약 always와 not이 vP에 부가될 경우 always는 XP이지만 not은 X라고 가정하면 (55a)는 다음과 같은 구조를 갖게 될 것이다.

(62) John T [$_{vP}$ always [$_{vP}$ [$_{Adv}$ not] [$_{vP}$ agree]]]

(62)에서 T의 보충어는 vP이므로 do-삽입은 일어날 수 없다. 그리고 T가 agree로 하강하는 것도 불가능하다. 왜냐하면 not은 핵으로서 핵의 접사 이동을 방해하기 때문이다. 따라서 (55a)와 같은 표상으로는 적형식의 문장을 만들어 낼 수 없다는 것이 Embick과 Noyer의 주장이다.

Embick과 Noyer가 펼치는 주장의 요지는 T와 V/v가 결합하는 것이 불가능할 때 do-삽입이 일어나는 것이 아니라, T가 vP/VP를 보충어로 취할 수 없을 때 do가 삽입된다는 것이다. 또한 그 근거로 (55a)와 같은 구조를 내세우고 있다. 그러나 그들의 주장은 다음과 같은 일반화를 위반하고 있다는 문제를 가지고 있다.

(63) 최대투사에 부가될 수 있는 것은 최대투사뿐이며, 핵에 부가될 수 있는 것은 핵뿐이다.

최대투사에는 최대투사만이 부가될 수 있고, 핵에는 핵만 부가될 수 있다는 것은 잘 알려진 사실이다. 그러나 그들은 not은 이러한 일반화에 예외라고 가정하고 있다. 왜 유독 not만이 (63)의 일반화를 지키지 않는지를 설명하지 못한다면 그들의 주장이 설득력이 있다고 볼 수 없다.

1.3.2 문부정과 성분부정의 상보적 분포

남은 과제는 (55a)와 같은 구조가 왜 정문을 만들어 낼 수 없는가를 설명하는 것이다. 먼저 예문 (64)가 왜 비문인지를 알아보기로 하자.

(64) *John not agrees. (= 60b)

예문 (64)에서 만약 not이 문부정소로 쓰였다면 (65)와 같은 구조를 가질 것이다. (65)에서 T는 agree로 하강할 수 없다. Nct이 핵으로써 중간에서 접사이동을 훼방하기 때문이다.

(65) John T [NegP not [VP agree]]: *접사이동

이제 (64)에서 not이 성분부정소로 쓰였다고 가정하여 보자. 그렇다면 not은 VP에 부가가 될 것이다.

(66) John T [VP not [VP agree]]

(63)의 일반화에 따르면 VP에 부가된 not은 XP이며 XP는 핵의 접사이동을 막을 수 없다. 그렇다면 왜 John not agrees라는 말이 비문이 되는가 하는 의문이 생긴다. 본 절에서는 (66)이라는 표상 자체가 올바른 구조가 아니기 때문에 정문을 만들 수 없다고 주장하고자 한다. 문부정과 성분부정의 근본적인 차이점은 문부정은 문장 전체를 부정한다는 것이고 성분부정은 문장 내의 특정구성소를 부정한다는 것이다. 문부정소는 문장의 핵인 T와 인접해야 한다는 것이 일반적인 관찰이다. 문부정소와 성분부정소가 서로 상보적 분포를 보인다고 가정하여 보자. 그렇다면, not이 성분부정소로 쓰이기 위해서는 T를 성분통어해서는 안 된다고 말할 수 있다.

(67) a. 문부정소 not 혹은 NegP는 T와 인접하여야 한다.[17]
    b. 문부정소가 아닌 not은, 즉 성분부정소 not은, T와 인접하지 말아야 한다.

문부정소와 성분부정소가 (67a-b)의 조건을 만족시켜야 한다면, (55a)의 구조가 왜 올바른 구조가 아닌지 명백해진다. 구조 (66)에서 T와 not은 서로 인접한다. 그렇다면 (66)의 not은 문부정소이다. 문부정소는 NegP의 핵이어야 하는데 (66)에서는 not이 성분부정소인 것처럼 동사구에 부가되어 있다. 그러므로 (66)은 올바른 구조가 아닌 것이다.

이제 왜 'T always not V/v'와 같은 구조는 정문을 만들어 낼 수 없는지를 알아보기로 하자. 먼저 not이 성분부정소라고 가정하고 VP에 부가시켜 보기로 하자. 이러한 가정 하에서는 (55a)가 (68)과 같은 구조를 갖는다.

(68) John T [$_{VP3}$ always [$_{VP2}$ not [$_{VP1}$ agree]]]

위의 구조에서 not과 T가 서로 인접하지 않은 듯하다. 하지만 always와 같은 부가어는 인접조건을 따질 때 존재하지 않는 요소로 간주된다.[18] 이는 (69)에서 보여주듯이 always가 T와 agree 사이에 끼어 있음에도 불구하고 T가 agree로 하강할 수 있음에서 잘 알 수 있다.

---

[17] (67)의 조건을 인접조건이 아닌 상호성분통어조건(mutual c-command condition)으로 재해석할 수도 있다. 이럴 경우에는 May(1985)와 Chomsky(1986)가 주장하는 조각성분통어이론(the segment theory of c-command)을 가정하여야 한다.

  (i) P는 Q의 모든 조각에 의해 관할(dominate)될 때 Q에 의해 관할된다.
  (ii) X의 첫 번째 벌어진 교점이 Y를 관할하고 X도 Y를 관할하지 않고 Y도 X를 관할하지 않을 때, X는 Y를 성분통어한다.

위의 정의에 따르면 (66)에서 not을 관할하는 첫 번째 벌어진 교점은 T'이고 T'는 T를 관할하고 T와 not은 서로 관할하지 않으므로 not은 T를 성분통어한다. 또한 T를 관할하는 첫 번째 벌어진 교점이 T'이므로 또한 T도 not을 성분통어한다.

[18] 이러한 현상에 대한 구체적인 설명은 14장 참조.

(69) a. John always agrees.
    b. John T always agree

따라서 (66)에서 T와 not은 서로 인접해 있다고 말할 수 있다. 그렇다면 not은 문부정소이어야 한다. 문제는 (66)에서 not이 성분부정소처럼 VP에 부가되어 있으므로, (66)의 구조는 올바른 구조가 될 수 없다. 이제 not이 문부정소로 쓰였다고 가정하고 (55a)를 분석하여 보기로 하자. 만약 not이 문부정소라면 NegP의 핵이 될 것이고 always는 부가어이므로 이 NegP에 부가된다고 분석해야 할 것이다.

(70) John T [NegP always [NegP not [VP agree]]]

표상 (70)의 문제점은 always가 문부정소구에 부가되어 있다는 것이다. Always는 (71)에서 보듯이 사건을 의미하는 동사구에만 부가될 수 있다는 제약을 준수하여야 한다.

(71) [VP/VP always [VP/VP ...]]

그러나 (70)은 그러한 제약을 어기고 있다. 따라서 (70)은 통사적/의미적으로 적형식이 될 수 없는 구조이다. 요약하면, (55a)의 구조는 not이 성분부정소로 쓰이든 문부정소로 쓰이든 비문을 만들어낼 수밖에 없다. 그러므로 (55a)는 T가 접사이동을 할 수 없을 때 do-삽입이 최후의 수단으로 발생한다는 주장에 반례가 될 수 없다.[19]

---

[19] Do-삽입과 관련하여 제기되는 또 다른 쟁점은 왜 가정법 구문에서는 do-삽입이 가능하지 않은가 하는 것이다. 다음과 같은 가정법 구문에서는 if가 나타나지 않을 경우 T에서 C로의 이동이 발생한다.

   (i) a. If I were a bird, I could fly to you.
       b. Were I a bird, I could fly to you.

흥미로운 사실은 T에서 C로의 이동이 발생할지라도 do-삽입은 일어나지 않는다

마지막으로 왜 (54a)가 정문인지를 알아보기로 하자.

(72) John can always not agree. (= 54a)

화법조동사 can이 핵이동을 겪는지 아니면 T자리에서 기저생성되는지를 밝히는 것은 쉽지 않다. 왜냐하면 화법조동사는 항상 동사 중에서 가장 왼쪽에 위치하기 때문이다. 그러나 앞에서 언급한 바와 같이, 본 장에서는 화법조동사를 포함하여 모든 조동사는 핵이동을 한다는 견해를 취하고 있다.[20] 예를 들어, 다음 문장에서 can은 T의 아래쪽에 있다가 위로 올라간다.

(73) a. John T can agree
　　　b. John [T can] ~~can~~ agree.

화법조동사는, be나 have와 같은 다른 조동사와 마찬가지로, 부정어 not을 넘어서는 핵이동을 할 수 있다. 앞에서 소개한 바와 같이, Roberts (1998)와 같은 학자는 조동사 can이 not을 넘어서서 T로 핵이동을 할 수 있다고 주장한다.

(74) a. John T not can agree.
　　　b. John [T can] not ~~can~~ agree.

는 것이다.
　　(ii) a. If it rained, we could stay at home.
　　　　b. *Did it rain, we could stay at home. (Pesetsky 1989)

좀 더 흥미로운 것은, 가정법 구문에서도 부정문일 경우 do-삽입이 허용된다는 것이다.

　　(iii) If it didn't rain, we could go on a picnic.

이러한 현상이 생기는 이유에 대한 설명은 김광섭(2015b)을 참조하기 바람.
[20] 이에 대한 구체적인 증거는 김광섭(2017b)을 참고 바람.

이러한 주장을 하는 근거로는 not이 can을 부정할 수 있다는 점을 들 수 있다. 만약 이렇게 화법조동사가 핵이동을 한다면 (72)가 정문인 이유를 쉽게 설명할 수 있다. 화법조동사 can이 핵이동을 한다면, (72)는 (75)와 같은 표상을 갖는다.

(75) John [T can] [VP ~~can~~ [VP not [VP agree]]]

위의 표상에서 성분부정어 not은 T와 인접하고 있다고 말할 수 없다. 그 이유는 두 구성소 사이에 can의 아래복사본이 끼여 있기 때문이다. 표상 (75)에서 not이 T에 인접하지 않고 있다면, 이는 not이 성분부정어로 쓰이고 있다는 것을 의미한다. 따라서, 성분부정어 not이 agree에 부가되어 있는 표상 (75)는 적형식이다. 이 적형식 표상을 바탕으로 생성된 문장 (72)는 정문이다. 다시 말해, Embick과 Noyer가 제기한 문제는, T가 좌초될 상황에서 do가 최후의 수단으로 삽입된다는 주장에 위협이 될 수 없다. 그러므로 최후의 수단설은 옳은 주장이라고 결론내릴 수 있다.

제2장 '하'-삽입

제1장에서 우리는 영어의 시제가 접사의 형태로 나타나며 접사가 좌초될 위험에 처해 있을 때 do가 삽입되는 것을 보았다. 한국어의 시제도 접사이므로 do-삽입에 상응하는 현상이 한국어에도 존재하리라고 예측할 수 있다. 예측하는 바와 같이, 한국어에도 영어의 모형동사 'do'에 해당하는 의미가 없는 모형동사 '하'가 존재하며, 이 '하'는 최후의 수단으로 삽입되는 요소라고 분석할 수 있다. 본 장에서는, 모형동사 '하'가 나타나는 부정문과 강조문을 '하'-삽입의 시각에서 분석하게 되면, 상당히 많은 현상을 자연스럽게 설명할 수 있음을 보이고자 한다.

2.1 장형부정문과 '하'-삽입

한국어에는 두 종류의 부정문이 존재한다. 소위 장형부정과 단형부정이 그것이다. (1a)와 (1b)가 각각 장형부정과 단형부정의 대표적인 예인데, 바로 장형부정문인 (1a)에서 '하'가 등장한다.

(1) a. 철수가 영희를 만나지 아니 하였다.
    b. 철수가 영희를 안 만났다.

(1a)의 '하'는 축약(contraction)과 관련하여 본동사 '하'와는 다른 행태를 보인다. (2a)에 나오는 본동사 '하'는 'ㅎ'으로 축약될 수 없다.

(2) a. 철수가 숙제를 안했다.
    b. *철수가 숙제를 않았다.

반면에 (1a)의 경우에는 '하였다'의 '하'가 'ㅎ'으로 축약될 수 있다.

(3) 철수가 영희를 만나지 않았다.

이렇게 축약이 가능하다는 것은 의미가 약하거나 없다는 것을 의미한다. 분명한 것은 (1a)와 (3)에서 '하'나 'ㅎ'은 '수행하다'의 의미를 갖고 있지는 않다는 것이다. 따라서 이들 문장의 '하'는 본동사로 쓰였다고 볼 수 없다. 이렇게 '하'가 두 종류가 있다는 것은, 영어의 do동사가 본동사와 조동사 두 가지 용법으로 다 쓰일 수 있다는 것을 연상시킨다.

영어의 조동사 do가 부정문에서 나타나는 이유를 상기하면서 한국어의 의미 없는 동사 '하'가 부정문에서 나타나는 이유를 설명하여 보기로 하자. 영어의 경우 동사와 시제가 별개의 구성소이며, 이 둘은 핵이동을 통하여 만난다고 가정하였다. 한국어도 영어와 같은 방식으로 문장이 도출된다면, 문장 (4)는 (5a-b)와 같은 과정을 통하여 만들어진다. 즉, 동사 '만나'가 핵이동을 통하여 시제 'ㅆ' 쪽으로 이등해 나가면 '만났다'가 생성된다.[21]

(4) 철수가 영희를 만났다.
(5) a. 철수가 영희를 만나 ㅆ다: '만나'가 시제로 이동
    b. 철수가 영희를 ~~만나~~ 만났다.

영어의 경우 문부정소 not은 동사구와 시제형태소 T사이에서 나타남을

---

[21] 사실 시제가 접사이동을 통하여 동사 쪽으로 내려가는지 아니면 동사가 시제 쪽으로 핵이동을 통하여 올라가는지는 논쟁의 대상이 될 수 있다. 본 절에서는 핵이동이 올바른 방향이라고 가정한다.

보았다. 한국어 문부정문의 경우에도, 영어와 마찬가지로 부정형태소 '아니'가 동사구와 시제형태소 사이에 나타난다. 이렇게 부정형태소가 동사와 시제형태소 사이에 끼게 되면 문제가 발생한다. 그 문제란, 시제형태소가 접사화를 할 수 없는 상황이 발생하는 것이다. 과거시제 형태소인 'ㅆ'은 접사로서 반드시 동사에 들러붙는 접사화를 해야 한다, 하지만 (6a)에서, 시제접사에 인접한 요소는 동사가 아니라 부정형태소이다. 문제는 부정형태소는 시제접사의 지지대 역할을 할 수 없다는 것이다. 이러한 경우에 최후의 수단으로 '하'가 삽입된다고 주장하면, 기본적으로 영어의 부정문과 한국어의 부정문이 유사한 방식으로 도출된다고 할 수 있다.[22]

(6) a. 철수가 영희를 만나지 아니 였다: '하'-삽입
  b. 철수가 영희를 만나지 아니 하였다.

지금까지의 논의를 요약하여 보기로 하자. 시제 '였'은 통사적으로 동사구나 부정어구(NegP)를 취할 수 있다. 그런데 음운-통사부에서는 시제가 반드시 동사와 병합하여야 한다. 따라서 동사구가 부정어구를 선택하는 경우에는 음운-통사부에서 최후의 수단으로 '하'가 삽입되어 시제가 동사라는 지지대를 필요로 한다는 요구조건을 만족시킬 수 있다.

2.2 단형부정

한국어의 부정문과 관련하여 발생하는 쟁점 중의 하나는 단형부정과 장형부정이 관련성을 맺고 있느냐 하는 것이다. 관련성 여부를 가리기

---

[22] 이러한 분석은 Han과 Lee (2007)를 비롯하여 많은 학자들이 지지하고 있는 분석이다.

전에, 먼저 장형부정의 구조를 다시 한번 살펴보기로 하자. (7)에서 동사 '만나'가 시제 '였'으로 이동하지 못하는 이유는 부정소 '아니' 때문일 수도 있고, 아니면 '아니'가 취하는 명사형 보충어(complement)인 '지' 때문이라고 말할 수도 있다.

(7) a. 철수가 영희를 만나지 아니 였다: '하'-삽입
    b. 철수가 영희를 만나지 아니 하였다.

이제 한국어의 단형부정의 구조를 규명해보기로 하자. 예문 (8)에서 최소한 음운부(PF) 표상을 고려해 보면 부정소 '안'은 동사 '만나'의 자매이다.

(8) 철수가 모든 사람을 안 만났다.

문장 (8)이 (9)와 같은 구조를 갖는다고 가정하여 보자. 그렇다면, '안'은 동사만을 부정해야 한다. 왜냐하면 '안'의 작용역은 자신의 성분통어영역이기 때문이다.[23]

(9) 철수가 모든 사람을 [안 만나]았다.

그러나 (8)에서 '안'은 '모든 사람'을 부정할 수 있다. 즉, (8)은 'not⟩every people'의 해석을 허용하여 '철수가 모든 사람을 만난 것은 아니다'라는 의미를 줄 수 있다. 따라서 '안'이 동사 '만나'의 자매라고 주장하는 것은 잘못된 주장이다. 이 문제를 해결하는 방법 중의 하나는 이동을 이용하는 것이다. 먼저 부정어 '안'이 동사구를 수식하며, 동사구내의 목적어가 이동해 나갔다고 주장하는 것이다.

---

[23] 성분통어영역 'c-domain'은 자신의 자매(sister)가 포함하는 영역이다. 즉, 만약 B가 A의 자매 안에 포함(contain)되어 있다면, A는 B를 성분통어(c-command)한다.

(10) a. 철수가 [안 [모든 사람을 만나] 았다: 목적어 이동
    b. 철수가 모든 사람을 [안 [모든 사람을 만나]] 았다

이러한 주장의 한 가지 문제점은 왜 목적어가 반드시 이동해 나가야 하느냐 하는 것이다. 만약 부정어 '안'이 동사구 '모든 사람을 만나'를 수식한다면 부정문에서는 목적어가 반드시 이동해 나간다고 가정해야 한다. 왜냐하면 (11)과 같은 문장이 비문이기 때문이다.

(11) *철수가 안 모든 사람을 만났다.

일반적으로 동사구를 수식하는 부사는 목적어 전후에 모두 나타날 수 있다.

(12) a. 철수가 매우 영희를 사랑한다.
    b. 철수가 영희를 매우 사랑한다.

이러한 점에 비추어 볼 때 '안'이 동사구 수식어라는 주장은 그리 만족스러운 주장은 아니다.

2.2.1 단형부정과 동사이동

'모든 사람을 안 만나'라는 어순을 만들 수 있는 또 다른 방법은 먼저 '모든 사람을 만나'라는 동사구를 만든 다음, 이 동사구와 '안'을 병합한 뒤 '만나'를 이동시키는 것이다. 이것이 바로 김광섭(2018)에서 제안하고 있는 방법이다.

(13)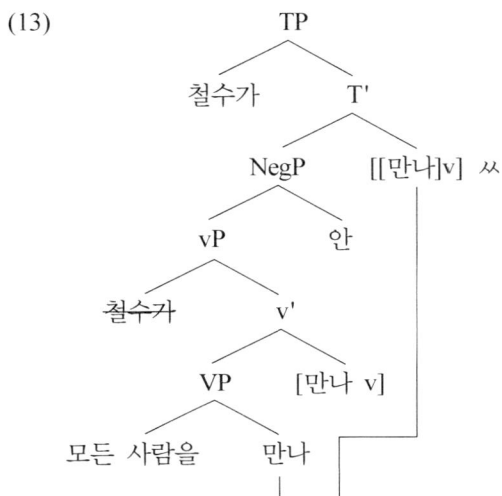

이 분석에 따르면, 한국어의 단형부정문은 조동사가 나오는 영어의 부정문과 똑같은 구조를 갖는다는 것이다. 우리는 제1장에서 영어부정문의 경우 조동사 be가 not을 넘어서 T로 이동한다는 것을 보았다.

(14) a. John T not be happy: be가 T로 이동
 b. John [be T] not ~~be~~ happy: 음성적 실현
 c. John is not happy

(13)에서 제시하고 있는 한국어단형부정문의 분석은 기본적으로 한국어와 영어가 똑같은 방식으로 생성된다는 것을 보여주고 있다.

(13)과 (14)의 분석에서 한 가지 의문점은 왜 중간에 끼여 있는 부정소 '안'과 not이 동사이동을 막지 못하느냐 하는 것이다. 그 이유를 알아보기로 하자. 이미 언급한 바와 같이, Pollock(1989)은 부정어 not이 핵이며 Neg라는 표찰을 갖고 있다고 주장하고 있다.

(15) T [NegP not [VP be happy]]

제2장 '하'-삽입 45

그러나 Williams(1994)에 따르면 not은 핵이지만 범주자질을 가질 수 없다고 주장한다.[24] 이렇게 범주자질을 가질 수 없는 요소가 핵일 경우에는 보충어구의 범주가 표찰이 된다는 것이 Williams의 주장이다. 이러한 주장에 의하면, (16a)에서 not은 be happy를 보충어로 취하지만 not be happy의 표찰은 NegP가 아니라 VP이다. 그 이유는 not이 표찰이 될 수 없는 요소이기 때문이다.[25] 만약 영어부정문이 (16a)와 같은 구조를 갖는다면 우리는 왜 be가 not을 넘어서 T로 갈 수 있는지를 설명할 수 있다.

(16) a. T [$_{VP}$ not [$_{VP}$ be happy]]: be가 T로 이동
b. be T [$_{VP}$ not [$_{VP}$ ~~be~~ happy]]

Pesetsky와 Torrego(2004)에 의하면 핵이동이란 [X YP]와 같은 구조에서 X가 YP와의 병합을 한 번 더 요구할 때 발생한다고 주장한다. X가 YP와의 병합을 한 번 더 원한다면 YP가 X의 SPEC자리로 이동하여야 하나 이는 반국부조건(anti-locality condition)을 위반하는 이동이다.

(17) a. [X [$_{YP}$ ...Y [...]]]: X가 YP와의 병합 요구
b. *[YP X ~~[YP ...Y [...]]~~]: 반국부조건에 의하여 비문처리

반국부조건이란 너무 가까운 곳으로 이동하면 안 된다는 제약이다. 너무

---

[24] Chomsky(2013)에서도 표찰(label)이 될 수 없는 요소가 있다고 주장하고 있다.
[25] 이렇게 핵이지만 표찰이 될 수 없는 표현으로는 '도', '만', 그리고 '조차도'와 같은 조사를 들 수 있다.

(i) [$_{DP}$ [$_{DP}$ 철수]만]

(i)에서 '철수'의 품사가 DP라면 '철수만'의 품사도 DP라고 말할 수 있다. '만'과 같은 표현이 핵이라는 것은 한국어가 핵후위(head-final) 언어라는 것을 고려하면 쉽게 알 수 있다. 동시에 '철수만'의 품사가 DP라는 것은 DP가 나오는 모든 자리에 그 표현이 나온다는 사실로 쉽게 알 수 있다. 이와 같은 표현뿐만 아니라 격조사도 핵이지만 표찰이 될 수 없는 표현이라고 할 수 있다. 여기에 대한 자세한 논의는 김광섭(2010a) 참조.

먼 곳으로 이동해도 안 되지만 너무 가까운 곳으로 이동을 하여도 안 된다는 것이다. Pesetsky와 Torrego에 의하면 반국부조건을 해결하기 위해, X가 YP와의 병합을 요구할 경우 YP의 핵인 Y가 X로 이동한다는 것이다. 즉, 핵이동이란 어떠한 핵이 자신의 보충어구와 한 번 더 병합을 원할 때 발생하는 이동이다.

(18) a. [X [YP …Y […]]]: X가 YP와의 병합 요구시 Y가 핵이동
     b. [[Y X] [YP …Y̶ […]]]

(19a)에서 T는 VP와의 병합을 한 번 더 원하게 되는데, 이 경우 반국부조건을 만족시키기 위하여 VP의 핵이 핵이동을 하여야 한다. VP의 핵이란 VP라는 표찰을 만들게 해 준 요소를 말한다. 여기서 not은 VP의 핵이 될 수 없다. 왜냐하면 not은 표찰을 가지고 있지 않는 요소이기 때문이다. VP라는 표찰을 만들어준 요소는 be이므로 be가 T로 이동한다.

(19) a. T [VP not [VP be happy]]: be가 T로 이동
     b. be T [VP not [VP be happy]]

한국어의 단형부정문도 이와 똑같은 방식으로 설명할 수 있다. 한국어의 부정소 '안'은 핵이지만 영어의 not과 같이 표찰이 될 수 없다고 가정하여 보자. 그렇다면, '모든 사람을 만나 안'은 동사구이며, 시제 '앗'이 동사구의 핵을 끌어당기게 되면 '만나'가 이동해 나간다고 주장할 수 있다. 이렇게 되면 (20a-c)에서 보듯이, 우리가 원하는 어순인 '모든 사람을 안 만났'이라는 어순을 얻을 수 있게 된다.

(20) a. [vP [VP t 모든 사람을 만나] 안]: 시제 'ㅆ'과의 병합
     b. [TP [vP [VP t 모든 사람을 만나] 안] ㅆ]: 동사 '만나'가 시제로 이동

c. [~vP~ [~vP~ t 모든 사람을 만나] 안 만나씨]²⁶

위의 분석에 따르면 왜 '안'이 목적어를 부정할 수 있는지를 쉽게 설명할 수 있다. 왜냐하면 '안'은 동사구를 성분통어하고 목적어가 동사구 안에 포함되어 있기 때문이다. 요약하면 단형부정의 경우 동사가 시제 쪽으로 이동해 나간다고 가정하면 우리는 왜 '안'이 목적어를 부정할 수 있는지를 설명할 수 있다.

2.2.2 주어와 부정어 사이의 작용역 관계

동사이동설이 옳다고 가정하고, 주어와 부정어 '안' 사이의 작용역(scope)관계를 검토해 보기로 하자. 술어내 주어가설(Predicate-Internal Subject Hypothesis)에 의하면 (21a-c)에서 보듯이 주어도 vP내에서 생성되어야 한다. (21c)에 의하면 주어도 부정소 '안'의 성분통어영역(c-domain)안에 위치한다.

(21) a. [~vP~ [~vP~ 철수가 모든 사람을 만나] 안]: 시제 '씨'과의 병합
b. [~TP~ [~vP~ [~vP~ 철수가 모든 사람을 만나] 안] 씨]: 동사 '만나'가 시제로 이동
c. [~vP~ [~vP~ 철수가 모든 사람을 만나] 안 만나씨:

이러한 분석이 옳다면, 주어도 부정어의 작용역 안에서 해석될 수 있다고 예측할 수 있다. (22a-b)와 같은 문장에서 '안'이 '모든 사람'을 부정할 수 있느냐는 질문에 모든 한국어화자들이 의견의 일치를 보이는 것은

---

²⁶ 김광섭(2015a)에서도 유사한 분석을 하고 있다. 단, 이 논문에서는 동사이동의 동인(motivation)을 동사가 비해석적 자질을 가지고 있기 때문이라고 주장하고 있다. 한편 본서에서는 이동의 동인을 시제의 비해석적 자질에서 찾고 있다. 이 두 입장의 차이에 대한 논의는 후속연구에서 다루기로 한다.

아니지만, '안>모든 사람'의 해석이 가능하다고 보는 사람이 상당수 존재한다.[27]

(22) a. 모든 사람이 영희를 안 만났어. 몇몇 사람이 만났을 뿐이야.
b. 모든 사람이 아직 안 왔으니, 조금 더 기다려 보기로 하였다.

물론, 그러한 해석이 가능하지 않다고 판단하는 화자가 존재한다는 것도 사실이다. 이렇게 화자 사이에 직관의 차이가 있는 이유를 재구효과의 차이에서 찾을 수 있다. 주어인 '모든 사람이'가 동사구내에서 기저생성된 뒤, T의 SPEC자리로 이동해 나간다고 가정해 보자. 그렇다면 논리형태부에서 '모든 사람이' 해석될 수 있는 자리는 이론적으로 두 군데이며, 만약 동사구 안의 복사본이 해석되면 부정어 '안'의 작용역 안에 들게 된다. 한편 동사구 바깥쪽의 복사본이 해석되면 부정어 '안'은 주어를 부정할 수 없다.

(23) [TP 모든 사람이 [vP [vP 모든 사람이 영희를 만나] 안] 만나 씨]
(24) a. [TP 모든 사람이 [vP [vP 모든 사람이 영희를 만나] 안] 만나 씨]
b. [TP 모든 사람이 [vP [vP 모든 사람이 영희를 만나] 안] 만나 씨]

'모든 사람'이 부정될 수 있다는 직관을 가진 화자는 재구를 허용하고 그렇지 않은 사람은 재구를 허용하지 않는다고 가정하면, 화자들 사이의 직관의 차이를 설명할 수 있다.[28]

---

[27] 김종복(2000) 등의 학자들은 '안>모든 사람'의 해석이 가능하다고 지적하고 있으며 Hagstrom(2000) 등은 그렇지 않다고 언급하고 있다.
[28] 단형부정의 경우 부정어가 주어를 부정할 수 있느냐의 여부에 대해서는 의견의 일치를 보이지 않지만, 주어자리에 '아무도'와 같은 부정극어가 나오게 되면 정문이 된다는 것에 대해서는 통일된 의견을 보인다. 다음 문장은 모든 화자들이 정문이라고 판단하는 문장이다.

(i) a. 아무도 영희를 안 만났다.
b. 아무도 안 왔다.

위의 분석에서 설명하여야 할 한 가지 현상은 왜 장형부정의 경우에는 직관의 차이 없이 모두 '안'이 주어를 부정할 수 있는가 하는 것이다. 다음 문장에서 'not〉every'의 해석이 나올 수 있다는 것에 이의를 갖는 사람은 없는 것 같다. 그렇다면 왜 (25a)에서는 재구효과가 반드시 존재해야 하는가를 설명하여 보기로 하자.

(25) a. 모든 사람이 영희를 만나지 않았다.
　　　b. [TP모든 사람이 [vP [vP 모든 사람이 영희를 만나]지 안] ㅎ 았]
　　　b'. [TP모든 사람이 [vP [vP 모든 사람이 영희를 만나]지 안] ㅎ 았]

이를 설명하기 위해서, 김광섭(2002)에서는 초점효과를 활용하고 있다. 초점을 받는 요소가 재구효과를 보인다는 것은 일반적으로 알려진 사실이다. 한국어의 경우 어순이 작용역 관계를 결정한다. 예를 들어, (26a)에서 '모든 교수'가 '한 학생'보다 넓은 작용역을 갖기는 힘들다. 그러나 주어가 초점을 받는 형태로 바뀌게 되면, 목적어가 주어보다 넓은 작용역을 가질 수 있다.

(26) a. 한 학생이 모든 교수를 좋아한다. (one〉every, *one〈every)
　　　b. 최소한 한 학생(씩)은 모든 교수를 좋아한다. (one〉every,
　　　　　　　　　　　　　　　　　　　　　　　　　　　　one〈every)

이와 같은 현상은 초점을 받은 요소는 기저생성된 자리에서 해석된다고 가

이러한 현상을 설명하는 한 가지 방법은 김광섭(1999)에서 주장하듯이, 부정어 '아무도'를 성분통어해야 하는 것이 아니라, '아무도'가 부정적인 표현을 직접적으로 성분통어해야 한다는 제약 조건을 가지고 있다고 하는 것이다. 이러한 주장을 지지해 주는 대표적인 증거로는, '없다'나 '모른다'와 같은 부정적인 동사도 부정극어를 인허한다는 사실을 들 수 있다.

(ii) a. 아무도 그 사실을 몰랐다.
　　　b. 아무도 그 자리에 없었다.

정하면 설명할 수 있다. (27)에서 보듯이, 먼저 목적어가 뒤섞기(scrambling)를 통하여 이동을 해 나가고 그다음 주어가 T의 SPEC자리로 이동하였다고 가정하여 보자.

(27) [TP 한 학생이 [vP 모든 교수를 [vP 한 학생이 모든 교수를 만나]] 씨]

만약 (27)에서 '모든 교수'는 이동한 자리에서 해석되고 '한 학생'은 초점을 받았기 때문에 의미역 자리에서 해석된다고 하면, 'Subject〈Object'의 해석이 나올 수 있는 이유를 설명할 수 있다.

(28) [TP ~~한 학생이~~ [vP 모든 교수를 [vP 한 학생이 모든 교수를 만나]] 씨]

초점을 받은 요소가 재구효과를 보인다는 것을 염두에 두고, 장형부정과 단형부정의 작용역으로 되돌아가 보기로 하자. 장형부정의 경우에는 '지'가 나타나게 되는데, 이 '지'가 초점을 받으면 동사구 전체가 초점을 받는 효과를 얻는다. 주어도 동사구내의 요소이므로 '지'가 초점을 받게 되면 주어도 초점을 받게 되어 결국 재구효과를 갖는다.

(29) [TP ~~모든 사람이~~ [vP [vP 모든 사람이 영희를 만나지 안] 았]

즉, '지'가 초점을 받으면 '모든 사람이 영희를 만나' 전체가 '안'의 작용역 속에 들어가기 때문에 '모든 사람'이 부정될 수 있다는 것이다. 이에 반하여 단형부정의 경우에는 동사구 전체에 초점을 주는 것이 쉽지 않다. 따라서 주어가 부정이 될 수 있는 가능성이 떨어지게 된다. 이러한 주장을 뒷받침하는 현상으로 우리는 '지'에 대조를 나타내는 표현인 '는'이 붙으면 부정어가 주어를 반드시 부정해야 한다는 것을 들 수 있다. 아래 예문 (30)은 '지'가 초점을 받게 되면 동사구 전체가 초점을 받게 되고 그럴 경우에 주어가 재구효과를 보인다는 것을 보여주고 있다.

(30) 모든 사람이 영희를 만나지는 않았어.

예문 (30)에서 '지'는 '는' 때문에 반드시 강세를 받아야 하며, 동시에 부정어 '안'은 반드시 전칭주어 '모든 사람'을 부정하여야 한다. 이것은 '지'의 초점여부와 주어의 재구효과가 서로 밀접하게 관계가 있음을 말해 준다.

여기서 한 가지 덧붙일 것은 '안'이 항상 문부정소로만 쓰이는 것은 아니라는 것이다. Han, Lidz 그리고 Musolino(2007) 등의 학자는 다음과 같은 문장이 가능하다고 지적하고 있다.

(31) 철수가 맥주를 안 마시지는 않았어.

(31)과 같은 문장이 가능하다는 것은 '안'이 술어만을 수식하는 용법으로 쓰일 수 있다는 것을 보여준다. 즉, 위 문장에서 '안 마시'는 다음과 같이 분석되어야 한다는 것이다.

(32) [v 안 [v 마시]]

'안'이 성분부정소로도 쓰일 수 있다는 것은, 그것이 동사뿐 아니라 부사나 형용사를 부정할 수도 있다는 것으로도 알 수 있다. '안 빠르게' '안 좋은' 등의 표현이 가능한데 이는 '안'이 성분부정소로 쓰인 경우라고 할 수 있다.

(33) a. 철수는 안 빠르게 달렸어.
    b. 그것은 매우 안 좋은 버릇이야.

지금까지의 논의를 요약하면, (i) 장형부정의 경우에는 동사가 시제 쪽으로 핵이동을 하는 것을 '지'가 방해하여 핵이동이 일어날 수 없으며, (ii) 핵이동이 발생하지 않으면 시제가 접사좌초금지조건을 위반할 위험성에 처하게 되는데, 이를 구조하기 위해 '하'-삽입이 최후의 수단으로 발생한다. 반면에 단형부정의 경우에는 '안'이 동사의 핵이동을 허용하여, 어순이 '안 > 동사'가 되어 마치 '안'이 동사를 부정하는 구조를 갖는 것처럼 보인다.

2.3 조동사 '하'와 격부여

부정문에서 발생하는 '하'-삽입과 관련하여 제기되는 논쟁중의 하나는 조동사 '하'의 격부여 양상에 관한 것이다. '하' 앞에 나타나는 '지'는 명사로서 격을 부여받을 수 있다. 재미있는 사실은 본동사나 형용사의 성격에 따라 '지'에 부여되는 격이 다르다는 것이다. 타동사 구문과 비능격(unergative) 구문의 경우에는 '지'가 목적격만을 취할 수 있다. 반면에 비대격(unaccusative) 구문과 형용사 구문의 경우에는 '지'가 주격과 목적격을 모두 취할 수 있다. 예를 들어, (34-35)에서는 '지'가 반드시 목적격 표지를 가져야 하지만 (36-37)의 경우에는 '지'에 주격과 목적격이 모두 허용된다.

(34) 타동사
 a. 철수가 영희를 사랑하지를 않는다.
 b. *철수가 영희를 사랑하지가 않는다.
(35) 비능격(unergative) 동사
 a. 철수가 뛰지를 않았다.
 b. *철수가 뛰지가 않았다.
(36) 비대격(unaccusative) 동사
 a. 문이 열리지가 않았다.
 b. 문이 열리지를 않았다.

(37) 형용사
   a. 철수는 야무지지가 않아.
   b. 철수는 야무지지를 않아.

본 절에서는 이러한 현상을 경제성 원리와 충실성 원리에 입각하여 설명하고자 한다.

2.3.1 무표성/경제성 원리와 충실성 원리

예문 (34)와 (35)를 살펴보면, '하'가 삽입될 때 술어의 성격을 고려함을 알 수 있다. 타동사의 경우 목적격을 주며, 비능격동사의 경우 명시적 목적어를 취하지 않지만 목적격을 줄 수 있는 능력이 있다고 말할 수 있다. Chomsky(1995)에 따르면, 경동사 v가 하는 역할은 두 가지이다. 하나는 목적격을 주는 것이고 다른 하나는 외부논항을 위한 의미역을 부여하는 것이다. 비능격동사의 경우 경동사 v를 가지고 있기 때문에 목적격을 부여할 수 있는 능력이 있다. 즉, 비능격동사가 목적어를 취하지 않기 때문에 목적격을 주지 않을 뿐 목적격을 줄 능력이 없는 것은 아니다. 주절동사가 경동사 v를 가지고 있을 경우, '지'에 목적격이 부여된다는 일반화를 하면 (34-37)의 자료를 설명할 수 있다. 즉, (38a-b)에서 '하'가 목적격을 부여할 수 있는 능력을 경동사로부터 물려받는다고 가정하면 왜 (34b)와 (35b)가 비문인지를 설명할 수 있다.[29]

---

[29] 사실상 '뛰다'는 목적어를 가질 수 있다. 한국어의 경우 대부분의 비능격 동사는 동족 목적어를 취한다.

   (i) a. 철수가 (토끼) 뜀을 뛰었다.
       b. 철수가 잠을 잤다.
       c. 철수가 걸음을 걸었다.
       d. 철수가 꿈을 꾸었다.

(38) a. [vP 철수가 [v 영희를 사랑하] v(Experience-, Acc)] 지 아니 하
     b. [vP 철수가 [v' [v 뛰] v]] 지 아니 하

이제 문제는 비대격 구문과 형용사 구문의 경우 어떻게 '지'에 목적격이 붙을 수 있느냐 하는 것이다.

먼저 최후의 수단으로 삽입되는 것이 왜 하필 동사 '하'인가를 생각하여 보기로 하자. 이는 무표성(unmarkedness)이라는 개념과 관련이 있는 듯하다. 동사 '하'는 모든 동사 중에서 가장 무표적(unmarked)인 동사라고 말할 수 있다. 모든 동사는 동작을 기술하고 있다는 점에서 '하'라는 의미를 포함하고 있다고 말할 수 있다. '하'가 본동사로 쓰이는 경우에는 타동사로 쓰인다. 따라서 목적격을 줄 수 있는 'ㅎ-'가 동사 중에서 가장 무표적이라고 말할 수 있다. 목적격을 주고 '동작하다'라는 어휘적 의미를 갖는 본동사 '하'가 가장 무표적이라면, 이 무표적 본동사에서 '동작하다'라는 어휘적 의미를 제외한 다음, 그 결과물을 최후의 수단으로 삽입하는 것이 가장 경제적일 것이다. 이는 영어에서 조동사 do가 최후의 수단으로 사용되는 것과 똑같은 현상이라고 말할 수 있다. 요약하면, 최후의 수단으로 쓰이는 요소는 가장 무표적인 표현에서 어휘적 의미를 뺀 표현이다.

(39) 무표성 원리
     최후의 수단으로 삽입되는 요소는 가장 무표적인 표현이다.

이러한 무표성 원리는 경제성 원리에서 도출된다고 말할 수 있다. 예를 들어, '때리다'라는 동사를 최후의 수단으로 삽입한다고 가정하여 보자. 먼저 삽입되는 요소는 의미가 없어야 하므로 의미를 빼는 작업을 하여야 하는데, '때리다'라는 의미는 '동작하다'라는 의미를 비롯하여 매우 복잡한 의미자질을 가지고 있고 이들을 모두 다 생략하여야 한다. 반면에 본동사 '하다'는 '동작하다'라는 단 하나의 의미자질을 가지고 있으므로 뺄

어야 하는 자질이 가장 적은 동사라고 할 수 있다. 따라서 경제성 원리에 의해 가장 무표적인 동사 '하다'를 최후의 수단으로 삽입하는 것은 당연한 일이라고 말할 수 있다. 즉, (39)의 무표성 원리는 다음과 같은 경제성 원리로 대체될 수도 있다.

(40) 경제성 원리
 최후의 수단으로 삽입되는 요소는 삭제되는 의미자질이 가장 최소인 어휘여야 한다.

영어의 경우에도 통사-음운 접합부에서 동사가 삽입되어야 하는 경우 의미가 없는 do가 삽입되게 되는데 이는 우연의 일치라고 보기 어렵다. 삭제되는 의미자질이 최소인 동사가 한국어의 경우에는 '하'이고, 영어의 경우에는 거기에 해당하는 do라고 할 수 있다. 정리하면, 동사가 최후의 수단으로 삽입되어야 하는 상황에서 삽입되는 동사는 가장 무표적인 '하다'이며 이는 경제성 원리로부터 도출될 수 있다. 따라서 최후의 수단으로 동사가 삽입되어야 한다면 대격동사(accusative) '하'가 삽입되어야 한다.

(41) 경제성 원리에 의하면, 목적격을 줄 수 있는 '하'가 최후의 수단으로 사용된다.

여기서 고려해야할 변수가 하나 더 있다. 동사 '하'가 삽입되는 이유는 본동사가 차지해야할 자리에 본동사가 올 수 없기 때문이라고 할 수 있다. 따라서 최후의 수단으로 무엇인가가 삽입되는 경우에 고려해야하는 것은 원래 삽입이 예정되었던 동사의 속성이다.

(42) 충실성 원리
 최후의 수단으로 삽입되는 요소는 원래 삽입이 예정되었던 요소와 일치하는 자질이 될 수 있으면 많도록 한다.

즉, 최후의 수단으로 어떠한 요소가 삽입될 때 (40)의 경제성 원리와 (42) 의 충실성 원리가 적용된다.

2.3.2 경제성 원리와 충실성 원리의 충돌

앞에서 언급하였듯이, 무표성 원리 (39)는 (40)의 경제성 원리에서 도출된다고 말할 수 있다. 무표적인 동사를 그대로 가져다 쓰는 것이, 유표적인 동사에 자질을 새로이 집어넣거나 아니면 빼는 작업을 하는 것보다 경제적이다. 그런데 충실성 원리를 준수하려면 그러한 경제성 원리를 위반해야하는 갈등이 생길 수 있다. 예를 들어, 본동사가 비대격동사인 구문을 고려해 보기로 하자. (43)의 경우에 삽입되는 '하'는 (40)의 경제성 원리에 의하면 대격 '하'가 삽입되어야 한다. 대격 '하'에서 대격 혹은 목적격을 주는 자질 [+acc]를 빼는 것은 경제성 원리를 위반하기 때문에, 대격자질을 가진 '하'를 최후의 수단으로 삽입하여야 한다.

(43) a. [TP 문이 [VP 문어 [V 열리]]지 아니 __ 였]다: 대격 '하' 삽입
b. [TP 문이 [VP 문어 [V 열리]]지 아니 해[+acc] 였]다: 대격부여
c. [TP 문이 [VP 문어 [V 열리]]지를 아니 해[+acc] 였]다

한편 (42)의 충실성 원리를 고려하면 대격 자질 [+acc]를 삭제한 비대격 '하'를 최후의 수단으로 삽입하여야 한다. 왜냐하면 본동사가 비대격동사이기 때문이다.

(44) a. [TP 문이 [VP 문어 [V 열리]]지 아니 __ 였]다: 비대격 '하' 삽입
b. [TP 문이 [VP 문어 [V 열리]]지 아니 하 였]다: 격부여
c. [TP 문이 [VP 문어 [V 열리]]지가 아니 하 였]다

요약하면, 술어가 비대격인 경우 '지'가 주격을 받을 뿐만 아니라 목적격

을 받을 수 있는 이유는, 경제성 원리에 따르면 대격 '하'가 삽입되어야 하고 충실성 원리에 따르면 비대격 '하'가 삽입되어야 하기 때문이다.

술어가 형용사인 경우에 격이 주격과 목적격 두 가지로 실현되는 현상도 유사하게 설명할 수 있다.[30] (45)의 빈자리에는 동사나 형용사가 삽입되면 시제좌초금지제약을 만족시킬 수 있다. 이 자리에 대격 '하'가 삽입되는 것이 경제성 원리를 만족하는 방법이 된다.

(45) a. [TP 철수가 [AP 철수가 [A 야무지]]지 아니 __ 었]다: 경제성 원리 대격 '하' 요구
b. [TP 철수가 [AP 철수가 [A 야무지]]지 아니 하[+acc]었]다: 격 부여 및 음성적 실현
c. 철수가 야무지지를 아니 하였다.

(46) a. [TP 철수가 [AP 철수가 [A 야무지]]지 아니 __ 었]다: 충실성 원리 비대격 '하' 요구
b. [TP 철수가 [AP 철수가 [A 야무지]]지 아니 하였]다: 격 부여 및 음성적 실현
c. 철수가 야무지지가 아니 하였다.

하지만 대격 '하'를 삽입하면 충실성 원리를 위반한다. 충실성 원리를 준수하려면 최소한 [+acc]라는 자질을 삭제하여야 한다. 따라서 '지'가 주격과 목적격을 모두 받을 수 있는 상황이 벌어지게 되는 것이다. 요약하면, 경제성 원리와 충실성 원리가 상충할 때 자유변이형이 나타난다.

---

[30] 여기서 제기될 수 있는 한 가지 질문은 과연 (36a-b) 두 문장의 의미가 같은가 하는 것이다. 목적격을 가진 (36b)는 문이 열려야 되는데 열리지 않았다는 의미를 강하게 갖는다고 말할 수 있다. 이와는 대조적으로 (36a)는 그와 같은 당위성의 의미를 가지지 않는다. (37a-b)도 유사한 대조를 보인다. (37b)의 경우 철수가 야무지기를 희망하거나 기대했는데 그렇지 못하다라는 의미를 주지만 (37a)는 중립적인 의미를 준다고 볼 수 있다. 이러한 의미적 차이와 격부여가 관계가 있다면 (36b)와 (37b)에 대한 분석은 다른 시각에서 시도하는 것이 필요하다.

반면에 본동사가 타동사이거나 비능격일 경우에는 경제성 원리와 충실성 원리가 똑같이 대격 '하'를 삽입하는 것을 요구한다. 따라서 '지'는 목적격으로만 실현된다.[31]

(47) a. [TP 철수가 [vP **철수가** [VP 영희를 사랑하] V(Experiencer, Acc)]지 아니 ___ 였] 다: 경제성 원리, 충실성 원리 모두 대격 '하' 요구
b. [TP 철수가 [vP **철수가** [VP 영희를 사랑하] V(Experiencer, Acc)]지 아니 하 였] 다: 격부여 및 음성적 실현
c. 철수가 영희를 사랑하지를 아니 하였다.

지금까지의 주장을 정리하면, 경제성 원리와 충실성 원리가 모두 같은 형태소를 요구하면 삽입되는 요소가 하나의 형태로 나타나지만, 만약 두 원리가 서로 다른 형태소를 요구한다면 두 개의 변이형이 나타날 수 있다.

---

[31] 유사강조 구문에서 나타나는 '하'도 부정문의 '하'와 어느 정도 유사성이 있어 보인다. 예문 (i)에서 본 술어인 '예쁘다'는 목적격을 부여하지 못하지만 '하'는 목적격을 부여할 수 있다.

(i) 이 옷이 예쁘기를 하니, 값이 싸기를 하니?

오히려 '기'가 주격으로 실현되는 문장이 수용성(acceptability)이 떨어진다. 그러나 비문이라고 판정할 정도로 나쁘지는 않은 듯하다.

(ii) ?이 옷이 예쁘기가 하니, 값이 싸기가 하니?

흥미롭게도, 만약 본 술어가 목적격을 부여하는 경우에는 반드시 '하'도 목적격을 부여하여야 한다.

(iii) 철수가 공부를 잘하기를 하니, 운동을 잘하기를 하니?
(iv) *철수가 공부를 잘하기가 하니, 운동을 잘하기가 하니?

이러한 현상도 경제성 원리와 충실성 원리로 설명할 수 있다. 경제성 원리에 의하면 술어의 성격과 상관없이 '하'는 목적격을 부여하여야 하며, 또한 충실성 원리에 의하여 술어가 격을 부여할 수 없으면, '하'도 격을 부여할 수 없어야 한다.

2.4 경제성 원리, 충실성 원리, 그리고 모음 삽입

위에서 우리는 삽입되는 요소의 형태를 결정하는데 있어서, 경제성 원리와 충실성 원리가 중요한 역할을 하는 것을 보았다. 이 두 원리가 외래어 차용시 삽입되는 모음에도 관여를 하는지 알아보기로 하자. 한국어의 경우에는 (C)V(C)의 음절구조를 가지고 있기 때문에 CCCV(C)구조를 가진 외래어를 발음할 때 V가 삽입되어야 한다. 서두에서 언급하였듯이, 이러한 삽입도 적형식의 단어를 만들기 위한 최후의 수단이라고 말할 수 있다. 모음이 삽입되어야 한다면 일반적으로 '으'가 삽입된다. 예를 들어, 영어단어 strike를 '스트라이크'라고 발음한다.

(48) 입력: straik
(49) 출력: a. sVtVraikV: '으'-삽입
          b. sitiraiki

여기서 충실성 원리에 의하면 입력부에서는 모음이 없으므로 가장 모음같지 않은 모음을 삽입하여야 한다. 모음의 특성은 넓은 통로를 공기가 자유롭게 흘러나가는 것이므로, 공기의 통로가 좁을수록 모음의 특성을 덜 갖는다고 말할 수 있다. 공기의 통로가 가장 좁은 모음은 고모음(high vowel)이다. 한국어의 고모음에는 '이', '으', '우'가 존재한다. 이중에서 '으'가 선택되는 이유는 가장 무표적이기 때문이다. '으'는 중설(central)모음에 속하는데 전설(front), 중설(central), 후설(back) 모음 중에서 중설모음이 가장 무표적이라고 할 수 있다. 가장 무표적이라는 말은 발음할 때 가장 에너지가 덜 들어가는 모음이라는 것을 의미하므로 가장 경제적인 모음이 중설모음이라고 말할 수 있다. 요약하면, 충실성 원리는 [+high]를 요구하고 경제성 원리는 [+central]을 요구하기 때문에 [+high, +central]의 자질을 가진 '으'가 삽입된다고 말할 수 있다.

(50) a. 충실성 원리: [+high]를 요구
    b. 경제성 원리: [+central]을 요구

삽입되는 모음에는 '으'만 있는 것은 아니고 문맥에 따라 '우'나 '이'가 삽입되기도 한다.

(51) a. pump 펌프, 펌푸
    b. jump 점프, 점푸
(52) a. bench 벤치
    b. lunch 런치

이와 같은 현상은 앞의 자음에 동화(assimilation)되어 나타나는 현상이다. 양순음 다음에 '우'로 발음하고 구개음 다음에 '이'로 발음하는 것은 동화현상이라고 할 수 있다. 여기서 흥미로운 현상은 '이', '으', '우'가 모두 고모음이라는 것이다. 이는 모음이 삽입되는 모든 경우에 충실성 원리를 준수한다는 것을 보여준다. 또한 동화현상이란 발음하기 쉽도록 경제성 원리에 의하여 발생하는 현상이므로 (51)과 (52)는 경제성 원리도 준수한다고 말할 수 있다.

일본어의 경우 한국어보다 더 간단한 음절구조인 CV구조를 갖고 있기 때문에, 일본어로 외래어를 발음할 때 모음 삽입이 더 많이 발생한다. 이러한 때에 주로 '우'가 삽입된다. 일본어에는 [+high][+central] 두 자질을 다 만족하는 '으' 모음이 존재하지 않는다. 충실성을 만족하는 고모음으로는 '이'와 '우'가 있다. 즉, [+high][+back] 자질을 가진 '이' 모음과 [+high][-back] 자질을 가진 '우' 모음이 존재하는데 이 둘 중에서 발음할 때 '우' 모음이 에너지가 덜 소비되는 듯하다. 달리 표현하면, '우'가 '이'보다는 좀 더 무표적인 듯하다. 따라서 일본어가 가지고 있는 모음 중에서 충실성 원리와 경제성 원리를 모두 만족시키는 모음은 '우'라고 결론 지을 수 있다.[32]

2.5 강조문에서의 '하'-삽입

영어에서 do-삽입은 부정문이외에 강조문에서도 발생한다.

(53) a. John does not love Mary. (부정문)
　　 b. John does love Mary. (강조문)

그렇다면 한국어의 경우에도, 부정문외에 강조문에서도 '하' 삽입이 가능할까 라는 질문을 제기해 볼 수 있다. (53b)에 해당하는 강조문은 존재하지 않지만 이와 유사한 구문은 한국어에 존재한다고 말할 수 있다. 예를 들어, '철수가 영희를 사랑하기는 해'와 같은 구문은 (53b)와 똑같은 의미를 주지는 않지만, 일종의 강조 구문이라고 할 수 있다. 재미있는 사실은 이러한 구문에서 모형동사 '하'가 나타난다는 것이다. 본 절에서는 강조문에서의 '하'-삽입과 관련하여 제기되는 쟁점을 알아보기로 한다.

2.5.1 중첩 구문과 '하'-구문

한국어에서는 문장이나 동사구를 강조할 때, 이들 표현을 명사화 시킨 다음, 강조나 대조를 나타내는 조사를 그 명사화된 표현에 덧붙이는 방법을 취한다. 이러한 경우에 의미가 없는 '하'가 쓰이게 된다. 예를 들어, '영희가 예쁘'라는 표현에 명사화 어미 '기'를 붙이고 그 명사화 어미 다음에 '는', '도', '만', '라도'와 같은 조사를 붙이게 되면 유사강조 구문이 만들어지게 되는데 이러한 경우 의미 없는 '하'가 사용된다.

---

[32] 젊은 세대가 아닌 한국어 화자의 경우 '으'보다 '우' 모음을 더 많이 삽입하는 경향이 있는데 이는 일본어의 영향이라고 볼 수 있다.

(54) a. 영희가 예쁘기는 하다.
　　　b. 영희는 참 예쁘기도 하지.
　　　c. 영희가 예쁘기만 하네.
　　　d. 영희가 예쁘기라도 하면 좋을 텐데.
　　　e. 영희가 예쁘기조차 하다.

'하'-강조 구문이외에도, 다음과 같이 술어가 중첩되어 나타나는 강조 구문도 존재한다.

(55) a. 영희가 예쁘기는 예쁘다.
　　　b. 영희는 참 예쁘기도 예쁘지.
　　　c. 영희가 예쁘기만 예쁘네.
　　　d. 영희가 예쁘기라도 예쁘면 좋을 텐데.

이 두 구문 사이에 의미적인 차이점이 존재한다고 말할 수는 없지만 통사적인 차이점은 존재한다. 본 절에서는, 이 두 구문을 최후의 수단의 측면에서 분석하게 되면, 이 둘의 통사적 차이를 자연스럽게 설명할 수 있음을 보이고자 한다.

2.5.1.1 중첩 구문과 '하'-구문의 생성

먼저 (55)에서처럼 술어가 중첩되는 현상은, 최기용(2003)과 김광섭(2015a)에서 주장하듯이, 이동이 일어난 뒤 두 개의 복사본이 발음되었다고 주장하면 쉽게 해결할 수 있다.

(56) a. [$_{AP}$ [$_{AP}$ 영희가 예쁘]기는]: 시제와 C의 병합
　　　b. [$_{AP}$ [$_{AP}$ 영희가 예쁘]기는] Ø다]: 술어이동
　　　c. [$_{AP}$ [$_{AP}$ 영희가 예쁘]기는] 예쁘 Ø다]

이러한 주장을 할 때 가장 어려운 점은 어떻게 해서 '기는'이 '예쁘'의 핵이동을 방해하지 않느냐 하는 것이다. 이를 해결하는 방법으로, 김광섭(20015a)에서는 '기는'은 초점을 나타내는 표현으로 마치 초분절형태소(suprasegmental morpheme)처럼 다른 차원(dimension)에서 병합을 한다고 주장하고 있다. 즉, '기는'이 다른 차원에서 병합이 되면 이것이 핵임에도 불구하고 '예쁘'가 '다'로 핵이동하는 것을 방해하지 않는다는 것이다.

(57) a. ... 예쁘] ^ 다: 술어이동 ('^'는 병합을 의미함)
             ^
             기는
     b. ... 예쁘] ^ 예쁘다
             ^
             기는

물론 음운부에서는 모든 구성소가 선형화(linearization)되어야 하므로 삼차원의 구조를 가질 수 없기 때문에 '기는'은 '예쁘' 다음에 발음이 되게 된다. '기는'이 핵이동에 방해가 되지 않는 이유를 설명하는 또 다른 방법은, '기는'은 표찰이 될 수 없는 요소라고 주장하는 것이다. 2.2에서 영어의 not과 그에 해당하는 한국어의 '안'도 또한 핵이지만 표찰이 될 수 없다고 언급한 바 있다. 만약 '기는'도 또한 핵이지만 표찰이 될 수 없는 요소라면 '영희가 예쁘기는'은 AP이고 시제가 AP의 핵을 이동시키게 되면 '예쁘'가 이동하게 된다.

'기는'이 핵이동에 방해가 되지 않는 것도 특이하지만, 중첩 구문의 가장 중요한 특이성은 두 개의 복사본이 모두 발음이 된다는 것이다. 이동을 하게 되면 두 개의 복사본이 생기게 되고, 일반적으로 음운부에서는 단 하나의 복사본, 특히 상위의 복사본이 발음된다. 그러나 (56c)의 경우에는 두 개의 복사본이 다 발음될 수밖에 없다. 그 이유는, '기는'과 'Ø다' 모두 접사이므로 이들은 술어와 함께 발음되어야 하기 때문이다. 만약 이들 술어 중에 하나라도 생략한다면 접사좌초금지조건을 어기게 되므로, 둘 다 발음을 해야만 하는 상황이 벌어진 경우이다. 음운부에서 단 하나의 복사본을 발음하는 것은 경제성 원리에 따른다고 볼 수 있다. 하나의 복사본만을 발음해도 음운부와 논리형태부에서 문제가 발생하지 않는다면 하나의 복사본을 발음하는 것이 경제적일 것이다. 그러나 한 개의 복사본을 발음하게 될 경우에 음운부에서 부적격 구조가 만들어진다면, 최후의 수단으로 두 개의 복사본이 발음이 되는 것이다. 비문법적 문장을 만들어 내지 않기 위하여 무엇인가를 삽입하는 것도 최후의 수단이라고 말할 수 있고, 비문법적 문장을 만들어 내지 않기 위하여, 경제성 원리에 의하면 반드시 생략되어야 하는 요소를 생략하지 않는 것도 또한 최후의 수단이라고 말할 수 있다. 이렇게 최후의 수단으로 두 개의 복사본이 발음되는 현상은 한국어에만 있는 현상은 아니다. 예를 들어, Landau(2006, 2007)는 히브루어의 경우에도 VP가 전치되었을 때 중첩현상이 발생한다고 보고하고 있다.

    이제 (54a-e)의 예문들이 어떻게 생성되는지를 알아보기로 하자. 이들은 모두 '하'가 최후의 수단으로 삽입되었다고 분석할 수 있다. 만약 술어이동이 수의적(optional)으로 일어난다고 하면 왜 동사가 중첩이 되기도 하고 아니면 '하'가 삽입되기도 하는지 설명할 수 있다. 여기서 문제는 왜 술어이동이 수의적으로 발생하느냐 하는 것이다. 첫 번째 가능성은 '기는'이 표찰이 될 수도 있고 그렇지 않기도 하기 때문이라고 할 수 있다. 즉, (58a)와 같이 '영희가 예쁘기는'이 명사구일 수도 있기 때문에, 핵이동이 일어날 수 없다고 가정하는 것이다.

    (58) a. [NP [AP 영희가 예쁘]기는]: 시제와 C의 병합
          b. [CP [NP [AP 영희가 예쁘]기는] Ø다]: 최후의 수단으로 '하'삽입
          c. [CP [NP [AP 영희가 예쁘]기는] 하 Ø다]

이밖에도 '기는'이 다른 차원에서 병합이 될 수도 있고, 같은 차원에서 병합이 될 수도 있다고 가정하는 방법이 있다. 만약 '기는'이 같은 차원에서 병합을 한다면 '예쁘'가 핵이동을 하는 것을 방해한다고 주장하는 것이다.[33]

    (59) a. [AP 영희가 예쁘]: '기는'을 같은 차원에서 병합
         b. [NP [AP 영희가 예쁘]기는]: 시제와 C의 병합
         c. [CP [NP [AP 영희가 예쁘]기는] Ø다]: 최후의 수단으로 '하'삽입
         d. [CP [AP [AP 영희가 예쁘]기는] 하 Ø다]

요약하면, 중첩현상은 술어가 이동한 뒤 최후의 수단으로 두 개의 복사본이 다 발음되기 때문에 일어나는 현상이고, '하'가 나타나는 현상은 술어가 이동할 수 없는 경우 최후의 수단으로 '하'가 삽입되기 때문이라고 할 수 있다.

2.5.1.2 중첩 구문과 '하'-구문의 통사적 차이점

위에서 펼친 주장을 바탕으로 이제 중첩 구문과 '하'-구문 사이의 통사적 차이를 설명하여 보기로 하자. 먼저 두 구문은 동사를 수식하는 X^0 부사의 분포와 관련하여 차이를 보인다. 문장 (60a-b)는 부사 '잘'이 반드시 동사에 인접해야 함을 보인다. 이는 '잘'이 동사를 꾸며주는 부사라는 것을 의미한다.

    (60) a. 철수가 옷을 잘 입는다.
         b. *철수가 잘 옷을 입는다.

---

[33] 김광섭(2015a)에서는 '예쁘'라는 술어가 수의적으로 비해석적 자질을 가지기 때문에 핵이동이 수의적으로 발생한다고 주장한다.

이렇게 동사를 꾸며주는 부사는, (61-62)에서 보듯이, 중첩 구문에서는 반드시 반복되어야 하는 반면에 '하'-구문에서는 반복이 허용되지 않는다.

(61) a. 철수가 옷을 잘 입기는 잘 입는다.
　　　 b. ??철수가 옷을 잘 입기는 입는다.
(62) a. 철수가 옷을 잘 입기는 한다.
　　　 b. *철수가 옷을 잘 입기는 잘한다.

예문 (61b)가 용인성이 떨어지는 이유는, 술어가 핵이동을 할 때 X^0 부사는 동반이동을 하기 때문이다. 반면에 (62b)가 비문인 이유는, '하'가 삽입될 때는 술어의 의미와 상관없이 동사의 형태를 가지고 있는 가장 기본적인 동사인 '하'를 삽입하기 때문이다. 즉, 경제성 원리에 의하여 '하'가 삽입되어야 한다. 충실성 원리를 고려해도 '잘'은 나올 수 없다. 왜냐하면, 최후의 수단으로 삽입된 '하'는 의미가 없기 때문에 '잘'에 의하여 수식을 받을 수 없기 때문이다.

중첩 구문과 '하'-구문은 기능범주의 분포에 관해서도 차이점을 보인다. 최기용(2003)은 중첩 구문의 경우 기능범주가 반드시 반복되어야 한다고 보고하고 있다. 예를 들어, 존칭 어미 '시'가 만약 본동사에 있으면 '시'는 반드시 반복되어 나타난다는 것이다.

(63) a. 선생님께서 떠나시기는 떠나셨어.
　　　 b. ??선생님께서 떠나시기는 떠났어.

한편 '하'-구문의 경우에는 '시'가 반복될 수도 있고 그렇지 않을 수도 있다.

(64) a. 선생님께서 떠나시기는 했어.

　　　　b. 선생님께서 떠나시기는 하셨어.[34]

이러한 현상은 핵이동 이론과 최후의 수단으로 '하'가 삽입된다는 이론으로 간단하게 설명할 수 있다. 만약 중첩 구문이 이동을 통하여 생성되는 것이라면 두 개의 복사본이 똑같은 모습을 가지는 것은 당연한 일이다.

　　(65) a. [VP 선생님께서 떠나시]기는 었: 핵이동
　　　　 b. [VP 선생님께서 떠나시]기는 떠나시 었

만약 VP내의 동사가 '떠나시'라면 시제와 같이 발음되는 동사는 반드시 '떠나시'여야 한다. 반면에 '하'-삽입이 일어나는 경우에는 단지 접사좌초금지조건을 만족시키기 위해 '하'가 삽입되는 것이므로 '하'만이 삽입되는 경우에도 정문이 도출된다.

　　(66) a. [VP 선생님께서 [떠나시]기는 였: '하'-삽입 (경제성 원리에 따라)
　　　　 b. [VP 선생님께서 [떠나시]기는 하 였

즉, 경제성 원리에 따르면 '하'-삽입이 일어나야 한다. 그러나 (67b)에서 보듯이 '하시'-삽입도 허용이 된다. 왜냐하면 충실성 원리를 고려하면 '하시'를 삽입하여야하기 때문이다. 충실성 원리에 따르면, 이동해 나가는 동사의 자질과 삽입하게 되는 동사의 자질이 일치하는 것이 필요하다. 따라서 경제성 원리를 준수하는 (66b) 문장 뿐 아니라 충실성 원리를 따르는 (67b)도 용인가능하다고 말할 수 있다.

---

[34] 이에 반해 조정민(2004)에 따르면 '하'-구문의 경우 오히려 기능범주가 반복이 되지 않는 것이 일반적이며, 만약 기능범주가 반복되면 비문이라고 판정하는 화자도 존재한다고 한다. 만약 '하시'를 삽입하는 것이 허용되지 않는 직관이 있다면, 그 문법에서는 충실성 원리보다 경제성 원리가 더 우선한다고 말할 수 있다.

(67) a. [vp 선생님께서 [떠나시]기는 았: '하시'-삽입 (충실성 원리에 따라)
　　　b. [vp 선생님께서 [떠나시]기는 하시 았:

시제도 존칭어미 '시'와 같은 행태를 보인다. 만약 본동사에 시제가 있으면 중첩 구문의 경우에는 그 시제가 반복되어야 한다.

(68) a. 철수가 떠났기는 떠났어.
　　　b. *철수가 떠났기는 떠나.

반면에 '하'-구문의 경우에는 시제가 반복되어도 좋고 그렇지 않아도 좋다.

(69) a. 철수가 떠났기는 해.
　　　b. 철수가 떠났기는 했어.

예문 (68a-b)가 보여주는 현상은 중첩 구문이 이동을 통하여 생성된다고 하면 당연한 현상이다.

(70) a. [vp 철수가 떠났]기는 어: '떠났'의 핵이동
　　　b. [vp 철수가 떠났]기는 떠났 어

또한 (69a-b)의 현상도, 최후의 수단으로 삽입이 되는 경우에 경제성제약과 충실성제약을 준수한다고 가정하면 당연하게 받아들여질 수 있는 현상이다. 경제성제약에 의하면 '하'-삽입이 일어나야 하고, 충실성제약에 의하면 '하였'이 삽입되어야 하기 때문이다.

(71) a. [vp 철수가 떠났]기는 어: 경제성제약에 의하여 '하'-삽입
　　　b. [vp 철수가 떠났]기는 하 어: 축약
　　　c. [vp 철수가 [떠났]기는 해

(72) a. [vp 철수가 [떠났]기는 어: 충실성제약에 의하여 '하였'-삽입
　　　 b. [vp 철수가 [떠났]기는 하였 어:

요약하면, 경제성 원리를 따르면 (69a)가 생성되고, 충실성 원리를 따르면 (69b)가 생성된다.

2.5.2 동사구중첩

지금까지 다루었던 중첩 구문은 동사중첩 구문이다. 동사중첩 구문에서는 동사만이 반복되어 발음된다. 그러나 (73)에서와 같이 동사구 전체가 반복되는 구문도 존재한다.

(73) 철수가 책을 읽기는 책을 읽었어.

(73)과 같은 문장이 정문이라는 사실은 핵이동설에 위협을 줄 수 있다. 왜냐하면 핵이동설에 의하면 동사만이 반복되어야 하기 때문이다. 하지만 결론부터 먼저 말하면 (73)은 핵이동설에 대한 반례가 될 수 없다. 왜냐하면, 이 구문은 앞에서 소개한 동사중첩 구문과는 별개의 구문이기 때문이다. 이 구문은 주제-평언(topic-comment) 구조를 가지고 있는 중립적 주제 구문(neutral topic construction)이다. 어떤 구성소에 주제 표지어 '는'이 붙으면, 그 구성소는 중립적 주제(neutral topic)가 되거나 아니면 대조적 주제(contrastive topic)가 된다. (74a)와 같이 성조를 올리지 않으면 중립적 주제가 되고, (74b)와 같이 성조를 올리면 대조적 주제가 된다. 대조적 주제는 성조를 올려야만 가능하므로 결국 강조적 표현으로 쓰인다. 즉, 대조적 주제는 강조적 용법이라고 할 수 있다.

(74) a. 철수는 → 순이를 좋아한다.
　　　 b. 철수는 ↗ 순이를 좋아한다.

중립적 주제로 쓰이는 표현은 확정적(definite) 의미를 가지고 있어야 하는 반면, 대조적 주제는 확정적일 필요가 없다. 예를 들어, (75)와 같은 문장에서 '최소한 한명은'은 중립적 주제가 될 수 없다.

  (75) 누군지는 모르지만, 최소한 한 명은 메리를 좋아한다.

위 문장에 나오는 '최소한 한 명'은 확정적 표현이 아니라 강조적 표현이기 때문에 대조적 주제로만 쓰일 수 있다. 또한 (76)과 같은 문장에 나오는 '자주는'도 중립적 주제가 아니라 대조적 주제이다. 부사는 지시적 표현이 아니기 때문에 중립적 주제가 될 수 없다. 하지만 강조는 될 수 있으므로, 대조적 주제로는 쓰일 수 있다.

  (76) 영희가 노래를 자주는 불러.

요약하면, '는'이 붙는 표현은 중립적 주제와 대조적 주제로 나눌 수 있으며, 대조적 주제의 경우 지시적이지 않을 수 있다.

 '는'이 붙는 표현이 두 가지 다른 문법적 기능을 한다는 것을 염두에 두고 문장 (73)이 제기하는 문제를 해결하여 보기로 하자. 본 절에서는, (77a-b)에서와 같이, 동사구가 반복되는 문장은 중립적 주제 구문이고, 동사만 반복되는 구문은 강조 구문이라고 주장하고자 한다.

  (77) a. 동사구중첩 구문 = 중립적 주제 구문
     b. 동사중첩 구문 = 대조적 주제 구문 = 강조 구문

중립적 주제 구문, 즉 주제 평언(topic-comment) 구문에서 평언에 해당하는 부분은 새로운 정보를 제공한다. (78)에서 보여 주듯이, 예문 (73)에서 '철수가 책을 읽기는'이 주제이고 '책을 읽었어'는 새로운 정보를 제공하는 평언에 해당한다.

(78) [topic 철수가 책을 읽기는], [comment pro 책을 읽었어]

이와 같은 주장이 옳다는 것은 평언부분을 '언어학 책을 읽었어'라고 바꾸어도 정문이 되는 것으로 알 수 있다.

(79) a. 철수가 책을 읽기는 언어학 책을 읽었어.
      b. [topic 철수가 책을 읽기는] [comment pro 언어학 책을 읽었어]

반면에 다음 문장에서 '읽었어'는 평언에 해당하지 않는다. 다만 '책을 읽기' 부분이 강조가 되는 구문이다.

(80) [철수가 책을 읽]-기는 읽었어.

예문 (80)에서 강조가 되는 부분은 '철수가 책을 읽'이기 때문에, (80)은 다음과 같이 해석된다.

(81) 철수가 책을 읽은 것은 사실이다. 그렇지만 ...

(81)에서처럼, '그렇지만'이라는 의미가 나오는 이유는 '는'이 대조의 의미를 주기 때문이다. 이러한 식의 설명이 올바른 방향에 들어섰다는 것은 다른 종류의 강조 구문을 살펴보면 알 수 있다. '기는' 이외에도 중첩을 허용하는 표현은 '기도', '기만', '기라도' 등과 같이 다양하다는 것을 우리는 예문 (82)를 통하여 알 수 있다.

(82) a. 수지가 예쁘기는 예쁘다.
      b. 수지가 예쁘기만 예쁘네.
      c. 수지는 참 예쁘기도 예쁘지.
      d. 수지가 예쁘기라도 예쁘면 좋을 텐데.

'기는'을 제외하고 모든 다른 표현들은 주제-평언 구문을 만들어 줄 수 없다. 왜냐하면, '는'만이 주제-평언 구조를 만들어낼 수 있기 때문이다. 흥미롭게도 이렇게 주제-평언 구조가 될 수 없는 구문은 동사구가 중첩되는 것을 허락하지 않는다.

(83) a. 철수가 피자를 좋아하기만 좋아하네.
     b. *철수가 피자를 좋아하기만 피자를 좋아하네.
(84) a. 철수가 그 집 피자를 좋아하기도 좋아하지만, 그 집 분위기를 좋아해.
     b. *철수가 피자를 좋아하기도 피자를 좋아하지만, 그 집 분위기를 좋아해.
(85) a. 철수가 피자를 좋아하기라도 좋아하면, 내가 말을 안 해.(피자를 좋아하지도 않으면서...)
     b. *철수가 피자를 좋아하기라도 피자를 좋아하면, 내가 말을 안 해.

(83-85)의 대조는 동사중첩 구문은 핵이동을 통하여 생성된다는 것을 확인시켜 준다. (83b), (84b) 그리고 (85b)는 모두 주제-평언 구문이 될 수 없기 때문에 동사구가 반복되어서는 안 된다. 따라서 이들은 모두 비문이다.

지금까지 우리는 영어의 조동사 do가 최후의 수단으로 삽입되듯이 한국어의 조동사 '하'도 최후의 수단으로 삽입이 된다고 가정하면 상당히 많은 자료를 설명할 수 있음을 보았다.

2.5.3 중립적 주제와 대조적 주제

본 장을 맺기 전에 중립적 주제와 대조적 주지의 차이와 공통점을 알아보기로 하자. 앞에서 우리는 '은/는'이 중립적 주제와 대조적 주제 두 가지 용법으로 쓰인다는 것을 보았다. 이들 두 용법의 공통점은, 두 용법 모두에서 구 정보(old information)라는 개념이 중요하다는 것이다. 먼저 중립적 용법의 경우에는, '은/는'이 붙는 요소가 주제(topic)이며, 이 주제가 구 정보를 준다. 이 용법에 따르면, 주제가 구 정보를 주기 때문에 주제는 지시적 표현이어야 한다. 반면에 '는'이 대조적 용법으로 쓰일 경우 '는'이 붙은 표현이 지시적일 필요가 없다. 왜냐하면 대조적 용법의 경우에는 '는'이 어느 요소에 붙어있더라도 문장 전체가 구 정보에 해당하기 때문이다. 예를 들어, (86b)에서 '는'이 부사 '자주'에 붙어 있지만, 구 정보에 해당하는 것은 '수지가 노래를 자주 부르는 것이 사실이다'이고, 이 문장은 '수지가 노래를 자주 부르는 것이 사실이지만, ...' 정도로 해석된다.

(86) a. 수지가 노래를 자주 부르니?
b. 수지가 노래를 자주는 불러.

즉, (86b)에서 '수지가 노래를 자주 부른다'는 것을 사실이라고 인정하는데, 이러한 사실 인정이라는 용법은 '수지가 노래를 자주 부른다'라는 명제가 이전에 언급되거나 아니면 전제될 때 사용가능하다. 이 문장에서 '는'이 '자주'에 붙는 이유는 '자주'라는 표현과 대조가 되는 명제를 염두에 두기 때문이다. 예를 들어, (87)과 같은 대조적 문장을 염두에 두고 있을 때 (86b)와 같은 문장을 사용하게 된다.

(87) (?)그런데 잘은 못 불러/그런데 잘 부르지는 못해.

요약하면, 대조적 용법의 '는'은 문장의 중간에 있는 요소에 '는'이 붙는 용법으로, 문장 전체가 구 정보를 주게 되며, '는'이 붙는 요소는 대조적 의미를 준다.

앞에서 우리는 장형부정의 경우 '지'에 '는'이 붙으면 주어가 부정되기 쉬운 현상을 알아본 바 있다. (88a)와 (88b)를 비교하면, (88b)에서 훨씬 수월하게 'not〉every' 해석을 얻을 수 있다.

    (88) a. 모두가 철수를 좋아하지 않는다.
         b. 모두가 철수를 좋아하지는 않는다.

그 이유는 '는'이 붙으면 '모두가 철수를 좋아한다'라는 문장을 구정보로 취하고 그것을 부정하게 되기 때문이라고 할 수 있다. 즉, (88b)는 '모두가 철수를 좋아한다'가 참이 아니라는 의미를 주기 때문에 주어가 쉽사리 부정된다는 것이다. 이러한 주장이 옳다는 것은 다음 두 문장의 대조를 통하여 증명할 수 있다. (89a)는 정문이지만 (89b)는 비문이다.

    (89) a. 아무도 철수를 좋아하지 않는다.
         b. *아무도 철수를 좋아하지는 않는다.

그 이유는 부정극어는 부정어와 직접적인 관계를 맺어야만 인허될 수 있기 때문이다. 만약 '는'이 붙은 표현이 구 정보를 제공한다면, '아무도 철수를 좋아 한다'가 구 정보이어야 한다. 문제는 '아무도 철수를 좋아한다'라는 말이 비문이라는 것이다. 따라서 (89b)가 비문이 되는 것이다. 정리하면, 대조적 용법의 '은/는'은 발화되는 문장이 참이라는 것을 받아들일 때 쓰이는데, 이때 문장 전체가 구 정보에 해당된다고 볼 수 있다. 이와는 대조적으로, 중립적 용법의 '은/는'은 발화하는 문장이 참이라고 선언할 때 쓰인다. 여기서 구 정보에 해당하는 것은 주제이다.

    마지막으로 (88b)와 (89b) 두 문장이 제기하는 모순을 생각하여 보기로 하자. '는'이 붙으면 부정어가 주어를 쉽게 부정할 수 있다. 따라서 (88b)는 쉽사리 'not〉주어' 해석을 허용한다. 부정극어는 부정어에 의해 인허된다. 그러므로 (89b)처럼 '안'이 주어를 부정할 수 있는 구문에서,

주어가 부정극어이면, 그 부정극어가 쉽사리 인허되리라 기대된다. 그러나 (89b)는 비문이다. 이는 (88b)에서 '안'이 직접적으로 주어를 부정하는 것이 아니라, '는'이 붙는 표현 전체, 즉 '모두가 철수를 좋아하'를 '안'이 부정하기 때문이다. '는'이 붙으면 구 정보를 주고 그 구 정보를 '안'이 부정하여 결과적으로 주어를 부정하게 되는 것이다. 다시 말해 '안'이 직접적으로 주어와 관계를 맺는 것은 아니다. 이러한 경우에는 부정극어가 인허될 수 없다. 부정극어가 부정어와 직접적인 관계를 맺어야 한다는 사실은 다음 두 문장을 검토해보면 쉽게 알 수 있다. (90a)에서 '안'은 '모든 사람'을 부정할 수 있다. 그러나 손근원(1995)에 따르면 '모든 사람' 대신에 '아무도'를 대체하면 비문이 된다.

(90) a. 나는 영희가 모든 사람을 좋아한다고 생각하지는 않는다.
　　　b. *나는 영희가 아무도 좋아한다고 생각하지는 않는다.

비록 '안'이 종속절의 목적어를 부정할 수 있지만, 종속절의 목적어가 부정극어일 경우 비문이 된다. 그 이유는 부정극어와 부정어는 직접적인 관계를 맺어야하기 때문이다.[35]

---

[35] 좀 더 자세히 말하면 '아무도'는 부정어구를 자신의 직접적인 작용역(immediate scope)안에 가지고 있어야 한다. 이러한 주장에 대한 좀 더 심도 있는 논의는 김광섭(1999) 참조.

제3장 To-삽입

영어의 do-동사가 최후의 수단으로 삽입된다는 주장은 최소주의의 틀 안에서 표준이론으로 자리 잡고 있다고 말할 수 있다. 본 장에서는 do에 이어 to도 최후의 수단으로 삽입되는 가능성을 모색하고자 한다. 좀 더 구체적으로 말하면, 본 장에서는 모든 종류의 to가 최후의 수단으로 삽입되는 것은 아니지만, 일부 구문에서 최후의 수단으로 삽입되는 to가 존재한다는 것을 보이고자 한다. 비정형절은, to가 나타나는 비정형절과 to가 없는 비정형절(bare infinitive)로 나눌 수 있다.[36] 본 장에서 펼치는 주요 주장은, 첫째 시제가 영접사로 나타나는 구문이 존재하며, 둘째 영접사 시제가 접사화가 될 수 있으면 to가 없는 비정형절이 생성되며, 셋째 이 영접사가 접사화할 수 없어서 좌초될 위기에 있을 때 to가 최후의 수단으로 삽입된다는 것이다.

To가 나타나지 않는 대표적인 구문으로는 인지 구문(perceptual construction)과 사역 구문(causative construction)을 들 수 있다. 이들 구문에서는 반드시 원형부정사가 나타나야 한다. 즉, to가 있는 부정사는 허용되지 않는다.[37,38]

---

[36] 시제가 나타나지 않는 절을 보통 비정형절(non-finite clause)이라고 부르며, 비정형절은 부정형절(infinitival clause)과 분사구문(-ing-participle clause)으로 나눌 수 있다.

[37] 인지 구문의 경우 to는 나타날 수 없지만 진행형 -ing는 나타날 수 있다.

   (i) a. I saw Mary dancing.

(1) a. I saw Mary (*to) dance.
    b. John made Mary (*to) dance.

재미있는 사실은, 똑같은 인지/사역 구문일지라도 동사가 능동형이 아니라 수동형이라면 to가 반드시 나타나야 한다는 것이다.

(2) a. Mary was seen *(to) dance.
    b. Mary was made *(to) dance.

즉, 능동동사는 원형을, 수동동사는 to-부정형을 취한다고 일반화할 수 있다.

(3) a. see: _____ [bare VP Subject V_{bare}]
    b. see_{passive}: _____ [to-phrase Subject to V]
(4) a. make: _____ [bare VP Subject V_{bare}]
    b. make_{passive}: _____ [to-p Subject to V]

이와 같이 수동동사와 능동동사가 통사적 성격이 다른 보충어를 선택(select)한다는 것은 매우 특이한 현상이다. 왜냐하면 수동동사와 능동동사가 취하는 논항은 의미적으로 같은 성격을 띠고 있고, 의미적으로 같은 성격을 띠고 있다면 통사적으로 같은 성격을 띠는 것이 언어습득적인 측면이나 경제성 원리 등을 고려해 볼 때 당연한 일이기 때문이다. 사실

---

  b. I saw Mary swimming.
[38] To의 분포와 관련하여, 주절동사를 크게 세 종류로 분류할 수 있다. 즉, 인지동사, 사역동사와 같이 to가 없는 부정절을 취하는 동사, to-부정절을 취하기도 하고 to가 없는 부정절을 취하기도 하는 동사, 그리고 to-부정절만을 취하는 동사로 나눌 수 있다.

  (i) a. John helped Mary to move.
      b. John helped Mary move.
  (ii) a. John assisted Mary to move.
       b. *John assisted Mary move.

상, 수동동사와 능동동사가 다른 선택적 제약을 갖는 현상은 인지동사와 사역동사에 국한되는 듯하다. 예를 들어, (5)에서 보듯이, 심지어 품사가 바뀌더라도 하위범주화(subcategorization) 관계는 바뀌지 않는다는 것을 고려하면, (3-4)가 보여주는 유형(pattern)은 매우 독특한 현상이라고 할 수 있다.

    (5) a. be interested in / (have) an interest in
        b. look at / (take) a look at
        c. insist on / insistence on
        d. depend on / dependent on
        e. independent of / independently of

(3)과 (4)의 하위범주화를 정리하면, (6)과 같이 일반화시킬 수 있다.

    (6) a. $V_{active\ perceptual/causative}$: ____ [$_{bare\ VP}$ Subject V_{bare}]
        b. $V_{passive\ perceptual/causative}$: ____ [$_{to\text{-}P}$ Subject to V]

(6a-b)가 보여주는 유형은 매우 예외적인 유형이라고 말할 수 있다. 이러한 유형보다 좀 더 일반적인 유형은 (7a-b)가 보여주는 유형이다. 예문 (7a-b)는 일반적으로 to는 수동이든 능동이든 반드시 나타나야 한다는 것을 보여주고 있다.

    (7) a. I believe John *(to) be a genius.[39]
        b. John is believed *(to) be a genius.

예문 (7a-b)에 비추어 보면 (6a-b)가 보여주는 현상은 매우 이례적이라고

---

[39] 물론 (i)과 같이 to be가 실현되지 않는 형태는 가능하다. (i)과 같은 문장에서는 동사가 실현되지 않으므로 to가 나타나지 않는 것은 당연한 일이다.

    (i) I believe John a genius.

할 수 있다. 문제를 더욱 복잡하게 만드는 것은 연결사(copular) 구문과 소위 준사역동사 구문에서는 to의 출현이 수의적이라는 것이다.

(8) All you have to do is (to) study hard.
(9) John helped Mary (to) move.

위의 논의를 요약하면, (7)과 같이 어떠한 경우에도 to가 반드시 나타나는 것이 일반적인 현상이라고 말할 수 있지만, 인지/사역 구문의 경우에는 능동문과 수동문이 to의 분포와 관련하여 다른 행태를 보이고, 연결사 구문과 준사역동사 구문에서는 to가 수의적으로 나타나는 특이한 행태를 보인다. 이렇게 각각 다른 행태를 보이는 세 그룹의 구문을 원리에 입각하여 설명하고자 하는 것이 본 장의 주요 목적이다.

3.1 To의 분포와 최후의 수단으로의 to-삽입

앞에서 논의한 것처럼 to의 분포는 크게 세 가지로 분류할 수 있다. 첫째, to가 절대로 나타나서는 안 되는 문맥과, 둘째, to가 반드시 나타나야 하는 문맥, 그리고 셋째, to가 수의적으로(optionally) 나타나는 문맥이 존재한다. 본 절에서는 이러한 to의 분포를 설명하기 위하여, do 그리고 '하'와 마찬가지로, to도 또한 최후의 수단으로 삽입된다는 주장을 하고자 한다. 즉, to도 시간의 흐름과 같은 구체적인 의미를 가지고 있는 to뿐 아니라 의미가 없는 모형(dummy) to도 존재하며, 이 모형 to는 최후의 수단으로 삽입된다는 것이다. 좀 더 구체적으로 말하면, 김광섭(2006)의 주장을 확대 적용하여, 본 절에서는 다음과 같은 주장을 하고자 한다.[40]

---

[40] 사실상 이 장은 김광섭(2006)을 수정, 보완한 것이라고 할 수 있다.

(10) a. Do가 본동사 do와 조동사 do로 나눌 수 있듯이, to도 두 종류로 나눌 수 있다.
b. 미래나 잠정적 혹은 가정적인 의미를 갖는 to는 어휘부에서부터 존재하는 반면, 의미가 없는 to는 어휘부에서 존재하는 요소가 아니라 최후의 수단으로 통사-음운 접합부에서 삽입되는 요소이다.

(10a-b)에서 명시하고 있듯이, 의미가 있는 to뿐만 아니라 의미가 없는 to도 존재한다. 의미가 없는 to가 통사-음운 접합부에서 삽입되는 이유는, 비정형절의 T가 의미가 없는 경우 영접사로 나타나며, 이 영접사가 자신을 지지해줄 지지대를 찾지 못하는 경우에 to가 최후의 수단으로 삽입되기 때문이다.

(11) a. 비정형절의 핵은 to이거나 영접사이다. 특히 의미가 없는 경우 영접사로 나타난다.
b. 만약 영접사가 지지대를 구할 수 없으면, 지지대 역할을 해줄 to가 최후의 수단으로 삽입된다.

이러한 주장에 따르면, T가 처음부터 to로 실현되지 않는 경우에는 정형절이든 비정형절이든 T는 모두 접사라는 것이다.[41] 이제 위의 주장으로 어떻게 to의 분포를 포착할 수 있는지를 알아보기로 하자.

3.1.1 To의 수의성

먼저 to의 수의성을 설명하여 보기로 하자.

---

[41] 정형절 T와 비정형절 T의 차이는 정형절 T는 음성적으로 실현될 수 있지만, 비정형절의 T는 음성적으로 실현되지 않는 영형태소라는 것이다. 비정형절의 T는 to가 삽입되어야만 비로소 실현된다.

(12) All you have to do is (to) study hard.

Will과 같은 화법 조동사나 to-부정사 다음에는 공통적으로 원형(base form)이 나타나야 한다. 이러한 원형이 과연 동사의 어근(root)인지 아니면 동사의 어근에 영접사가 합쳐진 형태인지는 확실치 않다.

(13) a. study: 어근
     b. study + Φ: 영접사가 붙은(zero-inflected) 동사

조동사는 일반적으로 자신이 선택하는 동사의 형태를 접사이동을 통하여 결정짓는다. 예를 들어, (14)에서 has는 완료형 어미 -en이 붙은 동사와 같이 나타나는데, 이 경우 has가 직접 동사를 취하는 것이 아니라는 것이 정설이다. 즉, have가 과거완료형 어미 -en을 선택하며 이 어미가 동사 leave를 선택한다는 것이다. 다시 말해, (14)는 (15a)와 같은 구조를 취한다는 것이 Chomsky(1957)와 Lasnik(2000)을 비롯한 많은 학자들의 주장이다. 이 경우에 굴절어미 -en은 leave로 접사이동하여, left라는 형태를 만들어 준다.

(14) John has left
(15) a. [$_{VP}$ have [en [leave]]][42]: -en이 leave로 접사 이동
     b. [$_{VP}$ have [e̶n̶ [leave en]]]: 음성적 실현
     c. have left

이러한 방식은, 조동사가 원형동사를 취하는 경우에도 확대 적용시킬 수 있다. 예를 들어, will과 같은 조동사는 영접사를 선택하며, 이 영접사가 접사이동을 하여, 결과적으로 동사원형을 선택한다고 가정할 수 있다.

---

[42] Lasnik(2000)은 -en, -ing 등의 접사는 vP나 VP를 보충어로 취하는 핵이라고 간주한다.

(16) a. John [will [Φ [come]]]: 접사 이동
　　 b. John [will [come Φ]]: 음성적 실현
　　 c. John will come

즉, 조동사 다음에 나오는 원형이란 아무 굴절어미가 없는 상태가 아니라 영굴절어미가 붙어 있는 상태라는 것이다. 이와 같은 가정 하에서는 의미가 있는 to가 나타나는 비정형절에서 동사가 원형으로 실현되는 이유도, to가 영형태소를 선택하고 그 영형태소가 접사이동을 하기 때문이라고 할 수 있다.

(17) a. [to [Φ [study]]] 접사 이동
　　 b. [to [study Φ]]: 음성적 실현
　　 c. to study

다음으로, 의미가 없는 to-부정사 구문을 생각하여 보기로 하자. 문장 (12)에서 to는 의미가 없는 to라고 말할 수 있다. 이 문장에서 to가 의미가 없는 경우라고 확정적으로 말할 수 있는 이유는 to가 있는 문장과 to가 없는 문장의 의미차이가 전혀 없기 때문이다. 의미가 있는 부정사 구문의 경우에 to가 영접사를 선택하듯이, 의미가 없는 부정사 구문에서도 T는 영접사를 선택한다고 말할 수 있다.

(18) a. to [study Φ]: 의미가 있는 to가 영접사 선택
　　 b. $T_{embedded}$ [study Φ]: 의미가 없는 영접사 T가 또 다른 영접사 선택

이 의미가 없는 to 부정사의 T는 원래 영접사의 형태로 나타나므로, (12)는 다음과 같은 표상을 갖는다.

(19) a. [All you have to do] T_{matrix} [$_{VP}$ be [$_{TP}$ $T_{embedded}$ [Φ study hard]]]: 접사Φ가 study로 이동

b. [All you have to do] T$_{matrix}$ [$_{VP}$ be [$_{TP}$ T$_{embedded}$ [study Φ] hard]]: T$_{embedded}$가 be로 이동

c. [All you have to do] T$_{matrix}$ [$_{VP}$ [T$_{embedded}$ be] [$_{TP}$ ~~T$_{embedded}$~~ [study Φ] hard]]: *[T$_{embedded}$ be]가* T$_{matrix}$로 이동

d. [All you have to do] [[T$_{embedded}$ be] T$_{matrix}$] [$_{VP}$ ~~[T$_{embedded}$ be]~~ [$_{TP}$ ~~T$_{embedded}$~~ [study Φ] hard]]: 음성적 실현

e. all you have to do is study hard

(20)

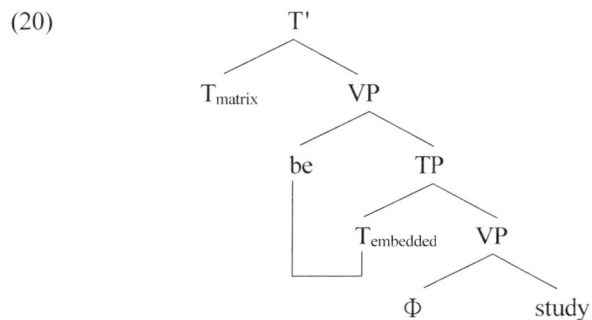

(19b-c), 즉 (20)에서처럼, T$_{embedded}$가 be로 이동한다면, 접사좌초금지조건을 만족시킬 수 있다. 이렇게 되면, T$_{embedded}$에 to가 삽입될 필요가 없어서 to가 나타나지 않는다. 한 가지 주목해야하는 사항은 접사이동에는 규칙적용의 순서(rule ordering)가 없다는 것이다.

(21) 무순의 원리
    접사이동에는 규칙적용의 순서가 정해져 있지 않다.

즉, T$_{embedded}$가 be로 이동하기 전에 be가 T$_{matrix}$로 이동을 할 수 있는데, 그렇게 되면 T$_{embedded}$는 be로 이동할 수 없다.

(22)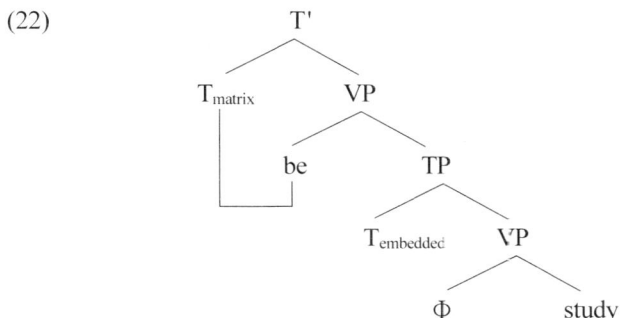

그 이유로 크게 두 가지를 꼽을 수 있다. 첫째, be가 주절시제 쪽으로 이동해 나가면 더 이상 $T_{embedded}$는 be하고 인접할 수 없다. 따라서, 접사이동이 인접조건을 지킨다면 $T_{embedded}$는 be로 접사이동을 할 수 없다.

(23) a. T_{matrix} [$_{VP}$ be [$_{TP}$ $T_{embedded}$ ...]]: be가 T_{matrix}로 이동
    b. [be T_{matrix}] [$_{VP}$ be [$_{TP}$ $T_{embedded}$ ...]]: 인접조건으로 인하여 $T_{embedded}$가 be로 접사이동 못함

둘째, $T_{embedded}$가 병합할 수 있는 지지대는 동사이다. 그런데 be가 T_{matrix}로 이동하여 만들어진 결과물의 핵은 T이다. 그 이유는 T_{matrix}가 be를 선택하기 때문이다.

(24) 범주결정의 원리
    접사 X가 Y로 이동하여 만들어지게 되는 복합체 [X Y]의 핵은, 만약 X가 Y를 선택(select)하였다면 X이고, 그 역이라면 Y이다.

(24)에 따르면, [be T_{matrix}]의 핵은 T이다.

(25) [$_T$ be T_{matrix}]

따라서 $T_{embedded}$는 (25)의 구성소와 병합할 수 없다. 왜냐하면 T가 또 다

른 T를 지지대로 삼을 수는 없기 때문이다. 이러한 경우에 to가 최후의 수단으로 T$_{embedded}$에 삽입된다.

    (26) a. [All you have to do] [[be] T$_{matrix}$] ~~be~~ [$_{TP}$ T$_{embedded}$ [Φ [study hard]]]: *to*-삽입

         b. [All you have to do] [[be] T$_{matrix}$] ~~be~~ [$_{TP}$ [to T$_{embedded}$] [Φ [study hard]]]

다시 말해, 접사 T$_{embedded}$가 be로 이동해 나가게 되면 to가 나타나지 않지만 만약 be가 T$_{matrix}$로 먼저 이동해 나가면 to가 최후의 수단으로 삽입된다는 것이다.[43]

    위에서 제시한 삽입에 의한 설명을 지지하는 증거로는 (27a)와 같은 예문을 들 수 있다.

    (27) a. All you have to do is certainly *(to) study hard.
         b.

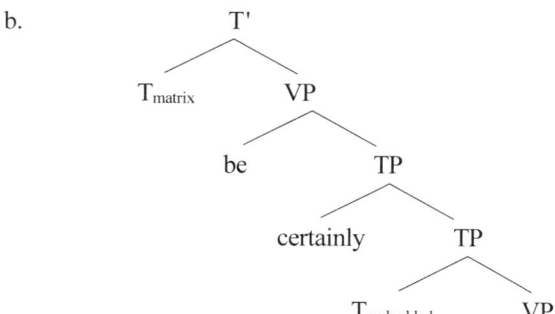

---

[43] 여기서 왜 T$_{embedded}$가 [study +Φ]로 접사이동할 가능성이 배제되느냐 하는 의문이 들 수 있다. 앞에서 언급하였듯이, T$_{embedded}$가 들러붙을 수 있는 요소는 동사이지 또 다른 굴절어미가 아니다. 따라서 T$_{embedded}$는 영접사 Φ쪽으로 접사이동을 할 수 없다.

    (i) a. T$_{embedded}$ [study+Φ]: 접사화
        b. *[T$_{embedded}$ [$_Φ$ study+Φ]]

(27a)는 (27b)과 같은 구조를 갖게 되는데, (27b)에서는 종속절의 $T_{embedded}$가 certainly 때문에 be로 이동할 수 없는 상황이다. 즉, 인접조건을 만족시키지 못하기 때문에 $T_{embedded}$가 be로 이동을 할 수 없어 좌초될 위기에 처한다. 이러한 상황에서 to가 최후의 수단으로 삽입이 된다는 것이 본 장의 주장이므로 (27b)에서 반드시 to가 나타나는 현상은 본 절의 주장을 뒷받침해주는 대표적인 예라고 할 수 있다.

(28) a. [All you have to do] [[be] T_{matrix}] certainly [$_{TP}$ $T_{embedded}$ [study+Φ] hard]: *to*-삽입
b. [All you have to do] [[be] T_{matrix}] certainly [$_{TP}$ [to $T_{embedded}$] [study+Φ] hard]

To가 수의적으로 나타나는 현상을 설명하는 또 다른 방법은 to가 수의적으로 생략될 수 있다고 주장하는 것이다. 문제는 이러한 생략에 의한 설명은 be와 to사이에 다른 요소가 끼여 있으면 왜 to가 생략될 수 없는지를 해결할 수 없다는 것이다.

(29) be X to: to-생략 불가능

왜 to가 be와 인접하는 경우에만 생략될 수 있는지를 설명하지 못한다면 to-생략에 의한 방법은 올바른 방향에 들어섰다고 볼 수 없다.

3.1.2 인지 구문과 사역 구문

지금까지 우리는 to가 왜 선택적으로 나타날 수 있는지를 알아보았다. 이제 인지 구문과 사역 구문에서의 to의 분포를 설명하여 보기로 하자. 본 장에서는 인지 구문에서는 종속절의 T가 영접사의 형태로 나타나며 이 영접사는 주절동사로 이동한다고 주장하고자 한다. 이렇게 영접사가

본동사로 이동해 나간다면, T가 동사에 부가되어야 한다는 제약은 자동적으로 해결된다. (30)과 (31)에서 보듯이, 지각동사는 T에 대한 EPP자질을 가지고 있어서 종속절의 T를 유인하게 되고, 그렇다면 항상 to가 없는 부정절이 나타난다.

(30) a. I $T_{matrix(past)}$ [$_{vP}$ see [Mary $T_{embedded}$ dance]]: $T_{embedded}$가 *see*로 이동
 b. I $T_{matrix(past)}$ [$_{vP}$ [$T_{embedded}$ see] [Mary ~~$T_{embedded}$~~ dance]]: T_{matrix}가 [$T_{embedded}$ see]로 이동
 c. I [$_{vP}$ [[$T_{embedded(past)}$ see]T_{matrix}] [Mary ~~$T_{embedded}$~~ dance]]: 음성적 실현
 d. I saw Mary dance

(31)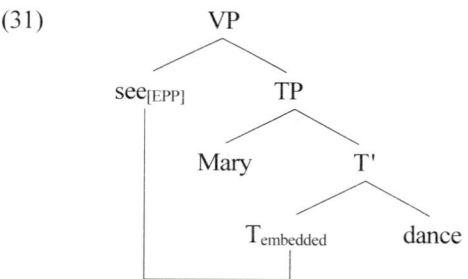

또한 사역 구문에서도 $T_{embedded}$가 V로 이동한다고 가정하면 왜 사역 구문에서 원형부정사가 나타나는지를 똑같이 설명할 수 있다.

(32) a. I $T_{matrix(past)}$ [$_{vP}$ make [Mary $T_{embedded}$ dance]]: $T_{embedded}$가 *make*로 이동
 b. I $T_{matrix(past)}$ [$_{vP}$ [$T_{embedded}$ make] [Mary T dance]]: T_{matrix}가 *[$T_{embedded}$ make]*로 접사이동
 c. I [$_{vP}$ [[$T_{(past)embedded}$ make] $T_{matrix(past)}$] [Mary dance]]: 음성적 실현
 d. I made Mary dance

여기서 제기될 수 있는 질문은 왜 인지 구문과 사역 구문에서 T가 V로 이동하는 것이 반드시 필요하냐는 것이다. 그 이유는 두 구문에서 종속절과 주절의 시제가 같다는 사실에서 찾을 수 있다. 예를 들어, (30d)에서 메리가 춤을 추는 시점과 내가 보는 시점은 같은 시점이다. 만약 같은 시점이라면 하나의 시제로 주절과 종속절의 시제를 모두 표시하는 것이 좋은 방법일 것이다. 또한 예문 (32d)는 춤을 추는 사건과 춤을 추게 하는 사건으로 이루어진 사실상 하나의 단일한 사건을 의미한다고 할 수 있다. 만약 (32d)가 두개의 하위사건(subevent)으로 이루어진 단일한 사건을 의미한다면 종속절과 주절의 시제는 동일하여야 한다. 따라서 주절 T와 종속절 T사이에 일치(AGREE)관계를 맺어야 할 필요성이 있다. 그러나 Chomsky(2001, 2008)가 주장하듯이, 타동사구 vP가 국면(phase)이라면 이들 사이에 일치관계가 발생할 수 없다. 이들이 일치관계를 맺기에는 너무 멀리 떨어져 있는 것이다.

(33) I T_{matrix} [$_{vP}$ v make [Mary $T_{embedded}$ dance]]

이러한 문제점을 해결하기 위하여 주절동사가 종속절 시제를 유인하게 된다.

(34) 영어의 경우 종속절과 주절의 시제가 일치관계를 맺어야 할 필요성이 있는 구문에서는 주절술어가 종속절의 시제를 유인한다. (즉, 종속절과 주절의 시제가 일치관계를 맺어야 하는 구문에서는 주절술어가 EPP자질을 갖는다)

(30a)와 (32a)에서는 종속절의 T가 vP국면에 갇혀있기 때문에 주절의 T와 일치관계를 맺을 수 없지만, 핵이동이 일어난 (30b)와 (32b)에서는 종속절의 T가 vP국면의 모서리(edge)에 위치하므로 주절 T와 종속절 T가 일치관계를 맺을 수 있다. 요약하면, $T_{embedded}$가 주절동사로 이동하면 두

가지 문제점을 해결할 수 있다. 첫째, T$_{embedded}$는 접사이므로 동사에 부가되어야 하는데 이러한 접사문제를 해결하여 주며, 둘째, 주절과 종속절의 T는 일치관계를 맺어야 하는데 이동을 함으로써 국지성 문제를 해결하여 준다.

두 개의 다른 사건이 하나의 시제로 묶이는 구문으로는 지각/사역 구문이외에도 때나 조건을 나타내는 부사절 구문을 들 수 있다. 때나 조건을 나타내는 부사절은 미래조동사를 가질 수 없다.

(35) a. John will call you when he comes to Seoul.
　　　b. *John will call you when he will come to Seoul.
(36) a. John will call you if he needs your help.
　　　b. *John will call you if he will need your help.

부사절에서 미래 조동사를 별도로 가질 수 없는 이유는 주절 미래조동사가 부사절의 시제까지도 관여하기 때문이다.[44] (35a)의 경우에 John이 서울에 오는 시점과 전화를 거는 시점은 같은 시점이다. 이렇게 같은 시점을 표현하는 방법은 하나의 미래조동사를 이용하여 주절과 종속절을 모두 담당하게 만드는 것이다. 따라서 부사절에는 미래조동사를 별도로 사용하는 것이 허락되지 않는다. 부사절과 지각/사역 구문의 차이는 전자의 경우에는 일종의 결속과 같은 방법으로 주절시제가 종속절시제와 같은 것을 포착하고, 후자의 경우에는 이동을 통하여 그러한 관계를 포착한다.

부사절에서 주절시제와 종속절 시제가 구체적으로 어떻게 결속관계를 맺는지를 알아보기로 하자. 현재형 시제는 현재, 미래, 혹은 총칭적 시제 등으로 다양하게 쓰일 수 있는데, 그 이유는 현재형 시제는 정해지지 않

---

[44] 명사절의 경우에는 미래조동사가 별도로 쓰일 수 있다. 그 이유는 명사절의 시제와 주절의 시제가 같을 필요가 없기 때문이다.

　　(i) I believe the rumor that John will come to the party.

은 변항의 성격을 띠고 있기 때문이라고 할 수 있다.

    (37) a. John arrives tomorrow. (미래)
         b. Look! John arrives now. (현재)
         c. John (always) arrives late. (총칭적)

만약 부사절의 시제가 변항이라면, 이 변항의 의미는 주절 미래조동사에 의한 결속을 통하여 결정된다고 말할 수 있다.

    (38) John will$_x$ [$_{vP}$ [$_{vP}$ call you] [when he T$_x$ come to Seoul]]

반면 인지/사역 구문의 경우에는 종속절의 시제가 이동을 한 다음 일치를 통하여 시제가 결정된다고 말할 수 있다.

    (39) a. I T$_{matrix(i)}$ [$_{vP}$ make [Mary T$_{embedded(unvalued)}$ dance]]: 이동
         b. I T$_{matrix(i)}$ [$_{vP}$ T$_{embedded(unvalued)}$ make [Mary ~~T$_{embedded(unvalued)}$~~ dance]]: 주절시제의 값을 바탕으로 종속절 시제의 값을 부여(valuation)
         c. I T$_{matrix(i)}$ [$_{vP}$ T$_{embedded(i)}$ make [Mary ~~T$_{embedded(i)}$~~ dance]]

이러한 주장 하에서 생겨나는 근본적인 의문은 왜 수동술어는 핵이동을 촉발시키지 않는가 하는 것이다. 다음과 같이 수동문에서는 T에서 V로의 이동이 일어나지 않는다고 하여야만 to가 반드시 나타나는 현상을 설명할 수 있다.

    (40) a. Mary was [[see]n] [t T dance]: *to*-삽입
         b. Mary was [[see]n] [t [to T] dance]

수동문에서 핵이동이 일어나지 않는 이유는 굴절어미가 핵인 단어는 더 이상의 다른 굴절어미가 붙는 것을 허락하지 않기 때문이다.

(41) 두 개 이상의 굴절어미가 하나의 핵에 부가될 수 없다.

수동형동사는 굴절어미가 핵인 단어이다. 예를 들어, seen은 원형 see + 수동형 굴절어미 en으로 형성되어있는 단어이다. 이렇게 굴절어미가 핵인 단어가 또 다른 굴절어미의 이동을 유발시킬 수 없다.[45] 그러므로 주절술어가 수동형동사라면 굴절어미가 이동하는 핵이동을 유발시킬 수 없다.

(42) 굴절어미가 핵인 단어는 또 다른 굴절어미가 병합되는 것을 허용하지 않으므로 굴절접사를 유인하는 EPP자질을 가질 수 없다.

따라서 (40a)에서 종속절 T가 seen으로 이동할 수 없는 것은 당연한 일이 된다. 이렇게 T가 주절동사로 이동을 하지 못하게 되면 T는 좌초될 수밖에 없으며, 이러한 경우 최후의 수단으로 to가 삽입된다. 사역 구문의 수동문에서 왜 to가 반드시 나타나는지도 유사하게 설명할 수 있다.

(43) a. T_{matrix} be made [Mary $T_{embedded}$ dance]: *to*-삽입
 b. T_{matrix} be made [Mary [to $T_{embedded}$] dance]

(43a)에서 made는 굴절어미가 핵인 술어이므로 T를 이동시킬 수 없다. 그러므로 접사좌초금지조건을 만족시키는 유일한 방법은 to를 삽입하는 것이고, 결과적으로 수동문에서는 to가 반드시 나타난다.

 흥미로운 사실은 help와 같은 소위 준사역동사의 보문절에서는 to가 나올 수도 있고 그렇지 않을 수도 있으나, 이들 준사역동사가 수동화 되면 무조건 to가 나타나야 한다는 것이다.

---

[45] (39a)의 경우에는 종속절의 $T_{embedded}$가 make로 핵이동을 해 갔음에도 불구하고 주절 T_{matrix}가 [$T_{embedded}$ make]에 접사이동을 할 수 있다. 그 이유는 [$T_{embedded}$ make]의 핵은 $T_{embedded}$가 아니라 make이기 때문이다. 핵이동이나 접사이동의 경우에는 오직 핵만이 보인다(visible)고 일반화를 내릴 수 있다.

(44) a. They helped us (to) get out.
　　b. We were helped *(to) get out.

(44a)의 문장에서 보여주는 to의 수의성을 바탕으로, 우리는 준사역동사 help는 의미가 없는 영접사 T가 핵인 보문절을 취하기도 하고, 의미가 있는 to가 핵인 보문절을 취하기도 한다고 가정할 수 있다.[46] 그렇다면, (44a)와 (44b)는 각각 (45a)와 (45b)와 같은 표상을 갖게 될 것이다.

(45) a. they T_{matrix} help [us {to, $T_{embedded}$} get out]
　　b. be helped [us {to, $T_{embedded}$} get out]

(45a)에서는 종속절 T가 주절동사인 help로 이동할 수 있다. 따라서 (45a)와 같은 표상에서, 만약 의미가 없는 영접사가 시제로 나타난다면, (46a-b)가 보여 주듯이, to가 나타나지 않는다.

(46) a. they T_{matrix} help [us $T_{embedded}$ get out]: $T_{embedded}$가 help로 이동
　　b. they T_{matrix} [$T_{embedded}$ help] [us $\cancel{T_{embedded}}$ get out]

물론 의미가 있는 to가 나타나면 반드시 to가 탈음되어야 한다.
　한편 (45b)에서는 help가 의미가 없는 $T_{embedded}$를 선택한다고 할지라도, $T_{embedded}$는 수동동사인 helped로 이동할 수 없다. 이미 굴절어미가 붙어있는 수동동사는 또 다른 굴절어미의 지지대 역할을 할 수 없기 때문이다. 이러한 문맥에서는 최후의 수단으로 to-삽입이 이루어져야 한다.

(47) a. be helped [us $T_{embedded}$ get out]: 최후의 수단으로 *to*-삽입
　　b. be helped [us [to $T_{embedded}$] get out]

---

[46] 왜 help는 make와는 달리 영접사가 핵인 보문절 뿐 아니라 to가 핵인 보문절을 취할 수 있는지에 대한 논의는 3.3를 참조하기 바람.

따라서 help가 의미가 있는 to를 선택하든 혹은 영접사인 시제 $T_{embedded}$를 선택하든, help가 수동형인 경우에는 반드시 to가 나타나야 한다.

3.2 고유한 시제표지로서의 to

주절술어가 수동형이 아님에도 불구하고 to가 반드시 나타나야 하는 구문을 살펴보기로 하자. Stowell(1982)은 to를 두 종류로 나눈 바 있다. 그에 따르면, (48a)에서 나타나는 to는 미래의 의미를 가지고 있으며, (48b)의 to는 미래의 의미를 가지고 있지 않기 때문에 이 둘은 다른 종류의 to라는 것이다.

  (48) a. John tried to leave.
     b. John seems to be happy.

(48a)에서 to가 미래의 의미를 갖는 이유는 전치사 to가 '어디 어디로'라는 방향성을 나타내며 이러한 의미가 시제의 의미에 은유적으로 확대 적용되어 미래의 의미를 나타낸다고 할 수 있다. 즉, 시간은 미래로 흘러가므로 방향을 나타내는 to가 미래를 의미하게 되었다고 말할 수 있다. 따라서 (48a)에서 to가 미래의 의미를 갖는 것은 당연하다고 볼 수 있다. 본 장에서는 (48b)의 to도 전치사 to의 의미가 완전히 탈색된 표현은 아니라고 주장하고자 한다. 다음 문장에 나오는 to는 if와 유사한 의미를 갖는다.

  (49) To put it differently, it is a correct analysis.

(49)에서 to가 가정적(hypothetical) 의미를 갖는 이유는 to의 의미가 방향성을 나타내기 때문이라고 할 수 있다. To는 미래를 의미할 수 있고 미래

는 아직 실현되지 않은 시제이고, 실현되지 않은 시제는 가정적 의미를 줄 수 있기 때문에 (49)가 현실에서 실현된 사건이 아니라 다른 가능세계에서 일어날 수 있는 사건을 의미할 수 있다고 말할 수 있는 것이다.

(50) a. 전치사 to의 의미: '어디어디로'→미래 시제의 to
    (∵"어디어디로'는 방향성을 나타내므로)
   b. 미래 시제의 to →실현되지 않을 수도 있는 가능세계의 to
    (∵미래는 아직 실현되지 않은 시제이므로)

예문 (49)에서 나타나는 to뿐만 아니라, 소위 불투명술어(opaque predicate) 구문에서 나타나는 to도 가정적 의미를 가지고 있다고 말할 수 있다. 즉, (48b)의 to는 (49)의 to와 마찬가지로 현실세계에서 실현되고 있다고 확신할 수 없는 가능 세계를 나타내는 역할을 한다는 것이다. 그러므로 (48b)에서 나타나는 to는 고유의 의미를 갖고 있다고 말할 수 있고, 이렇게 고유의 의미를 가지고 있는 표현이 생략이나 삽입이 될 수 없다는 것은 너무나 당연한 일이다. 다시 말해, 마치 삽입이 되는 do와 기저생성되는 do가 있듯이, 부정절에 나타나는 to도 두 종류가 있는 것이다. 첫 번째 종류는 의미가 없는 것으로 최후의 수단으로 삽입되며, 두 번째 종류는 고유의 의미를 갖고 있으며 기저생성된다. 후자의 경우에는 어떠한 경우에도 생략이 되거나 삽입이 되지 않는다. 의미가 있는 요소는 임의로 생략하거나 삽입할 수 없기 때문이다.

이제 to가 반드시 나타나야 하는 또 다른 문장을 살펴보기로 하자. 지금까지 우리는 to가 실제로 사건이 실현되지 않을 수도 있는 상황에서 사용되는 구문만을 다루었다. (51a)의 문장은 실제로 메리가 떠났다는 의미를 가지고 있다는 점에서 위에서 논의한 구문과는 또 다른 성격을 띠고 있다. (51b)도 또한 개미가 실제로 죽었다는 의미를 갖는다.[47]

---

[47] 이와 같이, to는 사건이 실제로 실현된 경우와 그렇지 않은 경우에 모두 쓰일 수

(51) a. John caused Mary to leave.
　　　b. John caused the ant to die.

그럼에도 불구하고 위의 구문에서는 to가 반드시 나타나야 한다. 본 장에서는 위의 구문에 나타나는 to는 가정적이나 미래의 의미를 가지고 있지 않지만, 의미가 전혀 없다고 말할 수는 없다고 주장하고자 한다. 좀 더 구체적으로 말하면 이러한 구문에서는 to가 시간의 경과를 의미한다고 주장하고자 한다. 먼저 (51b)와 (52)를 비교하여 보기로 하자. (51b)는 John이 개미를 간접적으로 죽였어도 참이지만 (52)는 그러한 상황에서는 쓰이지 않는다.

(52) John killed the ant.

즉, (51b)는 소위 간접적 원인(indirect causation) 구문이고 (52)는 직접적 원인(direct causation) 구문이다. 이러한 유사한 차이가 한국어에서도 드러난다.

> 있다. 이러한 두 가지 용법은, to-부정사가 부가절로 쓰일 때 극명히 드러난다. To-부정사는 결과로 쓰일 수도 있고 목적으로 쓰일 수도 있다. 예를 들어, (ia-b)에서는 to-부정사절이 목적으로 해석되고, (iia-b)에서는 결과로 해석된다.
>
> (i) a. John came to school to meet Mary.
> 　　b. John got up early to meet Mary.
> (ii) a. John grew up to be a teacher.
> 　　b. He awoke to find himself famous.
>
> 목적으로 해석되는 경우에는 부가절의 사건이 실제로 실현되었다는 보장이 없고, 결과로 해석되었을 때는 현실에서 실제로 발생한 경우이다. (ia-b)가 목적으로 해석되고 (iia-b)가 결과로 해석되는 이유는, 전자의 경우에는 주절의 행위가 의도성이 있는 반면, 후자의 경우에는 주절의 행위가 의도성이 없기 때문이다. 이 두 종류의 구문의 공통점은 모두 주절의 사건과 부가절의 사건이 일어난 순서는 '주절 < 부가절'이라는 것이고, 차이점은 전자의 경우 부가절의 사건이 실제로 발생하지 않았을 수도 있지만 후자의 경우에는 부가절의 사건이 실제로 발생하였다는 것이다. 요약하면, to가 단순히 시간의 경과를 나타내면 결과로 해석되고, 두 사건 간의 인과관계가 있으면 목적으로 해석된다.

(53) a. 외부인이 먼저 타게 합시다.
　　　b. 외부인을 먼저 태웁시다.

한국어의 '게'는 영어의 'to'에 해당한다고 할 수 있다. 왜냐하면 'to'와 마찬가지로 '게'가 방향성을 나타내기 때문이다. 이러한 사실은 '게'는 to와 마찬가지로 목적의 의미를 준다는 것에서 잘 알 수 있다.

(54) a. 집에 가게 돈 좀 줘.
　　　b. 너 집에 가게?

또한 '게'가 방향성을 나타낸다는 증거는 형태론적(morphological)인 측면에서도 찾아볼 수 있다. 한국어의 과거형은 `었/았'인데, 재미있는 사실은 쌍시옷이 생략된 형태도 고유의 의미를 갖는다는 것이다. (55a)가 보여 주듯이, 만약 단지 발음상의 이유로 모음이 삽입된다면 '으'가 삽입된다.

(55) a. 철수가 손목을 잡으면서 말했다.
　　　b. 철수가 물고기를 잡아서 먹었다.

반면에 (55b)에서 알 수 있듯이, 상태의 의미를 주기 위해서는 과거형에서 쌍시옷을 뺀 부분인 '어/아'가 사용된다. 상태와 과거의 의미가 서로 연관성이 있다는 것은 잘 알려진 사실이다. 예를 들어, '은/는'이라는 형태소가 과거의 의미로도 쓰이고 상태의 의미로도 쓰인다는 것은 이 둘의 의미가 서로 깊은 연관성이 있음을 말해준다.

(56) a. 버린 음식: 과거
　　　b. 예쁜 사과: 상태

한편 한국어의 미래형으로 '겠'이라는 형태소가 있는데, 여기서 쌍시옷을 뺀 '게'가 방향성의 의미를 유지하고 있다고 보아야 할 것이다.

(57) a. 었/았(과거)→어/아(상태)
     b. 겠(미래)→게(방향성, 목적)

방향성의 의미를 가진 '게'가 들어가는 구문은 간접적 원인 구문이 된다. 본 장에서는, 이러한 간접성과 직접성의 차이가 'to'와 '게'의 의미에서 온다고 주장하고자 한다. 'To'와 '게'는 미래의 의미를 갖고 있기 때문에 죽음을 초래한 사건과 실제로 죽음이 발생한 사건이 시간적 차이가 있다는 의미를 갖는다.

(58) 미래 시제의 to와 '게'→시간의 경과를 의미
     (∵미래는 현재에서 시간이 경과하여야지만 얻을 수 있으므로)

시간적 차이가 있는 구문이 간접원인 구문이고 시간적 차이가 없는 구문이 직접원인 구문이 되는 것이다. 그 이유는 직접적이고 적극적인 행위는 시간의 차이 없이 '외부인이 타는 사건'을 유발시키지만, 간접적이고 비적극적인 행위는 시차를 두고 그러한 사건을 유발시킬 가능성이 많기 때문이다. 요약하면, (51a-b)에서 to가 반드시 나타나는 이유는, cause는 사역의 시점과 실제로 사건이 발생한 시점이 다를 경우에 쓰이는 술어이기 때문에 고유한 미래 시제의 의미를 가진 to를 반드시 필요로 한다는 것이다. 이러한 사실은 시간의 경과를 나타내는 표현인 in three days가 (59a)에서는 쓰일 수 있지만, (59b)에서는 쓰일 수 없다는 것으로도 알 수 있다.

(59) a. John caused the ant to die in three days.
     b. *John killed the ant in three days.

또한 똑같은 차이를 한국어에서도 발견할 수 있다. (60b)는 (60a)와는 달리 그 개미가 죽는데 3일 걸렸다는 의미는 주지 않는다.[48]

> (60) a. 존은 그 개미를 3일 만에 죽게 하였다.
> b. *존은 그 개미를 3일 만에 죽였다.

이러한 현상은 '게'가 들어가면 시간의 경과를 나타내고 그렇지 않으면 원인 행위와 결과행위 사이에 시차가 없다는 주장을 뒷받침해준다.

위의 내용을 요약하여 보기로 하자. 기본적으로 to는 기저생성되는 to와 최후의 수단으로 삽입되는 to로 나눌 수 있다. 3.2에서는 to가 반드시 나타나는 구문을 검토하고, 통사-음운 접합부에서 삽입되는 to와는 달리 이들 구문의 to는 고유의 의미를 가지고 있다고 주장하였다. To는 기본적으로 '어디어디로'라는 방향성을 가지며, 이러한 의미가 발전하여, 시간의 경과, 미래, 그리고 가정 등을 나타내는 의미를 가질 수 있으며 이러한 의미를 가진 to는 처음부터 기저생성된다고 주장하였다. To가 단순한 시간의 경과를 나타내면, to가 이끄는 절이 나타내는 사건은 실현된 사건이며, to가 미래를 나타내거나 아니면 가정을 나타낸다면 to-부정사절은 실현된 사건을 말하는 것이 아니다.

3.3 주절사건의 적극성과 to의 유무

지금까지의 논의를 요약하면, 소위 직접사역과 간접사역의 차이는 미래시제를 나타내는 to나 '게'의 유무에서 유래한다는 것이다. 즉, to나

---

[48] 물론 문장 (60b)는 죽이는 행위를 하는 준비기간이 3일 걸렸다는 의미로 쓰일 수는 있다. 예를 들어, 죽일까 말까 고민하는 기간이 3일 걸렸고 그 다음에 죽이는 행위를 단행한 상황이라면 (60b)가 쓰일 수 있다.

'게'는 발생시키는 사건과 발생하는 사건이 시차가 있음을 나타내기 때문에, to나 '게'가 있으면 간접적 사역이라는 의미가 나온다는 것이다. 위와 같은 관찰과 주장은, 주절동사가 동일한 경우에 '게'와 'to'의 유무에 따라서 의미가 달라진다는 점에 근거를 한 것이다. 사실상 '게'나 'to'의 존재유무는 주절동사의 의미자질에 의하여 결정된다. 영어의 경우, 사건을 발생시키는 의미를 갖는 주절술어는 다음과 같이 세 부류로 나눌 수 있다. 원형부정사를 보충어로 취하는 사역동사, 원형부정사나 혹은 to-부정사 모두를 선택할 수 있는 준사역동사, 그리고 to-부정사만을 선택하는 비사역동사 등이 그것이다. 이들은 다음과 같은 의미적 차이가 있다고 말할 수 있다. 사역동사의 경우에는 협력하여서 하나의 사건을 만들어 냈다는 의미를 갖는다. 즉, 주어의 적극적 행위가 없었다면 결과가 나타나지 않았을 것이라는 의미를 갖는다. 반면에 assist와 같은 비사역동사의 경우에는 주어가 소극적으로 힘을 빌려주었을 뿐 결정적인 역할을 하였다고 볼 수 없다. 한편 준사역동사는 이 두 부류의 중간에 해당하는 의미를 갖는다고 할 수 있다.

  (61) a. Let, make와 같은 사역동사는, 주절 주어가 결정적인 역할을 하므로, 종속절의 주어와 같이 일을 했다는 느낌을 준다. 즉, 복합 사건(complex event)의 의미를 준다.
    b. Help, bid와 같은 준사역동사는 주절주어와 종속절주어가 같이 일을 해서 복합사건의 의미를 줄 수도 또는 그렇지 않을 수도 있다.
    c. Assist와 같은 비사역동사는 help보다 힘이 약하며, 좀 더 소극적으로 남에게 힘을 빌려준다는 뜻을 갖는다.

본 장에서는 초래되는 사건에 주절주어가 얼마나 적극적으로 참여하느냐에 따라 다른 종류의 보충어를 취한다고 주장한다. 즉, 주어가 사건에 적극적으로 참여한 경우, 주절동사는 접사 T를 핵으로 갖는 TP를 선택하며, 종속절 T를 상승시키는 EPP자질을 갖는다. 또한 초래된 사건에 주절주어가 적극적으로 개입하지 않는다면 별개의 시제를 갖는 종속절, 즉 to를 핵으로 하는 종속절을 취한다. 한편 준사역동사는 두 종류의 보충어절을 다 취할 수 있다.

(62) a. 사역동사: $V_{[+EPP]}$ [$_{TP}$ ... T_{affix} ...]
b. 준사역동사: $V_{[+EPP]}$ [$_{TP}$ ... T_{affix} ...] 혹은 V [$_{TP}$ ... to ...]
c. 비사역동사: V [$_{TP}$ ... to ...]

준사역동사의 경우 어떠한 보충어절을 취하느냐에 따라 의미가 조금 달라진다고 예측할 수 있다. 예를 들어, to가 없는 구문은 주절주어가 좀 더 적극성을 띠며 메리를 도운 시점과 메리가 떠난 시점이 같은 경우에 쓰이며, to가 있는 구문은 적극성이 조금 떨어지며 두 사건의 시점이 차이가 나는 경우에 사용된다고 말할 수 있다.

(63) John helped Mary (to) leave.

이와 같이 주어의 직접성 또는 적극성과 to의 존자유무 사이에 상관관계가 있는 이유는 적극적인 행위는 즉각적인 사건의 발생을 초래하기 때문이다.

3.4 요약 및 결론

본 장을 요약하여 보기로 하자. 소위 부정절(infinitive clause)에 나타나는 to의 분포를 포착하고자 하는 것이 본 장의 목적이었다. 본 장에서는 do의 분포를 포착하는 것과 똑같은 방식으로, to의 분포를 설명하고자 노력하였다. 즉, 주절시제 T는 접사이며 이 접사가 동사에 부가될 수 없는 환경이 생성되면 do가 최후의 수단으로 삽입되듯이, 부정종속절 T는 접사이며 이 접사가 주절 동사에 부가되지 못할 경우에 최후의 수단으로 to가 삽입된다는 것이다. 본 장에서는 마치 do동사가 두 종류가 있는 것처럼 부정형 to도 두 종류가 있다고 주장하였다. do동사는 의미를 가지고 있는 본동사 do와 그렇지 않은 조동사로 나뉘며 의미를 가지고 있지 않은 조동사만이 삽입이 되는 동사이다. 마찬가지로, to도 미래, 가정, 그리고 시간의 경과 등의 의미를 가진 to와 의미를 가지고 있지 않은 to가 있으며 후자만이 최후의 수단으로 삽입된다는 것이다. 그러므로 의미를 가진 to는 어떠한 경우에도 반드시 음성적으로 실현되게 되지만, 의미를 가지고 있지 않은 to는 본동사에 부가될 수 없는 경우에만 to가 음성적으로 실현된다. 이러한 주장으로, 본 장에서는 왜 지각동사 구문와 사역동사 구문에서 능동의 경우에는 to가 실현되어서는 안 되지만 수동형의 경우에는 반드시 실현되어야 하며, 왜 연결사 구문에서는 to가 수의적으로 실현되는지를 설명하였다.

제4장 That의 분포와 삽입전략

김광섭(2008)에서는 do, '하', 그리고 to와 마찬가지로 접속사 that도 최후의 수단으로 삽입된다는 주장을 하고 있다. 본 장에서는 이러한 주장을 검토하고, 이러한 주장에 대한 외견적인 반례들을 소개하며 이들은 진정한 반례가 아니라고 주장하고자 한다.

4.1 접사로서의 정형절 C

지금까지 우리는 do, '하', 그리고 to의 분포를 포착하기 위해 삽입전략을 활용하였다. 김광섭(2008)에서는 이러한 삽입전략을 that의 분포를 포착하는데 사용하고 있다. 먼저 that의 분포를 알아보기로 하자. 일반적으로 접속사 that은 수의적으로 나타난다고 알려져 있다.

(1) a. I think that John loves Mary.
    b. I think John loves Mary.

그러나 종속절이 동사에 인접하지 못하면 that이 반드시 나타나야 하는듯 하다. 예문 (2-5)의 공통점은, 모두 동사와 종속절이 인접하지 못하다는 것이며, 이들은 모두 that이 반드시 나타나는 것을 요구한다.[49]

---
[49] 종속절의 C가 주절동사에 인접하지 않으면 that이 반드시 나타나야 하는 현상은,

(2) a. I believe sincerely that John loves Mary.
　　b. *I believe sincerely John loves Mary.
(3) a. That John loves Mary is believed by everybody.
　　b. *John loves Mary is believed by everybody.
(4) a. See to it that you have to finish it by tomorrow.
　　b. *See to it you have to finish it by tomorrow.
(5) a. [That John likes Mary] Jane doesn't believe.
　　b. [*John likes Mary] Jane doesn't believe.
(6) a. I met the girl yesterday that John is going to marry.
　　b. *I met the girl yesterday John is going to marry.

That의 분포와 관련하여 특이한 사항은, 만약 주어가 이동해 나가면 that 은 절대로 존재하지 말아야 한다는 것이다. 이를 Chomsky와 Lasnik (1977)은 that-흔적효과(that-trace effect)라고 부른다.

(7) a. *Who do you think that t loves Mary?
　　b. Who do you think t loves Mary?

위의 예문을 정리하면, that의 분포와 관련하여 세 가지 구조가 존재한다고 말할 수 있다. 첫째 that이 수의적으로 나타나는 구조, 둘째 반드시 나타나야 하는 구조, 셋째 절대로 나타나면 안 되는 구조 등 세 부류로 정리할 수 있다.[50]

제3장의 (27a)와 같은 예문에서 종속절의 T가 be와 인접하지 않으면 반드시 to가 나타나야 하는 현상을 연상시킨다.

50 논의의 범위를 제한하기 위해 먼저 소위 비교량동사(non-bridge verb)는 논의에서 제외하기로 한다. 비교량동사는 어떠한 상황에서도 that이 생략되는 것을 허용하지 않는다.

　　(i) a. John whispered that he loves Mary.
　　　　b. *John whispered he loves Mary.

비교량동사에 관한 논의는 4.4 참조.

먼저 인접하지 못할 경우 that이 반드시 존재한다는 것은 to의 분포와 유사성을 띤다고 말할 수 있다. To의 경우 만약 T가 주절동사에 인접하지 못할 경우 to가 반드시 나타남을 보았다. T와 마찬가지로 C가 인접성 조건을 준수한다는 것은 정형절의 C도 접사일 가능성을 시사해 준다. 김광섭(2008)에서 펼치고 있는 주장이 바로 C는 T와 마찬가지로 접사이며, 접사좌초금지조건을 만족시킬 수 없는 환경에서 that이 최후의 수단으로 삽입된다는 것이다.

(8) a. $C_{[+finite]}$는 영접사(zero affix)이다.
    b. C는 접사이동이나 핵이동을 통하여 핵에 부가되어야 한다.
    c. 만약 C가 좌초될 환경이라면 최후의 수단으로 that이 삽입된다.

(8)의 주장으로 우리는 that의 분포를 쉽게 포착할 수 있다. 먼저 that-흔적 효과를 살펴보기로 하자. (9)에서 보여주는 바와 같이 주어가 추출되면 that은 절대로 나타나지 말아야 한다. 이와 같이 [that t]라는 형상(configuration)이 만들어 지게 되면 비문이 생성되게 되는데, 그 이유를 설명하여 보기로 하자.

(9) Who do you think (*that) t will meet Tom?

만약 C가 영접사라면, (9)는 (10a)와 같은 표상을 갖는다. 만약 (10a)에서 처럼 주어가 CP의 SPEC자리로 이동을 하게 되면 C와 will사이를 가로막는 요소가 사라지는 결과가 생긴다. 따라서, (10a-b)에서 보듯이, C는 will로 접사이동을 할 수 있고, 결과적으로 that이 삽입될 기회가 사라지게 되는 것이다.

(10) a.   [$_{CP}$ t$_i$ C$_{affix}$ [$_{TP}$ t$_i$ will [$_{vP}$ meet Tom]]]: C가 will로 이동

b.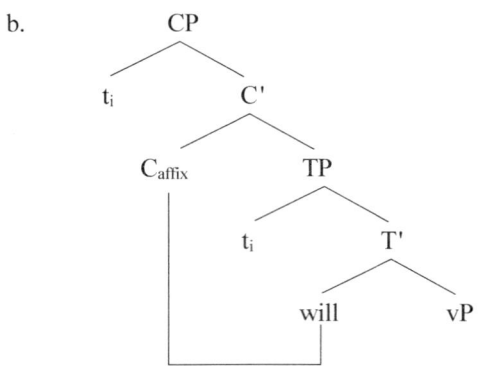

That-삽입은 최후의 수단이므로, 접사좌초제약을 that-삽입 없이도 해결할 수 있다면 that은 절대로 삽입되어서는 안 된다. 그러므로 (9)에서 that이 존재하는 문장을 생성할 방법이 없게 된다. 즉, [that t] 형상은 생성될 수 없기 때문에, 그러한 형상은 비적격(ill-formed)이 될 수밖에 없는 것이다.

다음으로, 왜 (11)과 같은 문장에서 that이 수의적으로 나타날 수 있는지를 알아보기로 하자.

(11) Everybody would expect (that) Mary would get married to Tom.

만약 C가 영접사라면 (11)은 (12)와 같은 표상을 가질 것이다.

(12) Everybody T [v expect [CP C_affix [Mary would get married to Tom]]]

이 표상을 바탕으로 문장을 도출하기 전에, 먼저 접사화와 관련이 있는 원리들을 알아보기로 하자. 접사화할 때 적용되는 첫 번째 원리는 무순의 원리(The Principle of No Rule Ordering)이다. To의 분포를 논의하는 과정에서 주장하였듯이 접사이동은 통사부의 이동과 달리 적용순서가 순환적(cyclic)이지 않기 때문에 접사이동에는 정해진 순서가 없다.

(13) 무순의 원리

접사이동에는 규칙적용의 순서가 정해져 있지 않다.

즉, (12)에서 C의 expect로의 이동이 먼저 발생할 수도 있고, C에서 expect로의 이동이 발생하기 전에 expect가 v로 이동해 나갈 수도 있다. 접사화와 관련이 있는 두 번째 원리는 범주결정의 원리이다. X가 Y를 선택하였다면 접사화 결과물 [X Y]의 범주는 X이다. 그 이유는 선택한 구성소가 핵이 되기 때문이다.

(14) 범주결정의 원리

접사 X가 Y로 이동하여 만들어지게 되는 복합체 [X Y]의 핵은, 만약 X가 Y를 선택(select)하였다면 X이며, 그 역이라면 Y이다.

예를 들어, expect가 v로 이동하여 만들어진 결과물 [expect v]의 문법범주는 v이다. 왜냐하면, v가 expect를 선택하였기 때문이다. 마지막으로 접사이동과 관련된 또 다른 원리로는 선택의 원리를 들 수 있다.

(15) 선택의 원리

X는 Y와 선택관계(selectional relation)을 맺을 경우에만, Y로 접사이동을 할 수 있다.

(15)의 선택의 원리에 따르면, 접사이동은 선택관계를 맺는 요소들 사이에서만 허용된다는 것이다. 사실상 선택의 원리는 범주결정의 원리로부터 도출될 수 있다. 만약 선택관계를 맺지 않는 요소들이 접사화되면 접사화된 결과물의 문법범주를 정할 수 없다. 왜냐하면, 범주결정의 원리에 의하면 선택관계가 있을 경우에만 범주가 정해질 수 있기 때문이다. 따라서 선택의 원리는 잉여적(redundant)인 원리라고 할 수 있다.

이제 (12)의 표상을 바탕으로 문장을 도출해보기로 하자. 만약 접사이동에 순서가 정해져 있지 않다면 (12)의 경우 C에서 expect로의 이동이 expect에서 v로의 이동보다 먼저 발생할 수도 그 반대일 수도 있다. 먼저 (16a-c)에서처럼 C에서 expect로의 이동이 먼저 일어난다고 가정하여 보자.

    (16) a. everybody T [v expect [C [Mary would ...]]]: C가 expect로 이동
          b. everybody T [v [C expect] [Mary would ...]]: [C expect]가 v로 이동
          c. everybody T [[[C expect]v] [Mary would ...]]

(16)의 모든 도출과정은 (13-15)의 제약을 준수한다. Expect는 C를 선택하므로 C는 expect로 이동할 수 있다. 이렇게 만들어진 [C expect]의 핵은 expect이고 v가 expect를 선택하므로 [C expect]는 v로 핵이동을 할 수 있다. 그러므로 우리는 that 삽입 없이도 접사좌초금지조건을 만족시킬 수 있다. 이제 expect가 v로 먼저 이동한다고 가정하여 보자. 그렇다면 C는 expect로 접사이동을 할 수 없다. 일단 expect가 v로 이동하면 인접성조건을 준수할 수 없다. 또한 문제가 되는 것은 expect가 v로 이동하여 만들어진 결과물, 즉 [expect v]의 핵은 v이고 v는 C를 선택한 요소가 아니라는 것이다. (15)에 있는 선택의 원리에 따르면 C는 [expect v]에 접사화할 수 없다. 만약 그렇다면 접사좌초금지조건을 접사이동으로는 해결할 수 없다. 이러한 문맥에서 that이 최후의 수단으로 삽입된다.

    (17) a. Everybody T [v expect [$_{CP}$ C$_{affix}$ [Mary would ...]]]: expect가 v로 이동
          b. Everybody T [[expect v] [$_{CP}$ C$_{affix}$ [Mary would ...]]]: C가 [expect v]로 이동 못함 따라서 that-삽입
          c. Everybody T [[expect v] [$_{CP}$ that C$_{affix}$ [Mary would ...]]]

지금까지 우리는 that이 절대로 나타나지 말아야 하는 경우와 that이 수의적으로 나타나는 문맥을 살펴보았다. 이제 that이 반드시 나타나는 문맥을 설명하여 보기로 하자. (18)에 있는 자료에서는 모두 that이 반드시 나타나야만 한다.

(18) a. I believe sincerely *(that) John loves Mary. (=2a)
b. *(That) John loves Mary is believed by everybody. (=3a)
c. See to it *(that) you have to finish it by tomorrow. (=4a)
d. [*(That) John likes Mary] Jane doesn't believe. (=5a)
e. I met the girl yesterday *(that) John is going to marry.(=6a)

이들 문장의 공통점은 영접사 C가 본동사로 올라갈 수도 없고 그리고 T로 내려갈 수도 없다는 것이다. 예를 들어 (18c)는 (19a-b)와 같은 구조로 분석될 수 있는데, 이 구조에서 C_{affix}는 어느 곳으로도 이동할 수 없다.

(19) a. See to it [$_{CP}$ C_{affix} you have to finish it by tomorrow]: that-삽입
b. See to it [$_{CP}$ that C_{affix} you have to finish it by tomorrow]

이러한 상황에서 바로 that이 삽입된다는 것이 김광섭(2008)의 주장이므로 (18a-e)에서 that이 의무적으로 나타나야 한다는 것은 너무나 당연한 일이 된다.

그러나 인접조건에 반례인 듯한 예문들이 존재한다. 예문 (20a-b)에서는 종속절이 동사에 인접하고 있음에도 불구하고 that이 반드시 발음되어야 한다.

(20) a. What John believes is [{*C, that} he will pass the exam]
b. John believes [[{*C, that} he is a genius] to be true]

예문 (20a-b)가 기존의 자료와 다른 점은 선행하는 동사가 CP를 선택하고

있지 않다는 것이다. (20a)에서 [C he will pass the exam]을 선택하는 것은 be가 아니라 believe이고 (20b)에서 believe가 선택하는 것은 [C he is a genius]가 아니라 소절 전체이다. 따라서 (15)에 있는 선택의 원리에 따라 C는 인접하는 동사와 접사화 과정을 이룰 수 없다. 그러므로 위 문장에서 that이 삽입되어야 하는 현상은 인접조건의 반례가 될 수 없다.

요약하면, that은 문맥에 따라 절대로 나타나서는 안 되기도 하고, 수의적으로 나타나기도 하고 혹은 반드시 나타나야하기도 하는데, 이러한 that의 분포는 C가 영접사이고 that이 최후의 수단으로 삽입된다는 주장으로 포착할 수 있다.

4.2 주어추출과 that-흔적효과

(18a)와 (21)의 예문에서 보듯이 외치(Extraposition)를 하게 되면 that이 반드시 존재해야 한다. 인접조건을 만족시킬 수 없기 때문이다.

(21) John believes sincerely [*(that) Mary will pass the exam]

(22a-b)에서 보듯이, C는 위쪽으로도 아래쪽으로도 이동해갈 수 없다. 따라서 that이 최후의 수단으로 삽입되어야 한다.

(22) a. [$_{vP}$ [$_{vP}$ v believe t$_i$ sincerely] [C Mary will pass the exam]$_i$]: that-삽입

b. [$_{vP}$ [$_{vP}$ v believe t$_i$ sincerely] [that C Mary will pass the exam]$_i$]

흥미로운 사실은, 외치가 되어서 인접조건을 만족시키지 못할지라도 주어가 추출되게 되면 that이 없어도 정문이 된다는 것이다. Bošković와 Lasnik(2003)에 따르면, that이 없는 CP가 외치된 경우, 목적어의 추출은

문법성에 영향을 미치지 못하지만, 주어의 추출은 문법성을 개선시킨다는 것이다.

   (23) a. Who$_j$ do you believe t$_i$ sincerely[t$_j$ likes Natasha]$_i$?
        b. *Who$_j$ do you believe t$_i$ sincerely [Natasha likes t$_j$]$_i$?
                                        (Bošković & Lasnik 2003: 536)

이러한 현상은 that-흔적효과와 관련이 있다. 주어가 추출되면 절대 that이 존재해서는 안 된다는 것이 that-흔적효과이다. 이 that-흔적효과가 외치가 일어났을지라도 나타난다는 것이다. 예문 (23a)가 보여주는 현상은, 주어가 추출되어 나가면 C가 T로 하강되어 내려갈 수 있기 때문에 that 삽입이 필요 없다고 주장하면 즉각적으로 설명될 수 있다.

   (24) a. Who$_j$ do you [$_{vP}$ [$_{vP}$ v believe t$_i$ sincerely] [C t$_j$ T like Natasha]$_i$]: C가 T로 하강
        b. Who$_j$ do you [$_{vP}$ [$_{vP}$ v believe t$_i$ sincerely] [∈ t$_j$ [C T] like Natasha]$_i$]

주어가 추출되면 C가 T로 내려갈 수 있지만 목적어가 추출되면 그럴 수 없으므로 (23a-b)의 문법성에 차이가 생기게 되는 것이다.

외치 구문뿐 아니라 우분지상승(Right Node Raising) 구문과 공백(gapping) 구문도 같은 행태를 보인다. 우분지인 CP가 우분지상승을 하게 되면 CP는 주절동사에 인접할 수 없다.[51] 그러므로 당연히 (25b)에서 보는 것처럼 that이 없으면 비문이 된다. 흥미로운 것은, (25ε)가 보여 주듯, 주어가 추출되게 되면 문법성이 좋아진다는 것이다.

---

[51] 우분지상승 구문을 어떻게 분석하는가하는 것이 아직도 논쟁 중에 있다. 본 분석에서는 CP가 실제로 상승을 하느냐가 중요한 것이 아니라, 이 구문에서 CP가 동사에 인접할 수 없다는 것이 중요한 사실이다. 우분지상승 구문에 대한 분석은 13장 참조.

(25) a. Who did they believe, and Mary claim, [t C [t would murder Peter]]?
b. *They believed, and Mary claimed, [C [John would murder Peter]].

공백 구문도 똑같은 현상을 보여준다. (26b)에서와 같이 주절동사 believed 가 공백으로 실현되면 C가 동사에 인접할 수 없으므로 that이 없으면 비문이다. 그러나 주어가 추출되면 문법성이 좋아진다는 것을 (26a)가 보여주고 있다.

(26) a. ?Who did Mary believe bought a car and Peter [$_{CP}$ t C [$_{TP}$ t sold a house]]?
b. *Mary believed John bought a car and Peter [$_{CP}$ t C John sold a house].

이러한 현상들도 또한 접사 C가 T로 하강한다고 하면 손쉽게 설명할 수 있다. (27a)와 (28a)에서 보여주듯이, 인접조건으로 인하여 비록 C가 주절동사로 상승할 수는 없지만, 주어가 추출이 되면 C는 T로 하강할 수 있다. 따라서 최후의 수단으로만 적용되는 that-삽입은 일어날 수가 없는 것이다.

(27) a. Who$_j$ did they believe, and Mary claim, [$_{CP}$ t [C t$_j$ would murder Peter]]: C가 T로 하강
b. Who$_j$ did they believe, and Mary claim, [$_{CP}$ t [∈ t$_j$ [C would] murder Peter]]

(28) a. Who did Mary believe bought a car and Peter [$_{CP}$ t C [$_{TP}$ t T sell a house]]: C가 T로 하강
b. Who did Mary believe bought a car and Peter [$_{CP}$ t ∈ [$_{TP}$ t [C T] sell a house]]

4.3 반(anti)-that-흔적효과

전 절에서 우리는 주어가 추출되면, CP가 외치되든, 우분지 상승을 하든, 혹은 주절동사가 생략이 되든 상관이 없이, that이 음운부에서 실현되지 않는다는 것을 보았다. 그러나 주어가 추출되더라도 that이 실현되어야 하는 현상이 있는데 이를 반-that-흔적 효과라고 부른다. 예를 들어, (29a)에서는 주어가 관계화되기 위해 앞으로 이동해 나갔음에도 불구하고 that이 명시적으로 나타날 수 있다. (29b)도 똑같은 현상을 보여주고 있다.

(29) a. This is the tree O_i that I said that *(just yesterday) t_i had resisted my shovel.
b. Robin met the man who$_i$ Leslie said that *(for all intents and purposes) t_i was the mayor of the city. (Culicover 1993: 557-558)

이들 구문의 특징은, 주어 앞자리에 just yesterday나 for all intents and purposes와 같은 부사적 표현이 존재한다는 것이다. 이렇게 주어를 선행하는 요소가 있는 구문의 통사적 특징은, 이들이 존재하면 T가 핵이동을 할 수 없다는 것이다. (30a-b)는 의문문이므로 T가 C로 이동하여야 하는데 next Wednesday와 같은 표현이 중간이 끼여 있으면 핵이동이 허용되지 않는다.

(30) a. *Will next Wednesday the check arrive?
b. *Did in the morning John meet Mary?

이러한 현상은 T와 C사이에 또 다른 기능범주의 핵이 존재하고 이 기능범주의 SPEC자리에 next Wednesday나 in the morning과 같은 요소가 자리

잡고 있음을 말해준다. Culicover(1993), Rizzi(1997) 그리고 Grohmann (2003) 등 많은 학자가 C와 T사이에 Topic과 같은 기능범주가 존재할 수 있다고 주장하고 있다. 만약 이러한 주장이 옳다면 (30a-b)는 (31a-b)와 같은 표상을 갖는다.

(31) a. [$_{CP}$ Will [$_{TopicP}$ next Wednesday Ø$_{Top}$ [$_{TP}$ the check T arrive]]]
b. [$_{CP}$ Did [$_{TopicP}$ in the morning Ø$_{Top}$ [$_{TP}$ John T meet Mary]]]

(31a-b)의 경우 T에서 C로의 이동은 핵인 Top때문에 발생할 수 없다. 따라서 (30a-b)는 비문이다.

이제 (29a-b)에서 왜 반-that-흔적 효과가 나타나는지를 알아보기로 하자. (32a)와 (33a)에서 C는 T로 접사이동을 할 수 없다. 발음이 되지 않는 Ø$_{Top}$이라는 핵이 그 사이에 끼여 있기 때문이다. 그러므로 C가 본동사로 이동해 나가지 않는다면 that을 최후의 수단으로 삽입한다.

(32) a.   CP : C가 T로 접사하강 못함. 따라서 that-삽입

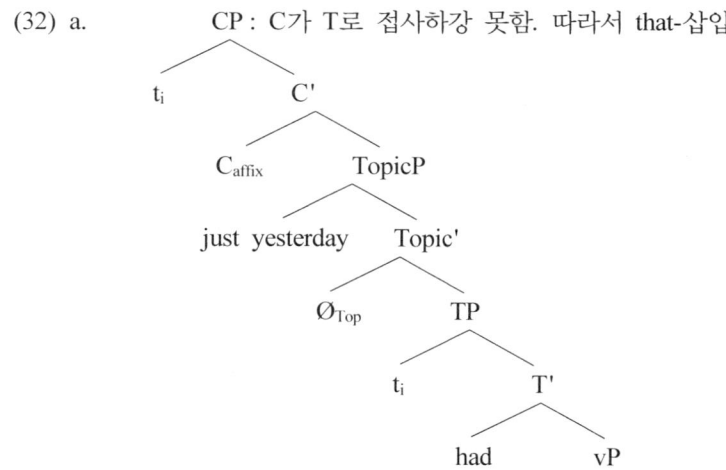

b. [$_{CP}$ t$_i$ that C$_{affix}$ [$_{TopicP}$ just yeterday Ø$_{Top}$ [$_{TP}$ t$_i$ had resisted my shovel]]]

(33) a. [CP t_i C_affix [TopicP for all intents and purposes Ø_Top [TP t_i was the mayor of the city]]]: C가 T로 접사하강 못함. 따라서 that-삽입
b. [CP t_i that C_affix [TopicP for all intents and purposes Ø_Top [TP t_i was the mayor of the city]]]

물론 여기서 만약 C가 본동사로 이동해 나간다면 that이 나타나지 않는다고 예측할 수 있다. 이러한 예측이 옳음을 (34a-b)가 보여주고 있다. Pesetsky와 Torrego(2001)는 예문 (34a-b)에서 that이 발음이 되지 않더라도 용인가능하다고 언급하고 있다.

(34) a. This is the tree O_i that I said *(just yesterday) t_i had resisted my shovel.
b. Robin met the man who_i Leslie said *(for all intents and purposes) t_i was the mayor of the city.

반-that-흔적 효과는 영어이외의 다른 언어에서도 발견할 수 있다. Diesing(1990)과 Branigan(2004)은, Yiddish도 영어와 같이 that-흔적효과를 보이지만, 만약 주어가 이동해나간 자리에 허사주어가 삽입되면 that-흔적효과가 사라진다고 보고하고 있다.[52]

(35) a. Ver   hot   er   moyre (*az)   vet   kumen
       Who   has   he   fear   (*that) will   come
       '(lit) Who is he afraid (*that) will come?'
    b. Ver   hot   er   moyre az   es   vet   kumen
       Who   has   he   fear   that it   will   come
       '(lit) Who is he afraid that will come?'

(Diesing 1990: 75)

---

[52] Yiddish는 독일의 한 지방방언과 섞이어서 생겨났다고 알려진 유대인들의 언어이다.

이러한 현상이 발생하는 이유는, 허사주어 es가 있으면 C에서 T로의 하강이 일어날 수 없으므로 접속사 az가 최후의 수단으로 삽입되기 때문이다.

 (36) 허사주어 es가 없는 경우에는 that-흔적 효과를 보임
  a. [$_{CP}$ t$_i$ C$_{affix}$ [$_{TP}$ t$_i$ vet kumen]]: C가 T로 이동
  b. [$_{CP}$ t$_i$ ~~C$_{affix}$~~ [$_{TP}$ t$_i$ [C$_{affix}$ vet] kumen]]
 (37) 허사주어 es가 있는 경우에는 반-that-흔적 효과를 보임
  a. [$_{CP}$ t$_i$ C$_{affix}$ [$_{TP}$ t$_i$ vet kumen]]: 주어의 흔적자리에 허사주어 es 삽입
  b. [$_{CP}$ t$_i$ C$_{affix}$ [$_{TP}$ [es t$_i$] [vet kumen]]: C가 T로 접사하강 불가 따라서 az-삽입
  c. [$_{CP}$ t$_i$ [az C$_{affix}$] [$_{TP}$ [es t$_i$] [vet kumen]]

요약하면, 위에서 살펴 본 반-that-흔적 효과는 C가 T로 하강해 내려갈 수 있는 경우에는 that-삽입이 일어나지 않는다는 주장이 올바르다는 것을 확증하고 있다.

4.4 외견적인 반례(apparent counterexamples)

 지금까지의 주장을 요약하면, C는 접사이며, 이 C가 핵이동이나 접사이동을 통하여 접사화되면 음성적으로 실현되지 않고, 만약 접사화되지 않을 경우 that이 최후의 수단으로 삽입된다는 것이다. 이러한 주장을 하게 되면, (38a-c)에서 보듯이, 절이 동사에 인접하지 못하면 반드시 that이 삽입되어야 하는 현상을 설명할 수 있다.

(38) a. I take it for granted *(that) you are going to join us.
　　 b. John told me *(that) he would be there by 5 o'clock.
　　 c. John said to me *(that) he would be there by 5 o'clock.

문제는 동사가 인접함에도 불구하고 that이 반드시 실현되어야 하는 구문이 많이 존재한다는 것이다. 예를 들어, 다음과 같은 문장은 위의 주장으로 설명하기 어려워 보인다.

(39) a. John whispered/shouted/muttered *(that) he loves Mary.
　　 b. John regrets *(that) he married Mary.

먼저 (39a)의 구문을 검토해 보기로 하자. Whisper와 같이 소리를 내는 방법을 표현하는 동사는, 명사에서 파생된 동사(denominal verb)라고 말할 수 있다. 즉, whisper, shout, mutter와 같은 동사는 명사가 먼저 만들어진 다음, 거기에 발음이 안 되는 동사화어미가 첨가되어 생성되었다고 말할 수 있다 (Pesetsky 1991).

(40) [$_V$ [$_N$ whisper]Ø]

이렇게 영접사화를 겪은 동사들은 영접사 C가 들러붙는 것을 허용하지 않는다. Myers(1984)의 일반화에 따르면, 파생접사의 경우 영접사가 두 번 이상 붙을 수 없다.

(41) *[[root]]Ø]]Ø

접사 C가 범주를 정해주는 파생접사라고 가정하면 (42)는 Myers의 일반화를 위반하는 경우이므로 반드시 C는 that의 삽입을 통해 접사화를 이루어야 할 것이다.

(42) *[[[whisper] Ø] C]

이제 (39b)의 regret의 경우를 알아보기로 하자. regret은 소위 사실(factive)동사이다. 자신의 보문절이 사실이라는 것을 전제(presuppose)한다. 이러한 사실동사의 보문절은 대명사화를 시킬 때 so가 아니라 it으로 나타난다.

(43) A: I regret that John married Mary.
    B: I regret it/*so too.
(44) A: I think that John loves Mary.
    B: I think so/*it too.

이러한 유형은 regret의 보문절은 CP가 아니라 DP라는 것을 말해준다.[53] 즉, (43a)는 (45)와 같은 표상을 갖는다. (45)에서 C는 regret쪽으로 접사화할 수 없다. C와 regret사이에 D가 끼여 있기 때문이다. 또한 발음이 될 수 없는 D는 C의 지지대(host)가 될 수 없다.

(45) regret [D [C [John married Mary]]]

따라서 C의 접사문제를 해결할 수 있는 방법으로는 최후의 수단으로 that을 삽입하는 것이다. 결론적으로 말하면, (39a-b)의 보문소는 단지 C로만

---

[53] 사실(factive)동사는 거의 모두 that이 존재하는 것을 요구한다. 여기에 예외적인 동사가 있다. Know는 that이 생략되는 것을 허용한다.

(i) I know (that) John met Mary.

이것을 설명하는 한 가지 방법은 know는 CP이외에 TP도 취한다고 주장하는 것이다. Know는, (ii)에서 보듯이, 비정형 TP도 보충어로 취할 수 있다.

(ii) I've never known [Tom (to) criticize anyone] (Radford 2004: 122)

이를 바탕으로 우리는 know가 정형 TP를 보충어로 취할 수도 있다고 추론해 볼 수 있다.

구성되어 있는 것이 아니라 모두 [C + 영접사]로 이루어져 있기 때문에 that-삽입이 반드시 적용되어야 한다.

4.5 한국어 보문소 '고'

본 장을 맺기 전에 간단하게 한국어의 보문소 '고'의 분포를 살펴보기로 하자. 한국어의 보문소 '고'는 영어의 that과 유사하게 소위 인접성 조건을 준수한다. 본동사에 인접하면 '고'가 생략될 수 있지만, 인접할 수 없으면 반드시 '고'가 발음되어야 한다.

(46) a. 민호는 수지를 좋아한다(고) 말했다.
　　　b. 우리는 박교수가 천재라(고) 생각한다.
(47) a. 수지를 좋아한다*(고) 민호는 말했다.
　　　b. 박교수가 천재라*(고) 우리는 생각한다.

이러한 인접성 조건은 영어의 경우와는 달리 삽입으로 설명할 수는 없는 듯하다. 왜냐하면 한국어의 보문소 '고' 스스로가 접사이기 때문에 좌초된 접사를 살리기 위해 접사를 삽입한다고 주장하는 것은 무리이다.

'고'가 인접성 조건을 준수하는 것은 격이 없는 명사가 동사와 인접해야하는 현상과 유사한 현상이라고 볼 수 있다.

(48) a. 철수가 영희(를) 좋아한다.
　　　b. 철수가 영희(를) 만났어.
(49) a. 영희*(를) 매우 철수가 좋아한다.
　　　b. 영희*(를) 서둘러서 철수가 만났어.[54]

---

[54] (49a-b)에서 휴지(pause)가 있으면 문장이 좋아질 수 있다. 그 이유는 휴지가 있는 경우에는 목적어가 아니라 주제로 쓰일 수 있기 때문이다.

격이 없는 논항은, 일반적으로 뒤섞기(scrambling)를 하기가 어렵다. 한국어에서 뒤섞기가 쉽게 발생하는 이유는 논항에 격표지가 있으므로 위치에 상관없이 그 논항이 담당하고 있는 문법적 기능(grammatical function)을 알아차릴 수 있기 때문이다. 격을 생략하게 되면, 자신의 위치로 기능을 알려줄 수밖에 없고 따라서 뒤섞기가 어려워진다고 말할 수 있다. 만약 (46-47)의 현상이 (48-49)의 현상과 동일한 현상이라면, 우리는 '고'가 일종의 격이라고 말할 수 있다. 즉, '인용격'이라는 격이 존재하며, 그 격은 '고'로 실현된다는 것이다. '고'가 격표지라는 것은 그것이 CP이외의 요소에도 붙을 수 있다는 것으로도 알 수 있다. 예문 (50a-b)에서 '고'는 절에 부가된 표현이라고 말할 수 없다.

(50) a. 우리는 철수를 천재라(고) 불렀다.
     b. 우리는 철수를 천재라(고) 간주했다.

왜냐하면 동사 '부르다'와 '간주하다'는 절을 보충어로 취하는 동사가 아니기 때문이다. 이들은 다음과 같은 하위범주제약을 갖는다.

(51) 부르다/간주하다: ___ DP   DP-라

예문 (50a-b)에서 '고'가 나타날 수 있다는 것은 '고'가 CP이외의 구성소에도 붙을 수 있다는 것을 말해 준다. 이는 '고'가 격조사라는 주장을 지지해주는 현상이라고 말할 수 있다. 결론적으로 '고'는 CP이외에도 붙을 수 있는 격조사의 일종으로, 다른 격조사와 마찬가지로 만약 동사구에 인접하면 생략될 수 있는 표현이다.

제5장 For의 분포와 삽입전략

전 장에서 우리는 정형절의 핵인 that의 분포를 삽입전략으로 설명할 수 있음을 보았다. 이번 장에서는 비정형절에 나타나는 for의 분포도 또한 삽입전략으로 설명할 수 있음을 보이고자 한다.

5.1 접사좌초금지조건과 For-삽입

For의 분포는 기본적으로 that의 분포와 같다. 일반적으로 for는 수의적(optionally)으로 나타날 수 있으나, 만약 종속절이 본동사와 인접하지 못하게 되면 의무적으로(obligatorily) 나타나야 한다. 예문 (1a-b)에서 보듯이 for는 나타날 수도 있고 그렇지 않을 수도 있지만, 만약 (2)에서와 같이 동사와 종속절 사이에 very much와 같은 표현이 끼여 있으면 for가 반드시 존재하여야 한다.

(1) a. I always prefer [for my students to buy the book].
    b. I would prefer [my students to buy the book].
(2) I would like very much *(for) my students to buy the book.

For의 분포가 that의 분포와 유사하다는 것은 (3a-b)에서도 잘 볼 수 있다. (3b)에서 보듯이, for 다음에 흔적이 나타나면 비문이다. 이것이 소위 for-to 제약(for-to filter)이라는 것이다.

(3) a. Who would you like to buy the book?
    b. *Who would you like [for t to buy the book]?

For-to 제약은 that-흔적 제약과 같은 성격을 띠고 있다. 즉, 주어가 이동해 나가면, that과 마찬가지로 for도 나타나서는 안 된다는 것이다.

 For가 보여주는 분포의 유형이 that과 동일하다면, for도 that과 같이 최후의 수단으로 삽입된다고 주장할 수 있을 것이다. 다시 말해, 김광섭(2008)에서 주장하는 바와 같이, 제4장의 (8)을 다음과 같이 확대시키면 for의 분포를 설명할 수 있다.

(4) a. $C_{[\pm finite]}$는 영접사(zero affix)이다.
    b. C는 접사이동이나 핵이동을 통하여 동사에 부가되어야 한다.
    c. 만약 C가 좌초될 환경이라면 최후의 수단으로 that/for가 삽입된다.

(4a-c)에 따르면, C는 정형이든 비정형이든 영접사이며 이 C가 이동을 통하여 다른 핵에 덧붙여질 수 없으면 that/for가 삽입된다는 것이다. That의 분포를 설명하는 과정에서, 우리는 접사화가 (5-7)의 원리를 준수한다는 것을 알았다.

(5) 무순의 원리
    접사이동에는 규칙적용의 순서가 정해져 있지 않다.
(6) 범주결정의 원리
    접사 X가 Y로 이동하여 만들어지게 되는 복합체 [X Y]의 핵은, 만약 X가 Y를 선택(select)하였다면 X이며, 그 역이라면 Y이다.
(7) 선택의 원리
    X는 Y와 선택관계(selectional relation)를 맺을 경우에만, Y로 접사이동을 할 수 있다.

접사화에는 적용순서가 정해져 있지 않으며, X가 Y를 선택하는 관계이면, 접사화의 결과물 [X Y]의 범주는 X이며, 선택관계를 맺는 경우에만 접사화가 가능하다는 것이 (5-7)의 핵심 내용이다.

위에서 제시한 원리를 염두에 두고, 먼저 for가 선택적으로 나타날 수 있는 현상을 설명하여 보기로 하자. 표상 (8)에서 C는 접사이므로 접사화가 발생하여야 한다.

(8) I would [v like [CP C$_{affix[-finite]}$ my students to buy the book]]

다음과 같이 C에서 like로의 이동이 일어난다면 for가 삽입될 필요가 없다.

(9) a. [v like [CP C$_{affix[-finite]}$ my students to buy the book]]: C가 like로 이동

b. [v [C$_{affix[-finite]}$]like] [CP ~~C$_{affix[-finite]}$~~ my students to buy the book]]: [C like]가 v로 이동

c. [[[C$_{affix[-finite]}$like]v] ~~[C$_{affix[-finite]}$like]~~ [CP ~~C$_{affix[-finite]}$~~ my students to buy the book]]

(9a-c)에서 발생하는 모든 핵이동은 핵이동에 대한 제약을 준수한다. 또한, (5-7)에 제시한 모든 원리를 준수하므로, for가 삽입되지 않아도 적형식의 문장을 만들어 낼 수 있다. 그러나 접사이동에는 적용순서의 제약이 없으므로, 다음과 같이 C가 like로 이동하기 전에 like가 v로 먼저 이동할 가능성을 배제할 수 없다.

(10) a. [v like [CP C$_{affix[-finite]}$ my students to buy the book]]: like가 v로 이동

b. [[like v] ~~like~~ [CP C$_{affix[-finite]}$ my students to buy the book]]: C가 [like v]로 이동 못함. 따라서 for-삽입

  c. [[like v] ~~like~~ [CP [for C_{affix[-finite]}] my students to buy the book]]

Like에서 v로의 이동이 먼저 일어나면 C는 [like v]로 이동할 수 없다. 그 이유는 [like v]의 핵은 v이고 v는 CP를 선택하고 있지 않기 때문이다. 즉, 범주결정원리와 선택원리에 의하면, (10b)와 같은 표상에서는 최후의 수단으로 for가 삽입되어야 한다. 정리하면, 핵이동의 적용순서에 따라 C가 이동을 할 수도 있고 그렇지 못할 수도 있기 때문에 for가 선택적으로 나타난다.

 이제 (2)에 있는 자료를 설명하기로 하자. (2)는 (11)과 같은 구조를 갖는다고 가정할 수 있다. (11)에서 C는 very much 때문에 like로 이동할 수 없다. 따라서 C가 좌초되는 것을 막는 유일한 방법은 for를 삽입하는 것이다. 결과적으로 for가 항상 존재하여야 할 수 밖에 없다.

  (11) I would like very much [C my students to buy the book]

다음에 설명해야할 현상은 (3b)에서 왜 for가 있으면 안 되느냐 하는 것이다. 즉, for-to 제약을 설명하여 보기로 하자. (12)에서처럼 주어가 이동해 나가면 C는 to로 접사이동을 할 수 있다.

  (12)

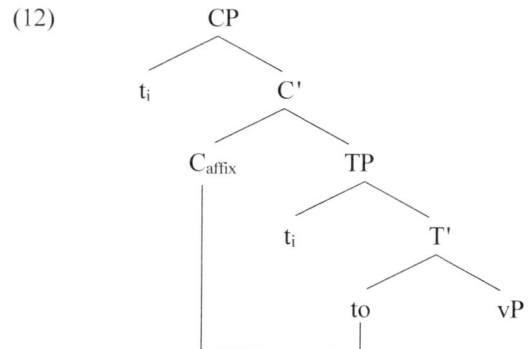

이러한 상황에서 for가 쓸데없이 삽입되면 비문이 된다. 왜냐하면 for-삽입은 최후의 수단이기 때문이다. 결론적으로, (12)와 같은 구조에서는 for가 삽입될 기회가 없으므로 for가 들어간 문장을 만들어 낼 수 없고, for가 들어간 문장은 비문이 되는 것이다.[55] 이러한 주장이 옳다면, 우리는 영어의 경우 정형절의 C와 T 그리고 비정형절의 C와 T가 모두 접사라고 결론 맺을 수 있다.

지금까지 우리는 영어의 경우 정형 T가 좌초될 경우에는 do가 삽입되고, 부정형 T가 좌초될 경우에는 to가 삽입되며, 정형 C가 좌초될 위험성이 있을 때 that이 삽입되며, 부정형 C가 좌초될 위험성이 있을 때 for가 삽입됨을 보았다.

(13) a. 정형 T가 좌초될 때 → do 삽입
  b. 부정형 T가 좌초될 때 → to 삽입
  c. 정형 C가 좌초될 때 → that 삽입
  d. 부정형 C가 좌초될 때 → for 삽입

또한, 이렇게 기능범주에 최후의 수단으로 무엇인가가 삽입이 되는 것은 비단 영어에 국한되는 현상이 아니라, 한국어의 경우 T가 좌초될 위기에 있을 때 '하'가 삽입됨을 보았다.

5.2 격여과(Case Filter)와 For-삽입

전 절의 주요 주장을 정리하면, 접사좌초금지조건을 어길 위험성이 있을 때 do, to, that, for, 그리고 '하'가 삽입된다는 것이다. 다른 경우와

---

[55] 결국 that-trace 효과와 for-to 여과는 똑같은 종류의 제약조건이라는 것이다. 유일한 차이는, 하나는 정형절에서 일어나는 현상이고 다른 하나는 비정형절에서 일어나는 현상이라고 말할 수 있다.

달리, for의 삽입은 접사좌초금지조건을 만족시킬 뿐만 아니라 격여과 (Case Filter)제약도 만족시키는 효과를 준다. 예를 들어, 다음 구문에서는 for가 반드시 음성적으로 실현되어야 하는데, 그 이유를 접사좌초금지조건에서 찾을 수는 없다.

(14) a. It is difficult *(for) me to solve this problem.
     b. I arranged *(for) someone to take you round.

왜냐하면 C가 주절술어에 인접해 있으므로 for가 반드시 나타날 이유를 인접조건에서 찾을 수는 없기 때문이다. (14a-b)에서 for가 반드시 필요한 이유는 격 때문인 듯하다. (14a)의 주절술어는 형용사로서 격을 부여할 수 없다. 또한 영접사 C도 격을 줄 수 없다고 가정하여 보기로 하자. 그렇다면 C가 difficult로 이동해 나가게 될 때, 접사좌초금지조건은 만족시키게 되지만 격여과제약은 만족시킬 수 없다.

(15) a. difficult [C [me to solve this problem]]: C가 difficult로 이동
     b. C difficult [∈ [me to solve this problem]]

위의 예문은 주절술어가 격을 줄 수 없는 경우에는, for가 최후의 수단으로 삽입되는 경우에만 적형식의 음운부가 만들어 진다는 것을 보여준다.
  (16a)에서처럼 CP가 외치되었다고 가정하여 보자. 그렇다면, C는 difficult에 인접하지 못하기 때문에 difficult로 이동해 나가지 못하게 되어, for가 최후의 수단으로 삽입된다.[56] 이러한 경우에는 for가 접사가 좌초되는 문제를 해결해 줄 뿐 아니라 me가 가지고 있는 격의 문제도 해결해 줄 수 있다.[57]

---

[56] 형용사는 접사 C의 지지대 역할을 할 수 없기 때문에 C가 difficult로 이동해 나가지 못할 가능성도 배제할 수 없다.
[57] 이러한 주장은 격이 통사-음운 접합부에서 부여된다는 가정에 기반을 두고 있다.

(16) a. difficult t_i [C [me to solve this problem]]_i: 최후의 수단으로 for-삽입
    b. difficult [for C [me to solve this problem]]: 격 부여
    c. difficult [for C [me to solve this problem]]
            └──────┘
             격부여

(14b)에서 for가 반드시 나타나야 하는 이유도 유사하게 설명할 수 있다. (17)과 같이 for가 나타날 수도 있고 안 나타날 수도 있는 구문과 (14b)와 같이 for가 반드시 나타나야 하는 구문의 차이는, 주절동사가 격을 줄 수 있느냐의 차이에서 온다고 볼 수 있다.

(17) I would prefer [(for) him to come to my place].

(17)의 경우에는 prefer가 목적격을 줄 수 있는 반면, (14b)에서는 그렇지 못하다고 하면, 왜 (14b)에서 for가 반드시 나타나야 하는지 설명할 수 있다. (18a)에서 C가 arrange로 이동하였다고 가정하여 보자. 그럴 경우에 C가 지지대가 필요하다는 제약은 만족시킬 수 있다. 그러나 someone이 격을 받아야 한다는 조건은 만족시킬 수 없다. 따라서 (18b)는 부적격 산출물이 될 수밖에 없다.

(18) a. I T arrange [C_{affix[-finite]} someone to take you round]: C가 arrange로 이동
    b. I T [C_{affix[-finite]} arrange [~~C_{affix[-finite]}~~ someone to take you round]]

반면에 (18a)에서 arrange가 v로 이동해 나갔기 때문에 C가 arrange로 이동해 나갈 수 없다고 가정해 보자. 그럴 경우 for가 최후의 수단으로 삽입된다. 이러한 최후의 삽입은 두 가지 문제점을 해결해 준다. 하나는 C가 접사이기 때문에 지지대가 필요하다는 문제를 해결해주고 또 다른 하나

는 someone에게 격이 부여되어야 한다는 문제를 해결해준다.

> (19) a. I T [arrange v] ~~arrange~~ [C_{affix[-finite]} someone to take you round]: for-삽입
> b. I T [arrange v] ~~arrange~~ [for C_{affix[-finite]} someone to take you round]

이러한 식의 주장으로 우리는 (20)과 (22)가 보여주는 모순인 듯한 현상을 설명할 수 있다. (14a-b)는 for가 항상 존재해야함을 보여준다. 따라서 이들 구문에서는 for가 최후의 수단으로 삽입되지 않고 처음부터 기저생성되었다고 가정하여 보자. 그렇다면, 다음과 같은 문장이 왜 비문인지를 설명하기 어렵다.

> (20) a. *Who is it difficult for to solve this problem?
> b. *Who did you arrange for to take him round?

즉, for가 기저생성된다고 가정하면 for-to 여과를 설명할 방법이 없는 듯하다. 반면에, C가 영접사로 기저생성되었다고 가정하면, (20a-b)가 비문인 것은 간단하게 해결이 된다. 주어가 이동해 나가게 되면 C는 to쪽으로 이동해 갈 수 있으므로 for가 삽입이 될 필요가 없다. 그러므로 for가 존재하는 (20a-b)는 비문이 될 수밖에 없다.

> (21) a. [who is it difficult [C [~~who~~ to solve this problem]]]: C가 to로 이동. For-삽입 불가
> b. [who is it difficult [∈ [~~who~~ [C to] solve this problem]]]

그러나 for가 존재하지 않는 (22a-b)도 비문이다.

> (22) a. *Who is it difficult to solve this problem?

b. *Who did you arrange to take him round?

그 이유는 (22b)에서 C가 지지대가 필요하다는 요건은 만족을 시켰지만, who가 격을 필요로 한다는 조건은 만족시킬 수 없기 때문이다. 따라서 이러한 종류의 구문에서 주어가 추출되는 것은 구조적으로 불가능하다. 요약하면, 통사-음운 접합부에서 최후의 수단으로 삽입되는 요소는 일반적으로 접사의 지지대 역할만을 하게 되지만, for의 경우에는 접사의 지지대 역할뿐 아니라 격을 부여하는 기능까지도 수행한다고 결론내릴 수 있다.

제6장 허사(expletive) it/es-삽입

소위 비인칭 주어로 쓰이는 it이 어떻게 그리고 왜 문장 상에 나타나는가에 대해서는 아직 정설이 없으며, 그에 대해 논쟁이 활발히 진행 중이다. 본 장에서는 최소한 날씨 구문에 나오는 영어의 it과 독일어의 es는 최후의 수단으로 삽입되는 것이 아니며, 그것들은 사건의미역(event theta role)을 받는 논항이라고 주장한다. 다만 독일어의 비인칭 수동 구문에 나타나는 es는 C의 EPP자질을 만족하기 위해 최후의 수단으로 삽입되는 의미가 없는 허사라고 주장한다. 또한 Yiddish에서도 허사주어 es가 최후의 수단으로 삽입될 수 있음을 보인다.

6.1 영어의 it

허사주어 it이 의미가 있느냐 혹은 없느냐 하는 것은 오랜 논쟁의 대상이 되어왔다. 이렇게 오랫동안 논쟁의 대상이 되어온 이유 중의 하나는, it이 전혀 의미가 없다고 말하면 설명하기에 어려운 현상이 있는 반면, 어떠한 의미를 가지고 있는가라는 질문에 대해서는 콕 집어서 대답을 할 수 없기 때문이다. 본 절에서는 최소한 날씨 구문과 seem 구문의 경우 it이 논항적 성격을 띠고 있다고 지적한 뒤, 사건의미역(event theta role)이라는 의미역을 배당받는 사건논항이라고 주장한다.

6.1.1 비인칭 주어 It의 논항적 성격

만약 it이 의미가 없다면, 다음과 같은 문장에서 it이 존재하는 이유를 EPP로 설명하는 방법이 있다.

(1) a. It is raining.
 b. It seems that it rains.

예를 들어, (1a)에서 술어 rain은 영항(zero-place)술어로서 논항을 하나도 취하지 못하지만, T의 SPEC자리는 반드시 채워져야 하기 때문에 it이 최후의 수단으로 삽입된다고 주장하는 것이다.

(2) a. $T_{[EPP]}$ be raining: 최후의 수단으로 it 삽입
 b. [it $T_{[EPP]}$ be raining]: 음성적 실현
 c. it is raining

이러한 주장의 문제점 중의 하나는, 만약 it이 최후의 수단이라면, 분사구문에서 보이는 it의 행태를 설명하기 어렵다는 것이다. 예문 (3a-b)는 다음과 같은 두 가지 사실을 말해주고 있다. 첫째, 주절주어와 분사구문의 주어가 같을 경우에는 반드시 분사구문의 주어가 생략되어야 하지만, 둘째, 다를 경우에는 반드시 분사구문에 주어가 명시되어야 한다.

(3) a. (*she_i) being sick, $Mary_i$ decided not to go to work.
 b. *(Her son) being sick, Mary decided not to go to work.

만약 (3a)에서 she와 Mary가 동일인이라면 she는 반드시 생략되어야 한다. 반면에 (3b)에서는 her son이 Mary와 동일인이 아니기 때문에 반드시 명시적으로 나타나야 한다는 것이다. 재미있는 사실은 (4)가 정문이 되려면 반드시 허사주어가 있어야 한다는 것이다.

(4) *(It) being fine, John decided to go on a picnic.

이는 it이 단지 EPP 때문에 삽입되는 것은 아니라는 것을 말해준다. 왜냐하면 다음과 같은 추론과정이 타당하다고 할 수 있기 때문이다.

(5) a. (3a)에서 보듯이, 분사구문의 주어는 회복가능하다면 반드시 생략되어야 한다.
b. 문장 (4)에서 it은 생략이 될 수 없다.
c. 그러므로 문장 (4)에서 it은 문장 안에서 담당하고 있는 의미적 역할을 가지고 있다고 추론할 수 있다.

우리는 이러한 추론이 옳음을 통제 구문을 통해 확인할 수 있다. 예문 (6)은 분사구문에서 it이 통제자(controller)의 역할을 할 수 있다는 것을 보여주고 있다.

(6) a. It sometimes rains after PRO snowing (Chomsky 1981: 324)
b. It can seem that someone is guilty without PRO seeming that they actually committed the crime (Williams 1994: 91)

예문 (6a)에서 snowing의 주어 it은 생략될 수 있는데, 이는 주절주어 it이 분사구문의 주어를 통제하기 때문이다. 또한 (6b)에서도 종속절 seeming 앞에 it이 존재하지 않는데, 그 이유를 주절주어 it이 통제자의 역할을 하기 때문이라고 말할 수 있다. 비인칭 주어 it이 통제자의 역할을 하고 있는 현상을 고려하여, Chomsky(1981)는 it을 의사논항(quasi-argument)이라고 부르고 있다. 즉, 완전한 논항이라고 볼 수는 없지만, 통제자의 역할을 할 수 있다는 것을 고려하여 볼 때 논항의 성격을 띠고 있다는 것이다.

6.1.2 사건논항으로서의 It

허사주어 it이 논항의 성격을 띠고 있다면, 과연 it은 정확히 어떠한 의미를 가지고 있으며 또한 어떠한 역할을 하고 있는가하는 점이 쟁점으로 떠오르게 된다. Bolinger(1977)는 it의 의미를 다음과 같이 규정하고 있다.

> (7) It은 단순히 어떤 상황에 속해있는 개체를 지칭하는 것이 아니라 모든 것을 포함하는 전체의 상황이나 상태를 지칭한다.
> ('*It* referring to all-encompassing states, the total environment, not just some object within it' Bolinger 1977: 101)

즉, Bolinger는 it이 포괄적인 사태나 상황을 지칭한다고 주장하고 있다. 이러한 주장이 옳다고 가정한다면, 우리는 it은 사건논항(event argument)이 명시적으로 실현된 경우라고 말할 수 있다. Davidson(1967)은 행위자, 대상자와 같은 기존의 논항이외에 사건논항이라는 것이 존재한다고 주장하고 있다. 예를 들어, 그는 hit과 같은 술어는 행위자(Agent)와 대상자(Theme)라는 논항이외에 사건논항을 하나 더 가지고 있다고 주장한다.

> (8) a. John hit Mary
> b. hit(e, Agent, Theme)

이러한 주장은 학계에 큰 반향을 일으켰으며, 생성문법에도 큰 영향을 미쳤다. 예를 들어, Kratzer(1988, 1995)와 같은 학자는 사건논항의 존재가 논항구조뿐 아니라 통사구조에도 영향을 미친다고 주장하고 있다. Krazter는 먼저 다음과 같은 Williams(1980, 1994)의 논항구조론이 옳다고 가정한다.

(9) 술어가 복수의 논항을 가지고 있으면 그 중에 하나의 논항은 외부 논항으로 실현되고 나머지는 내부논항으로 실현된다.

Kratzer는 (9)에서 제시한 Williams의 논항구조론과 사건이 하나의 논항으로 존재한다는 Davidson의 주장을 받아들인 뒤, 사건을 표현하는 술어의 주어는 동사구의 내부에서 생성된다고 주장한다. 사건논항이 외부논항이라고 가정하면, 사건논항을 가지고 있는 술어의 주어는 내부논항이므로 술어의 내부에서 기저생성된다는 것이다. 술어는, 의미에 따라, 개체(individual)의 속성을 표현하는 부류와, 개체의 순간적인 상태를 표현하는 부류로 나눌 수 있다. 전자를 개체층위술어(individual-level predicate)라고 부르고 후자를 장면층위술어(stage-level predicate)라고 부른다. Kratzer에 따르면, 개체층위술어는 사건논항을 가지고 있지 않고, 장면층위술어는 사건논항을 가지고 있으며, 그 결과 전자의 주어는 외부논항으로 동사구 외부에서 생성되고, 후자의 주어는 동사구내에서 생성된다는 것이다.[58] 만약 Kratzer의 주장이 옳다면 사건논항은 의미뿐 아니라 통사에도 영향을 미치고 있는 셈이다.

사건논항의미/통사론에 대하여 제기할 수 있는 한 가지 질문은, 만약 사건논항이 언어학적으로 실재한다면 왜 그것이 명시적으로 나타나지 않는가 하는 것이다. 이에 대한 해결책으로, 본 절에서는 소위 허사 it이 바로 사건논항이 명시적으로 실현된 경우라고 주장하고자 한다. 논항이 명시적으로 실현되기 위해서는 격을 부여받아야 한다. (8a)와 같은 문장에서는 사건논항이 부여받을 격이 존재하지 않는다. (8a)에서 부여할 수 있는 격은 주격과 목적격 두 개 뿐인 반면, 논항의 수는 사건논항을 포함하여 모두 세 개다. John과 Mary는 각각 주격과 목적격을 부여받아 명시적으로 실현될 수 있지만, 사건논항은 격을 부여받지 못하여 내재논항

---

[58] 이러한 Kratzer의 주장에 대한 좀 더 상세한 논의는 제15장 참조.

(implicit argument)으로 실현되게 된 것이다. 한편 (1a)의 경우 rain이 취하는 유일한 논항은 사건논항이다. 그리고 이 사건논항을 위한 격이 존재한다. T가 부여하는 주격이 그것이다. 따라서 사건논항이 명시적으로 드러나게 된다.

 (10) a. [$_{VP}$ rain(e) it]: 사건의미역을 it으로 부여
   b. [$_{VP}$ rain(e) it$_e$]: T와의 병합 그리고 주어상승
   c. [$_{TP}$ it$_e$ T [$_{VP}$ rain(e) ~~it$_e$~~]]

It이 사건논항이라면, 왜 그것이 통제자 역할을 하는지는 자연스럽게 설명할 수 있으며, 또한 왜 it이 주절주어와 다르견 생략될 수 없는지를 명쾌하게 설명할 수 있다. 이러한 식의 주장을 모든 허사주어에 확대시킬 수 있는지는 경험적인 자료를 바탕으로 따져봐야 할 것이다. 만약 it이 통제자 역할을 할 수 있으면, 사건논항이라고 볼 수 있다. 예를 들어, 예문 (6b)에 나타나는 it은 사건논항이라고 봐야 한다. 왜냐하면, 그 문장에서 it은 분사구문의 PRO를 통제(control)할 수 있기 때문이다. 이러한 분석 하에서 seem은 사건논항과 명제를 논항으로 취하는 2항 술어이며, 명제인 that-절은 격을 요구하지 않기 때문에 사건논항이 it으로 실현된다고 말할 수 있다.

 (11) a. seem(e, proposition)
   b. seem(it, that-clause)

왜 사건논항이 여러 대명사 중에서 it으로 실현되는가하는 문제는 무표성 원리 혹은 경제성 원리로 설명할 수 있을 것 같다. This나 that과 같은 표현과 비교하여 it은 무표적이라고 할 수 있다. This와 that은 눈에 보이는 가시적인 지시대상이 있는 반면, it은 그렇지 않다는 점에서 it이 무표적이라고 할 수 있다. 대명사 it이 지시적으로 쓰이지 않는 경우에는

변항 x정도에 해당하는 의미를 가지고 있다고 할 수 있고, 이 x의 의미를 술어가 좀 더 구체화시켜준다고 말할 수 있다. 즉, 만약 it이 사건 논항이며 변항 x라는 의미를 가지고 있다면, (12a)의 예문은 (12b)와 같이 해석할 수 있다.

    (12) a. It is raining here in Seoul.
          b. x라는 사건이 있는데 그 사건은 현재 서울에서 발생하고 있으며, 그 사건의 내용은 비가 온다는 것이다.

만약 it이 변항 x를 의미한다면 소위 허사 목적어를 설명하는데도 도움이 될 수 있다. (13a)에서 it은 take 혹은 take for granted의 목적어에 해당되는데 it이 변항 x를 의미하고 이 변항의 의미를 that-절이 명시한다고 말할 수 있다.[59]

    (13) a. I take it for granted that you are going to join us.
          b. See to it that John is not honest.
          c. They kept it from becoming too obvious that she was pregnant.
          d. I would appreciate it if you could reply my question early.

요약하면, 허사 it은 최후의 수단으로 삽입되는 요소가 아니고 변항 x를 의미하는 표현이며 사건논항으로 사용될 수 있다.

6.2 독일어의 Es

지금까지 우리는 영어의 소위 허사주어 it은 최소한 날씨 구문과 seem

---

[59] 김광섭(2017a)에서는 허사 목적어가 통사적 선택제약(c-selection)은 만족시키지만 의미적 선택 제약(s-selection)은 만족시키지 못한다고 주장하고 있다.

구문에서는 최후의 수단으로 삽입되는 요소가 아니라 사건논항이라는 것을 알았다. 이제 영어의 it에 해당하는 독일어의 es를 검토해보기로 하자. 독일어의 경우 영어와 마찬가지로 날씨를 나타내는 동사는 의미가 없어 보이는 es를 주어로 사용한다.

(14) a. Es   regnete.
         It   rained   'It rained'
     b. Es   shneiete
         It   snowed   'It snowed'
     c. Es   ist   zu   heiβ.
         It   is   too   hot   'It is too hot'

독일어의 경우에는, 소위 비인칭 수동태를 허용하는데 이 비인칭 수동태에서도 es가 나타난다.

(15) Es   wurde   Gestern   getanzt.
      It   was   yesterday   danced
      'There was dancing yesterday'

그러나 비인칭수동태 구문에서 반드시 es가 나타나야 하는 것은 아니다. 문장 (15)에서 만약 Gestern 'yesterday'이 문두에 오게 되면 es는 반드시 사라져야 한다.

(16) Gestern   wurde   (*es)   getanzt
      Yesterday was   (*it)   danced

수동 구문에서는 es가 나타날 수도 있고 그렇지 않을 수도 있는 것이다. 이와는 대조적으로 날씨 구문에서는 es가 어떠한 경우에도 생략되어서는 안 된다.

(17) a. Gestern   regnete *(es)
        Yesterday rained *(it)
        'Yesterday it rained'
    b. Heute shneit *(es)
        Today snows *(it)
        'Today it is snowing'
    c. Heute ist *(es) zu heiβ.
        Today is *(it) too hot
        'Today it is too hot'

이러한 현상을 바탕으로 우리는 날씨 구문의 es와 수동 구문의 es는 근본적으로 다른 것이라고 주장할 수 있다. 날씨의 es는 영어 날씨 구문의 it과 마찬가지로 사건논항이지만, 수동 구문의 es는 최후의 수단으로 삽입되는 의미가 없는 es라는 것이다.

먼저 날씨 구문의 도출을 알아보기로 하자. 독일어의 날씨 구문은 영어의 날씨 구문과 본질적으로 동일하다고 할 수 있다. 날씨 동사 regnen 'rain'이 취하는 유일한 논항은 사건논항이고 이 사건논항은 다른 구문과 달리 격을 받을 수 있다. 왜냐하면 문장 상에서 하나의 논항은 주격을 받을 수 있고 사건논항이 유일한 논항이라면 그것이 주격을 받기 때문이다. 따라서 사건논항은 es 'it'의 형태로 외현적으로 나타나게 된다. 예문 (14a)의 도출과정에서 특별히 언급해야할 사항은, 독일어는 V-2언어, 즉 동사구가 두 번째 자리에 오는 언어라는 것이다. 동사구가 두 번째 자리에 오는 이유를 구조적으로 설명하는 방법은 모든 동사는 C자리까지 핵이동을 하며 C의 SPEC자리가 반드시 채워져야 한다고 가정하는 것이다. (18)에서 보여주듯이, (14a)에서 es는 C의 SPEC자리에 그리고 regnete는 C자리에서 발음된다.

(18)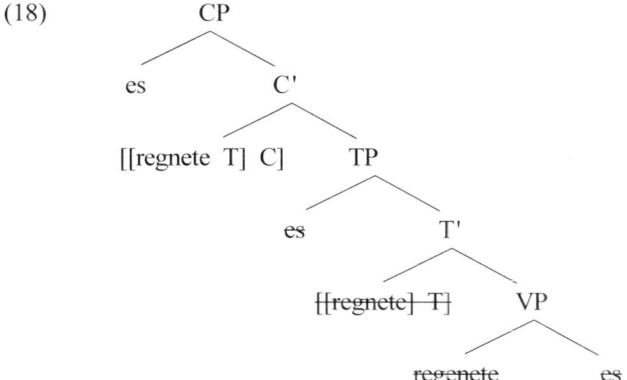

이러한 분석에 따르면 (17a)에서 왜 es가 생략되어서는 안 되는지를 설명할 수 있다. Es는 술어 regnete로부터 사건의미역을 배당받는 논항임으로 생략되어서는 안 된다. (19)가 보여주듯이, es는 논항으로서 술어 regnete의 자매로 기저생성된 다음에 T의 SPEC자리로 이동한다. (17a)의 경우에는 C의 SPEC자리를 Gestern이 채워주고 있기 때문에 es가 T의 SPEC자리에 머물러 있게 된다.

(19)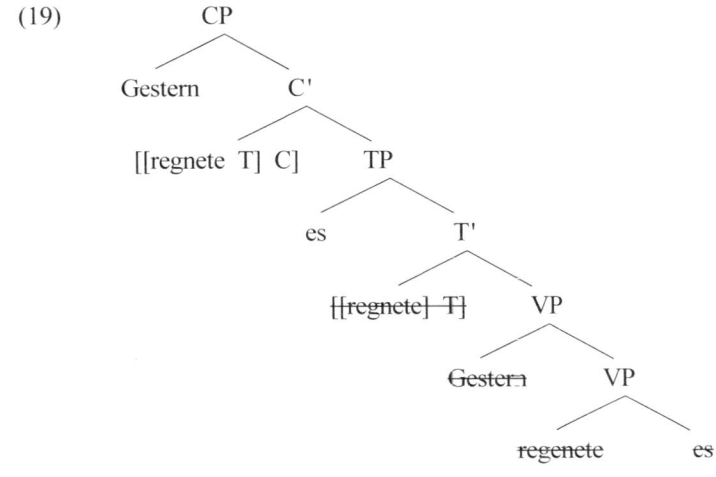

이제 수동 구문을 도출하여 보기로 하자. 수동 구문에서는 es가 논항으로 생성되지 않고, 최후의 수단으로 삽입된다. 독일어는 앞에서 언급한 바와 같이, 반드시 동사가 C자리로 이동하고 그리고 반드시 C의 SPEC자리는 채워져야 한다. 만약 C의 SPEC자리를 채워줄 요소가 없다면 es가 최후의 수단으로 삽입된다.

(20) a. [$_{CP}$ C wurde [$_{TP}$ ~~wurde~~ Gestern gentazt]]: 최후의 수단으로 es-삽입
b. [$_{CP}$ es C wurde [$_{TP}$ ~~wurde~~ Gestern gentazt]]

그러나 (21a)에서 Gestern이 C의 SPEC자리로 이동해 나간다면 es가 삽입될 이유가 없다. 왜냐하면 es-삽입은 최후의 수단이기 때문이다.

(21) a. [$_{CP}$ C wurde [$_{TP}$ ~~wurde~~ Gestern gentazt]]: Gestren의 이동
b. [$_{CP}$ Gestern C wurde [$_{TP}$ ~~wurde Gestern~~ gentazt]]

따라서 예문 (16)에서 es가 나타나게 되면 비문이 된다.
  날씨 구문에서 es가 논항이라는 증거는 es가 통제자의 역할을 한다는 것으로 증명된다. 예문 (22)에서 es는 분사구문의 주어인 PRO를 통제한다.

(22) Es regnete den ganzen Winter ohne PRO jemals zu
It rained the whole winter without PRO ever to
schneien
snow
'It rained throughout the winter without snowing' (Safir 1985: 226)

위의 현상은 es가 논항임을 말해준다. 요약하면, 독일어의 날씨 구문 주어는 사건논항인 반면, 비인칭 수동 구문의 주어는 최후의 수단으로 삽입

되는 허사주어이다.

독일어뿐만 아니라, Yiddish에서도 최후의 수단으로 허사주어가 삽입될 수 있다. 다음 예문은 제4장에서 that-흔적 효과를 설명할 때 등장하였던 Yiddish의 예문이다. 예문 (23b)는 만약 주어가 추출되면 주어자리에 허사 es가 나타날 수 있다는 것을 보여준다.

(23) a. Ver   hot   er   moyre   (*az)   vet   kumen
       Who   has   he   fear   (*that)   will   come
       '(lit) Who is he afraid (*that) will come?'
    b. Ver   hot   er   moyre   az   es   vet   kumen
       Who   has   he   fear   that   it   will   come
       '(lit) Who is he afraid that will come?'

(Diesing 1990: 75)

이렇게 주어가 이동한 자리에 es가 나타날 수 있는 현상을 설명하는 유일한 방법은 통사-음운 접합부에서 최후의 수단으로 es가 삽입되었다고 주장하는 것이다.

(24) a. az   t vet   kumen: 최후의 수단으로 주어의 흔적자리에 es 삽입
       that t will come
    b. az   es   vet   kumen
       that   it   will   come

Yiddish의 경우에는 통사-음운 접합부에서 EPP를 만족시키는 것을 원하는 T가 있다고 가정하면, 왜 es가 삽입되는지를 설명할 수 있는 것이다. 만약 주어가 이동해 나간다면, T의 EPP가 음운부에서 만족되어야 한다는 제약을 만족시킬 수 없다. 따라서 허사 es가 최후의 수단으로 삽입된다는 것이다.

6.3 독일어 중간구문(middle construction)에서의 Es

독일어에서 es가 논항인 또 다른 구문으로는 비인칭 중간구문을 들 수 있다. 독일어의 중간구문은 인칭 중간구문과 비인칭 중간구문으로 나눌 수 있다 (Fagan 1992, Ackema와 Schoorlemmer 1994, 1995, 2005, Steinbach 2002, Lekakou 2005). 인칭 중간구문에서는 영어와 마찬가지로 내부논항중의 하나가 주어로 실현된다. 한편 비인칭 중간구문에서는 es가 주어로 나타난다. (25b)와 (26b)가 각각 인칭 중간구문과 비인칭 중간구문의 예이다.

(25) a. The book reads easily. (English)
    b. Das Buch liest sich gut. (German)
       The book reads REFL well
(26) a. *It walks nicely in these shoes. (English)
    b. In diesen Schuhen läuft *(es) sich gut. (German)
       In these shoes walks *(it) REFL well
       'These shoes walk nicely'

(26b)와 (27)에서 보듯이, 비인칭 중간구문에 나오는 es는 수동 구문과 달리 절대로 생략이 될 수 없다.

(27) Hier lebt *(es) sich gut.
    here lives *(expl) refl well
    'Here it lives well / here people live well'

이러한 현상은 비인칭 중간구문의 es는 수동 구문과는 달리 사건논항이라고 주장하면 설명할 수 있다. 본 절의 주요 목적은 비인칭 중간구문 (27)을 구체적으로 분석하는 것이다.

비인칭 중간구문의 특징은 동사자체의 내부논항이 없다는 것이다. 즉, 격을 받을만한 내부논항을 술어가 가지고 있지 못하다. 이렇게 격을 받을 논항이 존재하지 않을 경우 사건논항이 명시적으로 나타나 격을 받는다. 비인칭 중간구문은 다음과 같은 과정을 거쳐서 생성된다. (28a)에서 보듯이, 동사 lebt는 사건논항 의미역을 가지고 있으며 sich가 사건논항 의미역을 만족하게 된다.[60] Sich는 재귀사이기 때문에 반드시 절 안에서 선행사에 의하여 결속되어야 하므로 선행사인 es가 반드시 존재하여야 한다. 따라서 독일어의 비인칭 중간구문에서는 es가 필수적으로 나타나야 한다. (28a-g)와 (29)가 보여주듯이, 술어와 Hier가 각각 C와 C의 SPEC자리로 이동하면 (27)이 생성된다.

(28) a. [VP lebt(e) sich]: 사건의미역 배당
 b. [VP lebt(e) sich_e]: gut과 hier병합
 c. [VP [[lebt(e) sich_e] gut] hier]: T와의 병합 그리고 동사이동
 d. [TP [lebt(e) T] [VP [[lebt(e) sich_e] gut] hier]]: es와의 병합
 e. [TP es [TP lebt(e) T] [VP [[lebt(e) sich_e] gut] hier]]: C와 병합 그리고 [lebt(e) T]이동
 f. [CP [[lebt(e) T] C] [TP es lebt(e) T] [VP [[lebt(e) sich_e] gut] hier]]]: hier 이동
 g. [CP hier [[lebt(e)] T] C] [TP es lebt(e) T] [VP [[lebt(e) sich_e] gut] hier]]]

---

[60] 독일어 중간구문의 경우 재귀사가 반드시 나타나야 한다. 예를 들어, 인칭 중간구문 (25b)와 비인칭 중간구문 (26b) 모두에서 재귀사 sich가 나타나며 주어가 이 재귀사를 결속하는 방식으로 중간구문이 만들어진다.

(29)

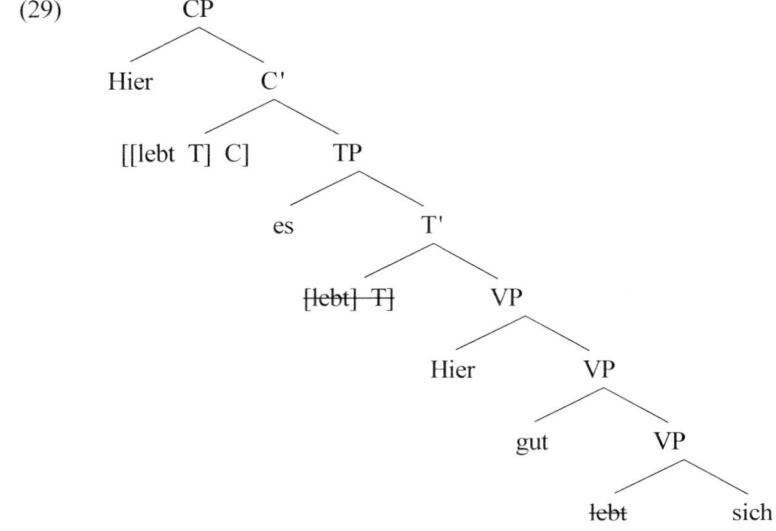

요약하면, 독일어 날씨 구문과 중간구문의 es는 사건논항인 반면, 수동문의 es는 C의 EPP를 만족시키기 위해서 최후의 수단으로 삽입된다.

6.4 자동적(default) 3인칭 단수 자질 부여

예문 (16)을 다시 한번 검토하여 보기로 하자. 이 문장에서는 명시적인 주어가 존재하지 않는다.

(30) Gestern   wurde   (*es)   getanzt. (= 16)
     Yesterday was   (*it)   danced

독일어는 술어의 굴절어미가 주어와의 일치관계를 통하여 정해지는 언어이다. 그러나 위 예문 (30)에는 명시적인 주어가 존재하지 않는다. 그렇다면 동사의 굴절어미를 어떻게 결정하느냐 하는 문제가 발생한다. 한 가지 방법은 명시적인 주어는 존재하지 않지만 허사 pro가 존재한다고 가정하는 것이다. 즉, 명시적 허사주어 es에 해당하는 허사 pro가 존재하며 이 허사 pro가 일치자질을 결정해준다고 가정하는 것이다.

(31) a. Gestern [werden]$_{[past][x\ number][x\ person]}$ getanzt: 허사주어 삽입
 b. Gestern [werden]$_{[past][x\ number][x\ person]}$ pro$_{[-Pl\ number][3rd\ person]}$ getanzt: 일치소에 3인칭 단수 부여
 c. Gestern [werden]$_{[past][-Pl\ number][3rd\ person]}$ pro$_{[-Pl\ number][3rd\ person]}$ getanzt: 음성적 실현
 d. Gestern wurde getanzt

독일어는 pro를 허용하는 언어가 아니라고 알려져 있다. 따라서 허사 pro를 설정하는 것이 얼마나 타당성이 있는 것인지는 미지수라 할 수 있다. 또 다른 방법으로는, 만약 일치자질을 결정해주는 주어가 존재하지 않는 경우에 최후의 수단으로 일치자질을 정해주는 것이다. 즉, 다음과 같은 최후의 수단을 활용하는 것이다.

(32) 일치자질을 결정해주는 주어가 존재하지 않으면, 최후의 수단으로 3인칭 단수 자질을 부여한다.

예문 (30)의 경우 주어가 존재하지 않는다고 가정하면, (32)에 따라 다음과 같이 자동적으로 3인칭 단수 자질이 부여된다.

(33) a. Gestern [werden]$_{[past][x\ number][x\ person]}$ getanzt: 자동인칭인 3인칭 단수 부여
 b. Gestern [werden]$_{[past][-Pl\ number][3rd\ person]}$ getanzt: 음성적 실현
 c. Gestern wurde getanzt

자동적 3인칭 단수자질 부여방법과 허사 pro를 삽입하는 방법은 본질적

으로 같은 방법이라고 할 수 있다. 다만 3인칭 단수자질 부여방법이 허사 pro를 삽입하는 방법보다 좀 더 경제적 방법이라고 할 수 있다. 왜냐하면 '삽입'이라는 단계 없이 일치자질이 결정되기 때문이다.

주어가 일치자질을 부여할 수 없는 경우에 3인칭 단수를 부여하는 현상은 독일어에서만 나타나는 것은 아니다. 아이슬랜드어도 똑같은 행태를 보인다. 예문 (34a)에서 fjórar bœkur 'four books'는 주격을 부여 받은 경우이다. 이럴 경우 동사는 주격을 부여 받은 요소와 일치관계를 맺는다.

(34) a. Það   voru   lesnar   fjórar   bœkur
        There were   read   four$_{Nom.PL}$ books$_{Nom.PL}$
    b. Það   var   skilað   fjórum   bókum
        There was   returned four$_{Dat.PL}$ books$_{Dat.PL}$

한편 (34b)의 경우에는 fjórum bókum 'four books'가 여격을 가지고 있다. 이는 이 표현이 주어가 아니라는 것을 의미한다. 문제는 Það 'there'도 수(number)의 자질을 가지고 있지 않다는 것이다. 따라서 주어를 바탕으로 일치자질을 정할 방법이 없다. 이러한 경우에도 3인칭 단수 자질이 최후의 수단으로 부여된다고 하면 자료를 설명할 수 있다.

(35) a. Það   vera$_{[past][x\ number][x\ person]}$ skilað fjórum bókum:
        자동인칭인 3인칭 단수 부여
    b. Það   vera$_{[past][-Pl\ number][3rd\ person]}$ skilað fjórum bókum:
        음성적 실현
    c. Það   var   skilað   fjórum   bókum

요약하면, 명시적 주어가 없는 경우 일치자질을 결정해 주는 방법으로는 (i) 발음이 안 되는 허사주어를 삽입하는 방법과 (ii) 최후의 수단으로 3인칭 단수를 부여하는 방법이 있다. 예문 (34b)에는 이미 허사주어 Þad가 있으므로 허사 pro를 삽입하는 분석은 적절치 않다고 할 수 있다. 더욱이 허사 pro를 삽입하는 방법은 자동적으로 3인칭 단수를 부여하는 방법보다 경제적이라고 볼 수 없다. 따라서 자동적 3인칭 단수 부여방식이 좀 더 타당하다고 결론 맺을 수 있다.

제7장 격과 삽입에 의한 보수

　　Chomsky(1995)의 최소주의 입장에서 보면, 격은 기본적으로 핵이 인허하는 것이다. 예를 들어, 경동사 v가 목적격을 부여하고 T가 주격을 부여한다.

　　(1) a. [$_{vP}$ he　v [$_{VP}$ love her]]
　　　　　　　└─────┘
　　　　　　　　목적격 부여

　　　　b. T [$_{vP}$ he　v [$_{VP}$ love her]]
　　　　　└──┘
　　　　　주격부여

　　그러나 일부의 학자들은 이러한 표준적인 견해에 부정적인 입장을 취하고 있으며, 또한 거기에 대한 대안을 제시하고 있다. 대표적인 대안으로는 Marantz(1991)가 제안하고, 최근 Preminger(2011, 2014) 등이 발전시킨 이접적 격이론(disjunctive case theory)을 들 수 있다. 본 장에서는 Marantz-Preminger의 이접적 격이론을 소개한 뒤, 이 이론의 단점을 표준이론의 입장에서 보완한다. 본 장에서 제안하는 격이론은, 최후의 수단이라는 시각을 가지고 이접적 격이론과 표준이론을 혼합한 것이라고 할 수 있다.

7.1 이접적 격 부여이론

Marantz는 격을 세 부류로 분류한다. 어휘격(lexical case), 의존격(dependent case), 무표격(unmarked case)이 그것이다. 어휘격이란 동사가 논항에 주는 격을 말한다. 예를 들어, 여격(dative case)이나 도구격 등이 여기에 속한다. 예문 (2)에서 Mary는 여격을 받았다고 말할 수 있는데, 이는 어휘격이다.[61]

(2) John gave a book to Mary.

의존격은 만약 어떠한 영역 안에 두 개의 명사구가 격을 받지 않은 채 존재하면 부여되는 격을 의미한다. 예를 들어, (3)에서 NP1과 NP2가 모두 격이 없다고 가정하여 보자. 이런 경우에 NP2에 목적격이 부여되는데 이러한 종류의 격을 의존격이라고 부른다.

(3) a. NP1   NP2: NP2에 목적격 부여
    b. NP1   NP2-Acc

이를 구체적인 예를 들어 설명하여 보자. 만약 영어에서 주격이나 목적격이 모두 핵에 의하여 격이 주어지는 것이 아니라고 가정하여 보자. 그렇다면 (4a)에서 John과 a book은 어휘격을 받은 상태가 아니니까 격이 없는 상태이다. 이렇게 격이 없는 명사구가 일정한 영역 안에서 서로 비대칭적 성분통어관계(asymmetric c-command relation)를 맺고 있으면 아래쪽 명사구에 목적격을 부여하라는 것이다.

(4) a. John gave a book to Mary: a book에 목적격 부여

---

[61] To를 전치사로 보지 않고 여격을 나타내는 표지라고 가정할 경우 Mary가 여격을 받았다고 말할 수 있다.

b. John gave a book-Acc to Mary

(4b)에서 보듯이 의존격에 해당하는 목적격이 a book에 주어지게 되면 John만이 격을 받지 못한 명사구가 된다. 이러한 경우에 무표격인 주격이 John에 부여된다.

　(5) a. John gave a book-Acc to Mary: John에 무표격인 주격 부여
　　　b. John-Nom gave a book-Acc to Mary

이접적 격부여 이론을 요약하면, 먼저 술어에 의하여 어휘격이 부여되고, 그 다음 구조에 의존하여 의존격이 부여되고, 맨 마지막으로 격이 없는 논항에 무표격이 부여된다. 이렇게 단계별로 격이 주어진다하여 '이접적'이라는 용어를 사용하게 되었다.

　위에서 우리는 여격 구문(dative construction)의 격을 이접적 격이론으로 설명하였다. 이접적 격부여이론에 따르면 영어의 이중목적어 구문(double object construction)도 쉽사리 설명할 수 있다. 예문 (6)에는 어휘격이 부여된 논항이 하나도 없다.

　(6) John gave Mary a book.
　　　NP1　 　NP2　 NP3

어휘격이 없으면, 그 다음에 의존격이 부여된다. 의존격은 두 개의 명사구가 모두 격이 없는 경우에 적용되므로 먼저 NP2와 NP3를 고려해보자. 이 두 명사구 중 NP3가 아래쪽의 명사구이므로 그것이 목적격을 받는다. NP3가 격을 부여받았으니, 격이 없는 명사구는 이제 NP1과 NP2 두 개가 남는다. 이 두 명사구 중 NP2가 아래쪽의 명사구이므로 이것이 목적격을 부여받는다. 그리고 마지막으로 격이 없는 NP1에 무표격인 주격이 부여된다.[62]

(7) a. NP1... NP2 NP3: NP3에 의존격인 목적격 부여
　　 b. NP1... NP2 NP3-Acc: NP2에 의존격인 목적격 부여
　　 c. NP1... NP2-Acc NP3-Acc: NP1에 무표격인 주격 부여
　　 d. NP1-Nom ... NP2-Acc NP3-Acc

Marantz와 Preminger는 이러한 의존격 이론으로 다양한 종류의 언어를 설명할 수 있다고 주장하고 있다. 예를 들어, 아이슬랜드어의 경우 (8)과 같은 유형을 보인다.

(8) a. Nom　　Acc
　　 b. Dat　　 Nom
　　 c. Gen　　 Nom
　　 d. Nom　　Dat

(8)은 아이슬랜드어의 격과 관련하여 모든 조합을 정리해 놓은 것이다. 이렇게 복잡해 보이는 격의 유형을 이접적 격이론으로 어떻게 설명할 수 있는지 알아보기로 하자. 먼저 아이슬랜드어에서 여격과 속격이 어휘격이라고 가정하여 보자. 그렇다면 (8b-d)는 모두 어휘격을 하나씩 갖고 있게 된다.

(9) a. Dat　 NP　　(=8b)
　　 b. Gen　NP　　(=8c)
　　 c. NP　 Dat　　(=8d)

---

62 예문 (i)과 같은 문장에서 왜 me가 목적격을 받게 되는지도 의존격이라는 개념으로 설명할 수 있다.

　　(i)　It's me

위의 문장은 다음과 같은 과정을 통하여 격을 부여받는다.

　　(ii) a. NP1 ... NP2: NP2에 의존격인 목적격 부여
　　　　 b. NP1 ... NP2-Acc: NP1에 무표격인 주격 부여
　　　　 c. NP1-Nom ... NP2-Acc

제7장 격과 삽입에 의한 보수　151

이러한 경우에는 의존격이 부여될 수 없다. 왜냐하면 의존격은 두 개의 명사구가 모두 격이 없는 경우에만 부여되기 때문이다. 따라서 나머지 하나의 명사구에는 무표격인 주격이 부여된다.

(10) a. Dat   NP-Nom   (=8b)
     b. Gen   NP-Nom   (=8c)
     c. NP-Nom   Dat   (=8d)

한편 (8a)에서는 두 개의 명사구가 모두 격이 없으므로 아래 명사구가 의존격인 목적격을 받게 되며, 나머지 하나의 명사구는 무표격인 주격을 받는다.

(11) a. NP1   NP2: 의존격인 목적격을 NP2에 부여
     b. NP1   NP2-Acc: 무표격인 주격을 NP1에 부여
     c. NP1-Nom   NP2-Acc   (= 8a)

이접적 격부여이론은, 위에서 본 바와 같이, 주격/목적격언어의 규칙성뿐 아니라 능격(ergative)/절대격(absolutive) 언어의 규칙성도 잘 포착한다는 장점을 가지고 있다. 먼저 어휘격이 부여된 다음 의존격이 부여되게 되는데 능격언어의 경우에는 능격이 의존격이며 또한 이 의존격은 상위의 명사구에 부여된다. 예를 들어, (12a)에서 두 개의 명사구가 모두 격이 없다고 가정하여 보자. 이러한 경우 NP1이 의존격인 능격을 부여받는다. 그리고 하위 명사구는 무표격인 절대격을 받는다.

(12) 능격/절대격 언어의 의존격과 무표격
     a. NP1   NP2: 의존격인 능격을 NP1에 부여
     b. NP1-Erg(ative)   NP2: 무표격인 절대격을 NP2에게 부여
     c. NP1-Erg   NP2-Abs(olutive)

이러한 능격/절대격 언어의 격부여는 (13)에 다시 반복한 주격/목적격언어의 격부여와 서로 대칭을 이룬다고 말할 수 있다.

    (13) 주격/목적격 언어의 의존격
        a. NP1   NP2: 의존격인 목적격을 NP2에 부여
        b. NP1   NP2-Acc: 무표격인 주격을 NP1에게 부여
        c. NP1-Nom   NP2-Acc

(12)에 제시한 격부여이론이 어떻게 능격언어의 유형을 설명하여 주는지를 알아보기로 하자. 능격언어는 일반적으로 다음과 같은 유형을 보인다.

    (14) a. Erg   Abs
        b. Abs   Dat
        c. Dat   Abs

(14b-c)에는 어휘격인 여격이 존재하므로 의존격인 능격은 부여될 수 없다. 이렇게 의존격이 부여될 수 없어서 격이 부여되지 않은 명사구는 나중에 무표격인 절대격이 부여된다.

    (15) a. NP   Dat: 무표격 부여 (=14b)
        b. NP-Abs Dat
    (16) a. Dat   NP: 무표격 부여 (=14c)
        b. Dat   NP-Abs

또한 (14a)의 경우에는 두 개의 명사구가 모두 격이 없으므로 위쪽 명사구가 의존격인 능격을 받게 되고 아래쪽 명사구가 무표격인 절대격을 받는다.

(17) a. NP1 NP2: NP1에 의존격 Erg부여
 b. NP1-Erg NP2: NP2에 무표격 Abs부여
 c. NP1-Erg NP2-Abs

이와 같이 우리는 (12)에 제시된 주장으로 능격언어의 일반적인 행태를 잘 포착할 수 있다. 또한 위의 이론으로 왜 (18a)와 같은 유형이 나타날 수 없는지를 설명할 수 있다. 능격은 의존격이기 때문에 만약 다른 명사구에 격이 있으면 부여될 수 없다. 따라서 (18b)와 같은 유형은 존재할 수 있지만 (18a)와 같은 유형은 존재할 수 없다고 예측할 수 있다.

(18) a. *Erg   Inst
 b. Abs   Inst

예측한 바와 같이, (18b)와 같은 유형은 자연언어에서 실제로 존재하지만, (18a)와 같은 유형은 그렇지 못하다. 그러므로 이접적 격이론은 목적격 언어와 능격언어를 모두 효율적으로 기술해줄 수 있다고 말할 수 있다.

7.2 한국어의 주격과 최후의 수단

지금까지 우리는 핵이 격을 부여한다는 표준이론과, 격은 세 개의 이접적 장치에 의하여 부여된다는 이접적 격이론을 알아보았다. 지금부터는 이 두 이론에 비추어서, 한국어의 격부여에 관하여 탐구하고자 한다. 결론부터 말하자면, 한국어의 경우 두 이론을 그대로 적용시킬 수는 없으며 두 이론을 부분적으로 받아들여야 한다는 것이 주요 주장이 될 것이다. 좀 더 자세히 말하면, 목적격은 표준이론에 따라 핵이 부여한다고 주장하고자 하며, 한편 주격은 격을 부여받지 못한 명사구가 있는 경우에

최후의 수단으로 부여된다고 주장하고자 한다. 또한 최후의 수단으로 주격이 부여되는 경우에도 T는 여전히 중요한 역할을 한다는 것이 본 절의 주요한 주장 중의 하나이다.

이접적 격부여 이론으로 우리는 상당히 많은 경험적 자료를 다룰 수 있다. 그러나 이 이론으로는 한국어의 중주어 구문을 설명할 수 없다. 한국어의 경우 두 개의 명사구가 격이 없는 상태에 있어도 아래쪽에 있는 명사구가 목적격을 받지 않을 수 있다.

(19) a. 철수는/가 영희가 그리웠다.
　　 b. 철수는/가 영희가 좋다.
　　 c. 철수는/가 영희가 밉다.
　　 d. 철수는/가 눈이 깜박거렸다.
(20) a. 철수는/가 머리가 크다.
　　 b. 철수는/가 어머니가 의사다.
　　 c. 철수는/가 눈이 예쁘다.
　　 d. 철수는/가 눈이 초롱초롱하다.

따라서 한국어의 경우에 소위 의존격이라는 것은 존재한다고 보기 어렵다. 한국어에서 목적격은 Chomsky가 주장하는 표준이론에 따라 핵에 의해 인허될 가능성이 높은 것이다. 예를 들어, 경동사 v가 있으면 목적격을 부여하고 그렇지 않으면 목적격을 부여할 수 없다고 말할 수 있다. 이를 다른 말로 표현하면, 한국어의 경우에는 의존격 대신에 구조격이 있다고 할 수 있다. 이러한 주장을 옹호해주는 예로는 (19-20)을 들 수 있다. 이들 예문은 소위 중주어 구문으로서, 술어가 형용사이거나 명사이다. 형용사와 명사는 경동사와 같이 나타날 수 없다. 따라서 이들 구문에서 목적격이 부여될 수 없는 것은 너무 당연한 일이다. 목적격은 술어가 동사일 때만 부여될 수 있기 때문에, 목적격이 [NP ... NP]라는 구조에서 의존격으로 부여된다는 주장은 기술적으로 타당한 주장이 아니다. 그러므로 목적격은 핵이 부여한다고 주장하는 것이 타당하다고 할 수 있다.

앞에서 우리는 한국어의 경우에는 의존격이 존재하지 않음을 보았다. 이제, 이접적 격이론에서 주장하고 있는 또 다른 격인 무표격에 비추어서 한국어를 검토해 보기로 하자.[63] 다시 말해, 한국어에 무표격이 존재하는가 하는 문제를 따져 보기로 하자. 한국어에서 주격을 인허하는 핵이 무엇인가를 가려내기는 쉽지 않다. 만약 주격을 부여하는 핵이 시제(T)라고 하면 다음과 같은 문장을 어떻게 처리할 것인가 하는 문제가 생긴다.

    (21) a. 철수는 영희가 출발하게 하였다.
          b. 철수는 영희가 출발하라고 설득하였다.
          c. 철수는 정작 자기가 출발하려고 노력하였다.

(21a-c)에서 종속절에 시제가 있다고 보기 어렵다. 이들 종속절에는 현재형이나 과거형시제를 쓸 수 없다. 재미있는 사실은 이렇게 시제가 없음에도 불구하고 이들 구문에서 주어가 인허될 수 있다는 것이다. 이러한 현상에 비추어 볼 때, 시제가 주격을 인허한다는 주장은 유지하기 어렵다. 또한 비정형절에서도 주어가 나타날 수 있다는 것을 고려하면 주격이 핵에 의하여 부여된다는 주장은 설득력을 잃는다. 예를 들어, 다음과 같은 소위 '기'-비정형절에서도 주어가 나타날 수 있다.

    (22) a. 철수는 영희가 승리하기를 바랐다.
          b. 철수는 영희가 오기를 기대하였다.

(22a-b)의 종속절은 영어의 to-부정사에 해당한다고 볼 수 있다.

---

[63] 어휘격이 있다는 것은 표준이론과 이접적 격이론에서 공히 인정하고 있다.

(23) a. I expected him to win the game.
　　 b. I wanted him to win the game.

따라서 시제가 격을 준다고 주장하는 것은 무리한 주장이라고 말할 수 있다. 혹자는 주격이 일치 핵(agreement head)에 의하여 부여된다고 말할지도 모른다. 한국어에는 단, 복수의 일치는 없지단 존칭의 일치는 존재한다. 문제는 한국어의 존칭일치 현상이 과연 문법적인 일치인지 아니면 화용적인 일치인지는 분명치 않다는 것이다. 예문 (24a-b)가 어색한 문장임에는 분명하지만 비문이라고 말하기는 어렵다.

(24) a. %할아버지가 오셨어.
　　 b. %할아버지께서 왔어.

만약 존칭일치가 문법적인 일치라면 (24a-b)가 비문이어야 하지만 그렇지 않다는 것이다. 그렇다면 일치를 나타내는 핵이 주격을 준다고 보기 어렵다.

　한국어의 주격이 핵에 의하여 인허되는 격이 아니라면, 무표격일 가능성이 높다. 즉, 어휘격과 구조격이 부여되지 못하는 명사구에 주격이 부여된다고 주장할 수 있는 것이다. 이러한 무표격은 최후의 수단으로 부여되는 격이라고 말할 수 있다. 한 명사구가 어휘격이나 구조격을 모두 부여받을 수 없는 상황이라고 가정하여 보자. 이러한 상황에서 최후의 수단으로 부여되는 것이 주격이라고 말할 수 있다.

(25) a. 영희 오기: 최후의 수단으로 무표격인 주격부여
　　 b. 영희-가 오기

격이 없는 명사구는 격여과(Case Filter)에 의하여 비문을 초래한다고 알려져 있다.

(26) 격여과: 격이 없는 논항을 포함한 문장은 비문이다.[64]

따라서 격여과제약을 만족시키기 위해서 (25a)에서 무표격인 주격이 최후의 수단으로 부여된다고 말할 수 있다. 주격이 무표격이라면, 왜 한국어에서 중주어 구문이 가능한지를 쉽게 설명할 수 있다.

(27) a. 철수 영희 좋다: 두 명사구에 최후의 수단으로 무표격인 주격 부여
    b. 철수-가 영희-가 좋다

결론적으로 한국어의 경우 주격은 최후의 수단으로 삽입되는 격이라고 주장하면 한국어의 주격의 분포를 설명할 수 있는 듯하다.

위에서 우리는 격이 없는 명사구에 격이 최후의 수단으로 부여되는 이유를 격여과 때문이라고 잠정적으로 가정하였다. 재미있는 사실은 한국어에서는 명사구가 동사에 인접하면 격이 나타나지 않을 수 있다는 것이다.

(28) a. 철수는 영희 좋아한다.
    b. 영희 왔다 갔다.

격이 의미역을 받았다는 표지역할을 한다고 가정한다면, 의미역을 부여하는 술어에 논항이 인접해 있을 경우 격표지가 굳이 필요하지 않다고 말할 수 있다. 따라서 (28a-b)의 경우에는 격을 부여할 필요가 없는 것이다. 물론 휴지(pause)를 주면 논항이 술어와 인접하지 않더라도 격이 명시적으로 나타나지 않을 수 있다. (29a-b)가 그 예이다. (29a-b)는 격이

---

[64] 이러한 격여과는 가시성 원리와 유사한 효과를 갖는다.

  (i) 가시성 조건(Visibility Condition)
     한 요소가 의미역을 받기 위해서는 격이 있어야 한다.

일단 부여된 뒤 그 다음 생략된 경우라고 할 수 있다.

(29) a. 철수, 순이 만났대.
     b. 철수, 순이 좋아한대.

격이 부가된 후 생략되게 되면 보완적 장음(compensatory lengthening)현상이 발생하게 되어 휴지현상이 나타난다. 즉, 주격조사 '가'가 생략되었지만 주격조사의 자리(slot)는 그대로 남아있어 그 자리가 묵음으로 발음된다고 보는 것이다.

(30) a. 철수-가 순이 만났대: '가'-생략
     b. 철수-∅, 순이 만났대.

요약하면, 논항에 격이 부여되는 것은 논항에 의미역이 부여되었다는 것을 알리는 장치이며, 만약 논항이 의미역을 주는 술어와 인접해 있으면 의미역이 부여되었다는 표지가 잉여적(redundant)일 수 있으므로 격이 부여되지 않을 수 있다.

7.3 예외격 구문과 최후의 수단

무표격이 최후의 수단으로 삽입되는 격이라고 가정하면 터키어족(Turkic)계통의 언어에 속하는 Sakha의 예외격(ECM) 구문을 자연스럽게 설명할 수 있다. Sakha의 예외격 구문의 특징은, 종속절 주어가 종속절 시제와 일치관계를 맺지만 격은 주절술어로부터 목적격을 받는다는 것이다. 예문 (31)에서 종속절 주어 ehigi-ni는 목적격을 가지고 있지만 종속절 시제와 이인칭 복수 자질을 공유한다.

(31) min ehigi-ni$_i$ [$_{C'}$ t$_i$ bügün kyaj-yax-xyt   dienj]
    I   you-ACC$_i$ [$_{C'}$ t$_i$ today   win-FUT-2pl.SUBJ   that]
    erem-mit-im
    hope-PAST-1sg.SUBJ
    'I hope you would win today'

이 문제를 해결하는 한 가지 방법은 명사구는 두 개 이상의 격을 가질 수 있다고 주장하는 것이다. 예를 들어, 종속절 주어가 종속절 내에서 T에 의하여 격을 부여받은 뒤 C의 SPEC자리로 이동하여, 격을 한 번 더 받는다는 것이다. 이 언어에서는 격 중첩(stacking)이 허용되지 않기 때문에 주격이 생략된다고 하면 최소한 기술적 타당성은 확보할 수 있는 듯하다.

(32) a. [$_{TP}$ [ehigi...] T]: T에 의한 주격부여 및 T의 SPEC자리로 이동
    b. [$_{TP}$ ehigi-Nom$_i$ [ehigi-Nom$_i$ ...] T]: C와 병합 후 주어가 C의 SPEC자리로 이동
    c. [$_{CP}$ ehigi-Nom$_i$ [$_{TP}$ ehigi-Nom$_i$ [ehigi-Nom$_i$ ...] T]]: 주절동사 병합 및 주절동사로부터의 목적격 부여 (혹은 의존격 부여)
    d. [$_{CP}$ [ehigi-Nom]$_i$-Acc [$_{TP}$ ehigi-Nom$_i$ [ehigi-Nom$_i$ ...] T]] V: 중첩된 격 축소(Stack reduction)
    e. [$_{CP}$ [ehigi-Nom]$_i$-Acc [$_{TP}$ ehigi-Nom [ehigi-Nom ...] T]] V

이것이 바로 Baker와 Vinokurova(2010)의 주장이다. 문제는 격이 이미 주어진 명사구가 왜 격을 하나 더 받느냐 하는 것이다. 이를 달리 표현하면, 이미 격을 받은 요소에 왜 격부여자가 격을 하나 더 부여하느냐 하는 것이다. 격이 부여된 요소에 격을 하나 더 부여할 수 있다는 입장을 견지하려면, 격을 부여할 수 있으면 무조건 격을 부여하여야 한다는 가정을 하여야 할 것이다. 그러나 격을 부여할 수 있으나 격을 받을 대상이 없으

면 격을 부여하지 않음을 보여주는 예는 얼마든지 찾을 수 있다. 따라서 하나의 명사구가 격을 두 개 받는다는 것은 부담이 되는 주장이다.

격이 중첩적으로 부여된다고 주장하는 대신에, 예외격 구문에서 종속절의 주어에는 하나의 격, 즉 목적격만이 부여된다고 주장하는 방법이 있다. Preminger(2015)에 따르면, 주격은 도출과정에서 격의 자질부여(valuation)가 되지 않은 명사구에 주어지는 형태론적 형태(morphological form)라고 주장한다. 즉, 주격은 격이 아니고 격자질이 주어지지 않은 명사구에 부여되는 형태소라는 것이다. 이러한 주장을 최후의 수단으로 재해석하면 명사구는 격을 부여받아야 하는데, 주격은 격자질이 부여되지 않는 경우 최후의 수단으로 부여되는 격이라고 말할 수 있다. 이에 따르면, 예문 (31)은 다음과 같이 분석될 수 있다. (32a)에서 주어인 ehigi는 T로 부터 주격을 받지 않는다. 왜냐하면 주격은 격을 받지 않은 명사구에 부여하는 최후의 수단이기 때문이다. 주어가 C의 SPEC자리로 이동하여 목적격을 부여받을 수 있는 환경이 되면 목적격을 부여받고, 만약 C의 SPEC자리로 이동하지 않아서 목적격을 부여받지 못할 때에는 최후의 수단으로 주격을 받는다는 것이다.

(33) 종속절의 주어가 목적격으로 실현되는 경우
    a. [$_{TP}$ [ehigi ...] T]: T의 SPEC자리로 이동
    b. [$_{TP}$ ehigi [ehigi ...] T]: C와 병합 후 주어가 C의 SPEC자리로 이동
    c. [$_{CP}$ ehigi [$_{TP}$ ehigi [ehigi ...] T]]: 주절동사 병합 및 주절동사로부터의 목적격 부여 (혹은 의존격 부여)
    d. [$_{CP}$ ehigi-acc [$_{TP}$ ehigi [ehigi ...] T]] V

(34) 종속절의 주어가 주격으로 실현되는 경우
    a. [$_{CP}$ C [$_{TP}$ [ehigi ...] T]: 만약 ehigi가 C의 SPEC자리로 이동을 하지 않으면 최후의 수단으로 주격 부여

b. [$_{CP}$ C [$_{TP}$ [ehigi-nom ...] T]

이러한 주장의 장점은 격을 중첩해서 받을 수 있다는 가정을 할 필요가 없다는 것이다. (33)의 경우에는 종속절의 주어가 목적격 하나만을 받으며, (34)의 경우에는 주격만을 받는다.

위의 논의에 따르면, 주어가 C의 SPEC자리로 이동할 경우에만 소위 예외격이 실현될 수 있다. 그렇다면, 주어가 왜 C의 SPEC자리로 이동하는지를 밝히는 것이 필요하다. 이를 위해 한국어를 검토해 보기로 하자. 한국어의 경우에도 예외격을 허용한다.

(35) a. 나는 철수를 똑똑하다고 생각한다.
　　 b. 나는 철수가 똑똑하다고 생각한다.

한국어의 예외격도 Sakha의 예외격과 같은 방식으로 분석할 수 있다.

(36) a. [$_{AP}$ 철수 똑똑하]: T인 'Ø'와의 병합 및 상승
　　 b. [$_{TP}$ 철수 [$_{AP}$ **철수** 똑똑하] Ø]: C인 '다고'와의 병합 및 상승
　　 c. [$_{CP}$ 철수 [$_{TP}$ **철수** [$_{AP}$ **철수** 똑똑하] Ø] 다고]: 본동사 '생각하'와의 병합
　　 d. [$_{CP}$ 철수 [$_{TP}$ **철수** [$_{AP}$ **철수** 똑똑하] Ø] 다고] 생각하: 목적격 부여
　　 e. [$_{CP}$ 철수를 [$_{TP}$ **철수** [$_{AP}$ **철수** 똑똑하] Ø] 다고] 생각하

(36a)에서 보듯이, 주어인 '철수'는 술어구내에서 생성된다. (36b)와 같이 T와 술어구가 병합되어도 '철수'에는 주격이 부여되지 않는다. 왜냐하면 주격은 최후의 수단으로 부여되기 때문이다. 만약, (36b-d)와 같이, '철수'가 C의 SPEC자리로 이동하게 되고 본동사가 병합되게 되면 '철수'는 목적격을 받는다. 여기서 '철수'가 C의 SPEC자리로 이동하게 되는 동인(motivation)이 무엇인가 하는 것이 핵심적 논점이라고 할 수 있다. 본

장에서는 이동의 이유가 주제(topic)와 관련이 있다고 주장한다. 즉, 주제 어구는 C의 SPEC자리로 이동해 나갈 수 있다는 것이다. 이러한 주장에 대한 근거로 다음 두 문장의 의미차이를 들 수 있다.

(37) a. 나는 누군가를 무겁다고 생각했다.
b. 나는 누군가 무겁다고 생각했다.

다음과 같은 시나리오를 가정해 보기로 하자. 탑승정원이 5명인 엘리베이터에 5명이 탑승했음에도 불구하고 엘리베이터가 정원초과라 문이 닫히지 않았다고 가정하자. 이러한 상황에서 (37a)와 (37b)를 발화하였을 때, 두 문장의 의미는 확연하게 구별된다. (37a)는 누군가 특정적인 사람이 무겁다고 생각한 경우에 발화되고, (37b)는 5명 정원에 5명이 탔음에도 엘리베이터가 작동하지 않은 것을 보니 누군지는 모르지만 누군가가 무겁다고 생각하는 상황에서 사용된다.[65] 이는 (37a)에서 '누군가'가 주제어구로 사용되었음을 뒷받침해주는 증거이다. 요약하면, 외부논항이 주제화하여 C의 SPEC자리로 이동해 나가면 그 논항은 주절로부터 목적격을 받을 수 있는 여지가 생기게 되는데, 이러한 경우 격중첩은 발생하지 않는다. 그 이유는 주격은 최후의 수단으로 삽입되기 때문에 주절로부터 목적격을 받은 표현은 주격을 받지 않기 때문이다.

최후의 수단으로 주어지게 되는 격과 관련하여 한 가지 짚고 넘어가야 할 사항은, 격이 없는 명사구에 무조건 주격이 최후의 수단으로 삽입되는 것은 아니라는 것이다. 주격이 최후의 수단으로 삽입되는 경우는, 격이 없는 명사구를 T가 최초로 성분통어하는 경우이다.

---

[65] 물론 특정적인 사람이 무겁다고 생각하는 경우에도 (37b)가 사용될 수 있다. 즉, (37b)는 중의성이 있다.

(38) 최후의 수단으로 주격 부여 규칙
격이 없는 명사구는, 자신을 성분통어하는 핵 중에서 격과 관련이 있는 최초의 핵이 T라면 주격을 최후의 수단으로 부여 받는다.

이는 무표격이 주어지는 경우라 할지라도, 핵이라는 개념을 활용해야 한다는 것을 말해준다. T가 주격을 부여한다는 표준이론과 (38)의 차이점은, 소위 조기원리(Earliness Principle)의 적용을 받느냐 혹은 지연원리(Procrastinate Principle)의 적용을 받느냐 하는 것이다. 표준이론의 경우에는 T가 통사부에 나타나는 순간, 격이 없는 명사구에 주격을 부여하지만, (38)의 경우에는 나중에 음운부에서 아직 격이 없는 명사구가 존재하면 그 명사구에 주격을 부여하는 것이다. 무표격을 주는 경우에도 (38)과 같이 T라는 개념을 활용하는 이유는, 주격만이 무표격이 아니기 때문이다. 주격 외에도 속격이 무표격인 언어가 많이 존재한다. 바로 한국어가 그 중 하나이다. 그렇다면 어떤 경우에 주격이 부여되고 어떠한 경우에 속격이 부여되는가 하는 문제가 발생한다. 이러한 문제를 해결하기 위해서는 '핵'이라는 개념을 빌려올 수밖에 없다. 따라서 격은 핵과 관련을 맺는다는 표준이론이 올바른 방향에 들어섰다고 말할 수 있다. 다만 격부여가 최후의 수단으로 발생할 수 있다는 개념 또한 필요하다는 것을 부인하기 어렵기 때문에 이접적 격부여 이론도 일정부분 일리가 있다고 말할 수 있다. 다음절에서는, 또 다른 종류의 무표격인 속격에 대하여 알아보기로 한다.

7.4 속격(genitive case)과 최후의 수단

다음에 제시된 a-b 두 문장은 서로 관련이 있어 보인다.

(39) a. 철수가 키가 크다.
　　　b. 철수의 키가 크다.
(40) a. 철수가 동생이 멋지다.
　　　b. 철수의 동생이 멋지다.

이 두 구문의 관련성을 포착하는 한 가지 방법은 외부주어가 내부주어 안에 있다가 상승해 나갔다고 주장하는 것이다. 즉, (40a)는 소위 소유자 상승(possessor raising)이 발생해서 생성된다고 주장하는 것이다.

(41) a. [철수 동생 멋지] : 소유자 상승
　　　b. 철수 [철수 동생 멋지]: 최후의 수단으로 주격 부여
　　　c. 철수가 [철수 동생-이 멋지]

이러한 분석의 한 가지 문제점은, (42b)에서 보듯이 명사구내의 논항은 항상 속격을 받을 수 있다는 것이다.

(42) a. [철수 동생] : 속격부여
　　　b. [철수의 동생]: 술어 '멋지'와 병합
　　　c. [[철수의 동생] 멋지]

만약 명사구 내에서 격을 받을 수 있다면 소유자 상승이 왜 일어나느냐 하는가 하는 것이 쟁점이 될 수 있다. 이러한 문제를 해결하는 방법 중 하나는 주격과 마찬가지로 속격도 최후의 수단으로 부여된다고 주장하는 것이다.

(43) 최후의 수단으로 속격 부여 규칙
　　　명사구 안의 격이 없는 명사구는 속격을 최후의 수단으로 부여 받는다.

예를 들어, (44a)에서 '철수'가 상승해 나가지 않으면 (43)에 따라 속격을

받는다는 것이다. 격이 없는 '철수'는 명사구 내에 있으므로 속격을 부여 받고 격이 없는 '동생'은 절 안에 있으므로 주격을 부여 받는다고 할 수 있다.

  (44) a. [[[철수 동생] 멋지] 다]: 최후의 수단으로 속격부여
    b. [[[철수의 동생] 멋지] 다]: 최후의 수단으로 주격부여
    c. [[[철수의 동생]-이 멋지] 다]

이렇게 주격뿐 아니라 속격도 최후의 수단으로 부여되는 격이라면, 얼마든지 소유자가 명사구 밖으로 상승해 나갈 수 있게 된다.
 영어의 명사구 내에서의 전치도 비슷한 방법으로 해결할 수 있다. (45-46)에서 보듯이 명사의 논항이 보충어 자리에서 지정어 자리로 이동해 나가는 것이 가능하다.

  (45) a. destruction of the city
    b. the city's destruction
  (46) a. the murderer of Caesar
    b. Caesar's murderer

이러한 분석에 걸림돌이 되는 현상은, 제자리에 있어도 속격을 부여 받을 수 있다는 것이다. 최후의 수단으로서의 속격 부여가 이러한 문제에 대한 해결의 실마리를 제공해준다. (47a)에서 Caesar는 속격을 받지 않은 상태이다. 왜냐하면 속격은 최후의 수단으로 부여되기 때문이다. 따라서 Caesar는 D의 SPEC 자리로 이동해 나갈 수 있으며, 이동해 나간 후 최후의 수단으로 속격을 부여받을 수 있다.

  (47) a. [NP murderer Caesar]: D와 병합
    b. [DP D [NP murderer Caesar]]: D의 SPEC으로 이동
    c. [DP Caesar D [NP murderer ~~Caesar~~]]: 최후의 수단으로 속격 부여
    d. [DP Caesar's D [NP murderer ~~Caesar~~]]

만약 NP밖으로 이동해 나가지 않았다면 명사구 내에서 최후의 수단으로 속격을 부여받는다.

(48) a. [NP murderer Caesar]: the와 병합
b. [DP the [NP murderer Caesar]]: 최후의 수단으로 속격 부여
c. [DP the [NP murderer of Caesar]]

만약 속격이 최후의 수단이라면 다음과 같은 구문도 자연스럽게 설명할 수 있다. (49)에서 this car는 fix의 대상자이다. 흥미로운 사실은 이 대상자가 주어자리에서 실현된다는 것이다.

(49) This car requires fixing.

이러한 현상을 포착하기 위하여, 우리는 (49)가 다음과 같은 도출과정을 겪는다고 가정할 수 있다.

(50) a. T require [fixing this car]: this car 상승
b. this car T require [fixing ~~this car~~]:

(50a)에서처럼, this car는 fixing의 보충어로 생성된 다음, T의 EPP를 만족시키기 위해서 T의 SPEC자리로 이동해 나갔다고 주장하면, (49)를 잘 설명할 수 있다. 그러나 이 분석의 문제점은 (51)에서 보듯이, this car가 fixing에 의하여 속격을 받을 수 있음에도 불구하고 또 다른 격자리로 이동해 나갔다는 것이다.

(51) Fixing of this car is required.

이러한 문제점은 속격이 최후의 수단으로 부여된다고 가정하면 간단하게 해결된다. (51)에서처럼 this car가 상승해 나가지 않는 경우에만 속격이

최후의 수단으로 부여된다고 하면 (49)에서 this car가 주격을 받는 현상을 자연스럽게 설명할 수 있다. (52a)에서 this car는 이동해 나갈 수 있으나 만약 이동해 나가지 않는다면 최후의 수단으로 속격이 부여된다는 것이다.

  (52) a. [fixing this car]: 최후의 수단으로 of 삽입
     b. [fixing of this car]

지금까지 우리는 명사구내의 논항은 최후의 수단으로 속격을 부여받는다고 주장하였다. 속격을 부여받는 또 다른 환경으로는 형용사구를 들 수 있다.

  (53) a. John is afraid of a snake.
     b. John is sick of the dorm food.
     c. John is tired of it.

만약 (53a-c)에서 속격부여가 최후의 수단으로 발생한다면 영어의 속격부여 규칙은 다음과 같다.

  (54) [+N] 안의 격이 없는 명사구는 속격을 최후의 수단으로 부여받는다.

명사는 [+N, -V]라는 자질을 갖고 형용사는 [+N, +V]라는 자질을 가지고 있으므로, 두 품사의 공통점은 [+N] 자질을 가지고 있다는 것이다. 영어의 경우에는 [+N]이라는 자질이 속격과 관련을 맺고 있다고 말할 수 있다. 이에 반해 한국어의 경우에는 형용사의 보충어는 모두 주격으로 나타난다.

  (55) a. 철수는 뱀이 무섭다.
     b. 철수는 기숙사음식이 지겹다.
     c. 철수는 그것이 싫증이 난다.

한국어의 경우에는, 속격이 부여되는 조건이 [+N, -V]인 듯하다. 즉, 명사부속어구(dependent) 만이 속격을 받는다. (55a-c)의 경우에 '뱀'과 같은 내부주어를 성분통어하는 핵 중에서 격과 관련이 있는 최초의 핵은 T이므로 이들 내부주어는 주격을 최후의 수단으로 부여받는다.

7.5 수식어로서의 Of/'의'

위에서 논의한 바와 같이, 영어의 of는 속격표지이다. 그러나 of가 속격표지로만 사용되는 것은 아니다. 그것은 수식어(modifier)의 표지로 사용되기도 한다. 다음에 나오는 of는 명사구를 명사수식어구로 만들어 주는 역할을 한다.

(56) a. a friend of mine
b. a man of ability

(56a-b)에서 mine이나 ability는 friend나 man이 요구하는 보충어구가 아니다. 이들은 모두 부가어구라고 알려져 있다. 부가어구는 격을 받지 않는다고 가정한다면, 위의 예에서 of는 격표지가 아니라고 할 수 있다. 한국어의 '의'도 마찬가지로 속격의 '의'와 수식어의 '의'로 나눌 수 있다. (57a-f)는 모두 부가어구라고 여겨지는 표현들이다.

(57) a. 파리로의 여행
b. 열흘 동안의 여행
c. 파리에서의 하루
d. 영희와의 여행
e. 도시에서의 생활
f. 영광의 상처

부가어들, 특히 후치사구 부가어들이 명사를 수식하기 위해서는 반드시 수식어미 '의'와 함께 나타나야 한다. 만약 이들이 생략되면 비문이 된다. (57a-f)에서 '의'를 생략하게 되면, (58a-f)가 보여주듯이 모두 비문이 된다.

(58) a. *파리로 여행(이 재미있었다)
 b. *열흘 동안 여행(이 재미있었다)
 c. *파리에서 하루(가 재미있었다)
 d. *영희와 여행(이 재미있었다)
 e. *도시에서 생활(이 재미있었다)
 f. *영광 상처(가 났다)

이와 대조적으로 다음의 표현들은 모두 '의'가 생략되는 것을 허용한다.

(59) a. 영희의 사진
 b. 철수의 옷
 c. 순이의 아들
 d. 철수의 노래
 e. 도시의 생활
(60) a. 영희 사진(이 여기에 있다)
 b. 철수 옷(이 여기에 있다)
 c. 순이 아들(이 여기에 있다)
 d. 철수 노래(가 감미로왔다)
 e. 도시 생활(이 즐거웠다)

이들이 생략될 수 있는 것은 '의'가 격조사로서의 기능을 하기 때문이다. 우리는 격조사가 술어와 인접하면 생략될 수 있음을 보았다.

(61) a. 철수가 순이(를) 만났다.
　　　b. 철수가 순이(를) 사랑한다.
　　　c. 철수가 순이(를) 때렸다.

반면에 인접하지 않은 격조사는 생략되기 어렵다. 특히 내부논항의 격조사가 생략되지 않으면 외부논항의 격조사는 반드시 발음이 되어야 한다.

(62) a. *철수 순이를 만났다.
　　　b. *철수 순이를 사랑한다.
　　　c. *철수 순이를 때렸다.

이와 유사한 양상을 격조사 '의'가 보여준다. 명사구가 두 개의 논항을 취할 때, 내부논항의 격은 생략될 수 있다. 사실상 (64a-e)가 보여주듯이 내부논항에 '의'를 붙이게 되면 약간 어색한 표현이 된다.

(63) a. 철수의 파리 방문
　　　b. 철수의 파리 사랑
　　　c. 적군의 파리 공격
　　　d. 적군의 도시 파괴
　　　e. 경찰의 범인 체포
(64) a. ?철수의 파리의 방문
　　　b. ?철수의 파리의 사랑
　　　c. ?적군의 파리의 공격
　　　d. ?적군의 도시의 파괴
　　　e. ?경찰의 범인의 체포

한편 외부논항의 '의'는, 특히 내부논항이 격을 가지고 있는 경우에, 반드시 발음되어야 한다.

(65) a. *철수 파리의 방문
 b. *철수 파리의 사랑
 c. *적군 파리의 공격
 d. *적군 도시의 파괴
 e. *경찰 범인의 체포

이와 같은 행태는 속격 '의'가 다른 격과 마찬가지로 술어에 인접하면 생략될 수 있다는 인접조건을 준수한다는 것을 보여준다.[66]

반면 수식어미 '의'는 어떠한 경우에도 생략될 수 없다. 이러한 현상은 동사와 형용사를 명사수식어구로 만들어 주는 '은/는'이 어떠한 경우에도 생략될 수 없다는 것을 고려하면 자연스러운 현상이라고 말할 수 있다.

(66) a. 사랑하*(는) 사람
 b. 예쁘*(ㄴ) 여인
 c. 멋있*(는) 남자
 d. 놀고있*(는) 아이들

위의 논의에 따르면, 속격 '의'는 최후의 수단으로 삽입되는 격이며, 동음이의어로 수식어미 '의'가 존재한다. 명사 수식어미 '의'가 격조사로 쓰일 수 있는 현상은 일종의 문법화 현상으로 이해할 수 있을 것 같다. 다시 말하면, 명사 수식어미 '의'가 문법화 과정을 거쳐 속격 조사 '의'로 쓰이게 되었다고 추론해 볼 수 있다.

(67) 명사수식어 어미 '의' → 속격 '의'

---

[66] 한 가지 주의할 점은 여기서 '생략'이라는 말은 나타나지 않는다는 것을 의미하며, 문자 그대로 원래 있었던 것이 사라지는 것을 말하는 것은 아니다. 즉, 격이 원래 없었고, 이렇게 격이 없는 경우에 최후의 수단으로 격이 부여되게 되는데 인접한 경우에는 부여되지 않을 수 있다는 것이다. 즉, 이미 명사구에 술어가 붙어 있다면 격이 부여될 필요가 없다고 가정하는 것이다.

제2부
최후의 수단으로서의 생략

지금까지 우리는 통사적으로 도출된 산출물(output)이 형태음운론적인 이유로 비문이 될 위험성에 처했을 때, 최후의 수단으로 삽입을 통하여 보수가 될 수 있음을 보았다. 본 장에서는 최후의 수단으로 사용될 수 있는 방법은 삽입뿐 아니라 생략도 있음을 보이고자 한다. 즉, 제2부의 주요목적은 생략을 통하여 보수를 하는 통사 현상을 탐구하고자 하는 것이다.

삽입현상과 마찬가지로 생략현상은 음운부에서 많이 발생하는 현상이다. 외래어가 차용될 때 한국어의 음절구조는 CV(C)이기 때문에 CCC 구조를 가진 strike와 같은 단어를 발음하기 위해 모음을 삽입하여 '스트라이크'라고 발음을 한다고 언급한 바 있다. 음절구조에 대한 제약을 준수하는 또 다른 방법으로는 자음을 생략하는 방법이 있다. 예를 들어, psychology라는 단어를 영어로 차용할 때 문제가 되는 것은, 영어의 음운 규칙에 따르면 p음 다음에 s를 발음하는 것이 허용되지 않는다는 것이다. 이 경우에 모음을 삽입하여 [pisaikúlədʒ]라고 발음을 하거나 아니면 자음을 생략하여 [saikúlədʒ]라고 발음하게 되면 영어의 음절구조에 대한 제약을 준수할 수 있다. 그런데 영어에서 실제로 채택하고 있는 방법은 p음의 생략을 통하여 음절구조제약을 만족시키는 것이다. 경제성 원리를 고려했을 때, 삽입보다는 생략이 좀 더 경제적 방법이라고 생각할 수 있다.

그러나 삽입이냐 생략이냐를 결정할 때, 경제성 원리 외에 충실성 원리도 고려해야 한다. P음을 생략하면 경제성 원리를 준수하지만, 그렇게 되면 충실성 원리를 위반한다. 한편 P음을 발음하기 위해서 모음을 삽입한다면 충실성 원리는 준수하지만 경제성 원리는 위반하게 된다. 따라서 어떤 원리가 더 우선시 되느냐에 따라 삽입이 발생하기도 하고 생략이 발생하기도 한다.

음운/통사 접합부에서 발생하는 현상도 기본적으로 같은 맥락에서 이해할 수 있다는 것이 제2부에서 주로 보여주고자 하는 바이다. 예를 들어, 어떠한 논항에 격이 부여될 수 없을 때, 이를 보수하는 방법은 격을 최후의 수단으로 삽입하는 방법도 있고, 아니면 격이 없는 논항을 생략하는 방법도 있다. 또한 굴절어미가 자신의 지지대를 찾지 못하였을 때 이를 해결하는 방법은 의미가 없는 지지대를 최후의 수단으로 삽입하는 방법도 있고, 아니면 지지대가 없는 굴절어미를 생략하는 방법도 있다. 물론 이렇게 생략을 하는 경우에 복원가능성의 원리(Principle of Recoverability)를 준수하여야 한다. 제2부에서는 문장을 도출할 때 생겨나는 문제 부위를 도려냄으로써 정문을 만들어내는 책략을 탐구하고자 한다.

제8장 복원가능성의 원리(Principle of Recoverability)

　음운의 삽입이나 생략이 발생할 때, 경제성 원리와 충실성 원리가 작용한다는 것은 잘 알려진 사실이다. 이와 마찬가지로 단어나 형태소의 삽입과 생략도 경제성 원리를 준수하고, 또한 충실성 원리에 해당하는 복원가능성의 원리(Principle of Recoverability)를 준수한다. 특히 의미를 가진 요소를 생략할 경우에는 복원이 가능하지 않으면 어떠한 경우에도 생략이 가능하지 않다. 본 장에서는 복원가능성의 원리를 보여주는 대표적인 두 현상을 검토하고자 한다. 먼저 대명사가 포함된 동사구가 생략되는 경우 중의성이 생길 수 있는데 그 이유를 복원가능성의 측면에서 분석하며, 그 다음 분사구문에서 보여주는 주어의 분포에 관한 특이성을 복원가능성의 원리와 최후의 수단의 측면에서 설명하여 보기로 한다.

8.1 복원가능성의 원리와 대명사의 의미

　복원가능성의 원리를 구체적인 예를 들어 설명하여 보기로 하자. 예문 (1)에서 동사구가 생략이 될 수 있는 이유는 화자가 생각하기에 청자가 무엇이 생략되었는지를 알아낼 수 있다고 판단하기 때문이다.

(1) John will meet his wife, and Bill will too.

예문 (1)에서 생략된 부분의 선행사라고 말할 수 있는 요소는, 선행하는 절의 meet his wife이므로 meet his wife가 생략되었다고 볼 수 있다.

(2) John will meet his wife, and Bill will ⟨meet his wife⟩ too.

즉, 선행하는 동사구를 통하여 복원가능하다고 판단할 경우 동사구를 생략할 수 있다.

여기서 중요한 점은, 생략은 형태를 바탕으로 이루어지는 것이 아니라 의미를 바탕으로 이루어진다는 것이다. 이를 구체적인 예를 통하여 알아보기로 하자. 대명사 his는 결속(bound) 대명사로 쓰일 수도 있고 직시(deictic) 대명사로 쓰일 수도 있다. 결속대명사는 자기 자신의 의미를 가지고 있지 않으며, 자신의 의미는 자신을 성분통어(c-command)하는 선행사의 의미에 의존한다. 예를 들어, (3)에서 his가 결속대명사로 쓰였다면, 그것의 의미는 변항이라고 할 수 있으며, 그 변항의 의미는 everyone에 의하여 결정된다.

(3) a. Everyone likes his wife.
    b. Everyone λx[x likes x's wife]

한편 직시 대명사는 자기 자신의 고유한 의미를 가지고 있는 지시적인(referential) 대명사이다. 예를 들어, 다음과 같은 문장에서 his의 지시체(referent)는 화맥을 통하여 알 수 있는데, 이러한 용법의 대명사를 직시적(deictic) 대명사라고 부른다.[1]

(4) His wife is a teacher.

---

[1] 화맥을 통하여 의미를 알아낼 수 있는 표현을 직시적(deictic) 표현이라고 하고, 화맥을 통하여 의미를 알아내는 현상을 직시(deixis)라고 한다.

대명사의 중의성을 염두에 두고 예문 (1)로 돌아가 보자. 예문 (1)의 his는 중의적으로 해석될 수 있다. 즉, 결속대명사로 쓰일 수도 있고, 직시대명사로 쓰일 수도 있다. 먼저 선행절의 경우만을 고려하면 선행절은 his가 결속대명사냐 혹은 직시대명사냐에 따라서 다음과 같이 (5a-b)의 의미를 갖는다. (5a)가 보여 주듯이, 결속대명사의 의미는 변항 x이며, 이 변항의 의미가 선행사에 의하여 결정된다. 한편 직시적 대명사의 경우에는 스스로 지시적 의미를 가질 수 있기 때문에, (5b)에서 보여 주듯이 자기 자신의 지시적 지표를 가질 수 있다.

(5) a. John λx[x will meet x's wife]
   b. John$_i$ will meet his$_i$ wife.

여기서 중요한 점은 후행절의 대명사는 선행절 대명사의 의미적 속성을 그대로 물려받아야 한다는 것이다. 선행절이 결속대명사이면 후행절도 결속대명사이고, 선행절이 직시대명사이면 후행절도 그래야 한다는 것이다. 따라서 (6a)와 (7a)의 해석만 가능하다.

(6) a. John$_i$ λx[x will meet x's wife] &
      Bill$_j$ λx[x will meet x's wife]
   b. *John$_i$ λx[x will meet x's wife] &
      Bill$_j$ will meet his$_i$ wife]
(7) a. John$_i$ will meet his$_i$ wife &
      Bill$_j$ will meet his$_i$ wife
   b. *John$_i$ will meet his$_i$ wife &
      Bill$_j$ λx[x will meet x's wife]

즉, John과 Bill이 각자의 아내를 만나는 해석과 John과 Bill이 모두 John의 아내를 만나는 해석, 이 두 가지만이 가능한 해석이다. 예문 (1)에서 John과 Bill이 각자의 아내를 만나는 해석이 가능한 이유는 선행구나 생략구 모두 똑같이 λx[x will meet x's wife]라는 의미를 가지기 때문에 가능하다는 것이다. 요약하면, 생략을 할 때 가장 중요한 것은 복원가능성의 원리를 준수한다는 것이며, 복원가능성의 원리는 생략되는 요소와 의미적으로 똑같은 선행하는 요소가 존재할 때 준수될 수 있다.

사실상, 형태론적인 모습이 다를지라도 의미만 동일하면 생략은 가능하다. 예문 (8)에서 생략된 부분의 선행사는 love Tom's daughter이다. 그렇다고 해서 생략된 부분이 선행사와 똑같은 형태를 갖는다고 주장하면 문제가 발생한다. 왜냐하면, 그렇게 하면 (9a)에서 보듯이 결속조건 C 위반이 발생하기 때문이다.[2]

(8) John loves Tom's daughter, and he does too.
(9) a. *John loves Tom$_i$'s daughter, and he$_i$ does [love Tom$_i$'s daughter]
  b. John loves Tom$_i$'s daughter, and he$_i$ does [love his$_i$ daughter]

따라서 (8)에서 생략된 부분은, (9b)에서 보여주듯이, love his daughter라고 가정하여야 한다. 이렇게 생략은 형태가 달라도 의미만 같다면 가능하다. 즉, 통사-음운 접합부에서 말하는 복원가능성이란 의미의 복원가능성을 뜻한다.

---

[2] 물론 예문 (8)을 동사구 생략이 아니라 영 대동사구(zero pro-vP)가 병합된 경우라고 분석하는 방법이 있다. 즉, 명사구뿐 아니라 동사구도 대형(pro-form)이 있다고 가정하고, (8)에서 발음이 안 되는 부분은 이 대동사구가 병합되었다고 가정하는 것이다.

  (i) John loves Tom's daughter, and he does Ø$_{vP}$ too.

이러한 경우 선행사를 통하여 대동사구의 의미를 복원하게 되는데 이렇게 복원을 하는 과정에서 Tom은 his로 바뀌어야 한다. 아니면 결속조건 C를 위반하기 때문이다. 이와 같이 Tom이 his로 바뀌는 현상을 Fiengo와 May(1994)는 차량변경(Vehicle Change)이라고 부른다.

  (ii) a. *John loves Tom$_i$'s daughter, and he$_i$ does [love Tom$_i$'s daughter]
    b. John loves Tom$_i$'s daughter, and he$_i$ does [love his$_i$ daughter]

8.2 복원가능성의 원리와 분사구문의 주어 생략

영어의 경우, 주격은 정형절(finite) T가 부여한다. 만약 T에 정형굴절 어미가 없다면 격을 부여할 수 없다. (10a)에서 he는 주격을 받을 수 있지만 (10b-c)에서 종속절의 T는 정형이 아니라 격을 부여할 수 없기 때문에 주절의 경동사가 him에게 목적격을 부여한다.

(10) a. He arrived.
b. I expected him to arrive.
c. I saw him dancing.

이제 분사구문에서는 어떻게 격이 부여되는가를 알아보기로 하자. 예문 (11a-b)에서 being은 정형이 아니므로 격을 부여할 수 없다. 그럼에도 불구하고 John이나 it과 같은 명시적 주어가 실현된다.

(11) a. John being sick, his mother decided not to send him to school.
b. It being fine, John decided to go on a picnic.

논항은 격이 주어지지 않으면 발음이 될 수 없다. 따라서 (11a-b)에서 John과 it이 격을 부여받고 있다는 것은 틀림이 없다. 격 부여자는 없으나 격은 부여받고 있는 이상한 상황이 벌어진 것이다. 이러한 상황에서 격이 최후의 수단으로 부여되었다고 주장하면, 자연스럽게 (11a-b)를 설명할 수 있다.

(12) a. John being sick: John은 주절주어와 다르기 때문에 생략하면 복원 가능하지 않음. 따라서 최후의 수단으로 격 부여
b. John$_{[+Case]}$ being sick[3]

---

[3] 여기서 부여되는 격이 주격인지 아니면 목적격인지는 불분명하다. (11a)에서

격부여가 최후의 수단으로 이루어진다면, 복원 가능한 문맥에서는 반드시 생략이 되어야 하므로 격이 부여되어서는 안 된다고 예측할 수 있다. 이러한 예측대로, (13)에서 John이 발음되면, 그 문장은 비문이다. 주절주어와 분사구문 주어가 동일하면 분사구문의 주어는 반드시 생략되어야 한다.

(13) (*John) being sick, John decided not to go on a picnic.

그 이유는 격의 부여는 최후의 수단이기 때문이다.

(14) a. John being sick: John은 주절주어를 통해서 복원될 수 있으므로, 최후의 수단으로 John 생략
b. ~~John~~ being sick

분사구문의 주어가 주절주어를 통하여 복원이 가능한 이유는, 주절주어가 성분통어를 할 수 있는 곳에서 분사구문이 생성되기 때문이다. (15a), 즉 (16)에서 보듯이 분사구문은 주절의 vP에 부가된 곳에서 생성되므로, 주절 주어는 종속절 주어를 성분통어할 수 있다.

(15) a. John T [$_{vP}$ [$_{vP}$ decide not to go on a picnic] John being sick]: 분사구문 전치
b. John being sick [John T [$_{vP}$ [$_{vP}$ decide not to go on a picnic] ~~John being sick~~]]: 최후의 수단으로 John 생략
c. ~~John~~ being sick [John T [$_{vP}$ [$_{vP}$ decide not to go on a picnic]

John대신 격이 명시적으로 표시되는 대명사를 대치할 경우, him과 he모두 완벽한 문장을 만들어내지는 못한다.

(i) {?him/?he} being sick, his mother decided not to send him to school.

따라서 구체적으로 주격이 부여되는지 아니면 목적격이 부여되는지는 확실치 않다.

(16)　　　　　　~~John being sick~~]]　　　　(= 15a)

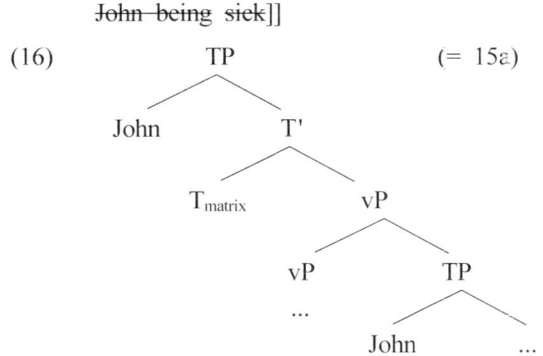

　(15b)에서 분사구문의 John은 격을 받을 수 없는 위치에 있는데, 이를 해결하는 방법은 최후의 수단으로 격을 부여하거나 아니면 최후의 수단으로 John을 생략하는 것이다. 생략을 하는 것이 복원을 하는 것보다 경제적이라고 할 수 있다. 그러나 생략은 복원가능성의 원리를 준수하여야 한다. (15c)에서 주절주어를 바탕으로 분사구문의 주어를 복원하는 것이 가능하므로 분사구문의 John은 최후의 수단으로 삭제된다.

　요약하면, 분사구문의 주어는 구조적으로 격을 부여받을 수 없다. 따라서 주어의 의미가 복원될 수 없으면, 최후의 수단으로 격이 삽입되고, 만약 복원될 수 있다면 반드시 생략되어야 한다.[4]

4　김광섭(2010b)에서는 이러한 주장을 통제 구문에까지 확대하고 있다.

제9장 최후의 수단과 통사-음운접합부와 논리형태부(LF)에서의 복사본 생략
(Copy Deletion)

지배결속이론과 같은 최소주의의 이전 이론에서는, '이동'이란 문자 그대로 어떠한 단어나 구가 움직이는 것을 의미하였다. 즉, 단어나 구가 제자리에 흔적을 남기고 위치이동을 한다는 것을 의미하였다. 그러나 최소주의에서는 이러한 이동을 복사이론(copy theory)으로 재해석하고 있다. 복사이론에 의하면 이동이란 복사(copy)와 병합(merge)으로 이루어져 있다는 것이다.[5]

(1) 이동 = 복사와 병합

이렇게 이동이 복사와 병합으로 이루어져 있으면, 이동이 발생할 경우 여러 개의 복사본이 만들어지게 되고, 여러 개의 복사본 중에서 단 하나의 복사본만이 발음(pronounce)되고 해석(interpret)된다. 즉, 선택되지 않은 나머지 복사본은 통사-음운 접합부와 논리형태부에서 생략된다. 본

---

[5] 이러한 주장을 하게 되면 이동도 또한 일종의 병합이라는 주장을 할 수 있다. 즉, 전통적인 병합은 외부병합(external merger)이며, 이동은 내부병합(internal merger)이라고 할 수 있다. 외부병합이란 구조 바깥에 있는 어휘를 사용하여 병합을 한다는 것을 의미하고, 내부병합은 구조내의 요소를 복사하여 병합을 한다는 것을 의미한다.

장에서는 최후의 수단이라는 시각에서 통사-음운 접합부와 논리형태부에서의 복사본 생략현상을 탐구하고자 한다.

9.1 복사이론과 재구효과

Chomsky(1995)가 복사이론을 처음 주장하게 된 가장 큰 동기는 재구효과(reconstruction effects) 때문이다. 다음 문장에서 John과 he가 동일인을 지시한다면 비문이 된다.

(2) *Whose brother of John$_i$ does he$_i$ seem to like e?

예문 (2)가 보이는 현상은, brother of John이 이동하기 전의 자리로 되돌아갔다고 가정하면 설명할 수 있다. 왜냐하면 he가 이동전의 자리를 성분통어하기 때문이다. 이와 같이 이동한 요소가 마치 이동전의 자리로 되돌아 간 듯한 현상을 보일 수 있는데, 이를 재구효과라고 부른다. 재구효과를 기존의 흔적(trace)이론으로 설명하자면 여러 가지 문제점이 발생한다. 흔적이론 하에서 위의 재구효과를 설명하는 방법 중의 하나는, 이동해 나간 요소가 논리형태(LF) 층위에서 다시 이동하기 전의 자리로 이동해간다고 주장하는 것이다.

(3) a. Whose brother of John$_i$ does he$_i$ seem to like t: 재구(reconstruction)
    b. Wh does he seem to like brother of John

(3a)에서 말하는 재구란 하강(lowering)을 의미하는데, 하강이라는 규칙을 논리형태부에서 적용시키게 되면, 여러 가지 부담을 떠안게 된다. 따라서 재구라는 것을 실제로 문자 그대로 받아들이는 학자는 거의 없으며, 재구라는 말 대신에 재구효과라는 용어를 주로 사용하고 있다.

하강이라는 규칙을 이용하지 않고 재구효과를 포착하는 한 가지 방법은, 결속조건이 적용되는 층위가 논리형태부가 아니라고 주장하는 것이다. 예를 들어, Riemsdijk과 Williams(1981)가 주장하듯이, 먼저 결속조건(Binding Condition) C는 명사구이동(NP-movement)이 일어난 뒤에 적용된다고 가정하는 방법이 있다.[6]

(4) a. T seem to he like whose brother of John$_i$: 명사구 이동
 b. he$_i$ T seem to like whose brother of John$_i$: 결속조건 적용 그리고 의문사 이동
 c. whose brother of John$_i$ he$_i$ T seem to like

즉, 명사구이동이 일어난 직후 그리고 의문사이동이 일어나기 직전에 결속조건 C가 적용된다면, 왜 문장 (2)가 결속조건 C를 위반하는 효과를 보이는지를 설명할 수 있다. Williams는 명사구(NP) 이동으로 인하여 만들어진 구조를 NP-구조라고 명명하고 결속조건 C는 이 NP-구조에서 적용된다고 주장하고 있다. 예문 (5b)는 결속조건 C가 명사구 이동 후에 적용된다는 것을 보여준다.

---

[6] 결속조건 A, B, C는 일반적으로 다음과 같이 정의된다.

 (i) a. 결속조건 A: 재귀사는 일정 영역 안에서 결속되어야 한다.
 b. 결속조건 B: 대명사는 일정 영역 안에서 결속되어서는 안 된다.
 c. 결속조건 C: 고유명사와 같은 지시적 표현(R-expression)은 결속되어서는 안 된다.

(ia-b)에서 나오는 '일정 영역'이라는 표현은 애매한 표현이다. '일정 영역'을 어떻게 규정할 것인가는 그리 만만한 일이 아니기 때문에, 애매한 '일정 영역'이라는 표현을 사용하고 있는 것이다. 이러한 문제점을 해결하기 위해, Hornstein(2001)은 '가장 가까운 명사구'라는 개념과 이동(movement)을 이용하고 있다. 즉, Hornstein은 결속조건 A는 '재귀사는 가장 가까운 명사구에 의하여 결속되어야 한다', 그리고 결속조건 B는 '대명사는 가장 가까운 명사구에 의하여 결속되어서는 안 된다'라고 일반화 하고 있다. 또한 이러한 일반화를 이동을 활용하여 도출하려는 시도를 하고 있다.

(5) a. seems to him_i to be John_i's wife beautiful: 명사구 이동
    b. John_i's wife seems to him_i to be beautiful.

(5a)에서 보듯이 명사구가 이동하기 전에는 him이 John을 성분통어하지만,7 명사구 이동이 일어난 구조인 (5b)에서는 him이 John을 성분통어할수 없다. 예문 (5)는 정문이므로, 결속조건 C는 명사구 이동 후, 의문사이동이 발생하기 전에 적용된다고 말할 수 있다.

NP-구조에 기반을 둔 이론은 몇 가지 문제점이 봉착한다. 그 중 제일심각한 문제는 결속조건 A는 결속조건 C와는 다른 행태를 보인다는 것이다. 예문 (6)에서 himself는 John을 선행사로 취할 수 있는데, 이를 설명하기 위해서는 pictures of himself가 명사구 이동(NP-movement)을 하기전에 결속관계를 맺는다고 주장하여야 한다.

(6) Pictures of himself_i seem to John_i to be nice.

따라서 결속조건 C는 명사구 이동 후에 그리고 결속조건 A는 명사구이동 전에 적용된다고 가정하여야 한다. 이러한 주장에 따르면 문장을생성하는 과정에서 최소한 세 개의 층위를 가정하여야 한다. 즉, 심층구조, NP-구조, S-구조 등을 가정하여야 하는데, 최소주의에서 강력하게 주장하고 있는 것 중의 하나가, 층위는 인접면(interface)에서만 존재한다는 것이다. 언어란 소리와 의미의 쌍(pair)이라고 생각할 때, 음운부(PF level)와

---

7 (i)에서 him이 John을 성분통어한다는 것은 (ii)에서 him과 John이 동지시를 할수 없다는 사실로 알 수 있다.

(i) seems to him [John's wife to be beautiful]
(ii) *It seems to him_i that John_i's wife is beautiful.

여기서 떠오르는 한 가지 의문점은 왜 to가 있음에도 불구하고 성분통어관계가성립될 수 있느냐 하는 것이다. 이를 해결하기 위해서 우리는 to가 핵을 형성하지만 일종의 격이라고 가정하는 방법이 있다. 즉, 여격을 주는 핵이라고 가정하는것이다.

논리형태부(LF level)가 존재한다는 것을 인정하는 것은 반드시 필요하다. 그러나 그 나머지 층위가 존재한다는 것을 증명하기 위해서는 수많은 경험적 증거가 필요하다. Chomksy(1995)에 따르면, 음운부와 논리형태부 층위이외의 층위를 설정해야할 독자적인 증거는 없으며, 역으로 음운부와 논리형태부 층위만 존재한다는 것을 부정할 수 있는 경험적 증거가 존재하지 않는다는 것이다. 결론적으로 NP-구조에 기반을 둔 제안은 타당하지 않다고 할 수 있다.

한편, 복사이론을 적용하게 되면, 오직 통사-음운 접합부와 논리형태부 층위만 존재한다고 가정하고 재구효과를 설명할 수 있다. 복사이론에 따라 문장 (2)를 도출하여 보기로 하자. (7a)에서 C는 whose brother of John과 병합하는 것이 필요하다. 이럴 경우 whose brother of John을 복사한 뒤 C'와 병합한다. 이렇게 복사이론에 따라 문장을 생성하게 되면 whose brother of John이 두 번 나오게 된다.

(7) a. does he$_i$ seem to like whose brother of John$_i$: 복사 및 병합
    b. whose brother of John$_i$ does he$_i$ seem to like whose brother of John$_i$

두 개의 복사본을 다 발음하거나 해석할 수는 없으므로, 통사-음운 접합부에서 발음할 때 그리고 논리형태부에서 해석을 할 때, 생략이 발생해야 한다. 통사-음운 접합부에서는 거의 예외 없이 아래쪽에 있는 복사본이 생략되는데 반하여, 논리형태부에서는 운용자인 whose만 이동한 자리에서 해석되며, brother of John은 제자리에서 해석된다.

(8) a. whose brother of John$_i$ does he$_i$ seem to like whose brother of John$_i$: PF에서의 생략[8]

---

[8] 여기서 말하는 PF는 통사-음운 접합부를 말한다.

    b. PF: whose brother of John$_i$ does he$_i$ seem to like ~~whose brother of John$_i$~~

(9) a. whose brother of John$_i$ does he$_i$ seem to like whose brother of John$_i$: LF에서의 생략

    b. LF: whose ~~brother of John$_i$~~ does he$_i$ seem to like ~~whose~~ brother of John$_i$

이러한 주장에 따르면, 왜 (2)에서 he가 whose brother of John을 성분통어(c-command)하지 못함에도 불구하고 결속조건 C 위반효과를 보이는지 설명할 수 있다. 통사-음운 접합부의 모습은 (8b)와 같지만 논리형태의 모습은 (9b)와 같기 때문에 재구효과가 나타난다고 주장하는 것이다. (9b)에서는 he가 John을 성분통어하므로, 만약 두 표현이 동일지표를 갖는다면 결속조건 C를 위반한다.

복사이론에서 제기되는 가장 중요한 문제는 왜 음운부 표지인 (8b)에서는 아래쪽의 복사본이 생략되며, 논리형태 표지인 (9b)에서는 whose brother of John이 분열되어서 해석되느냐 하는 것이다. 본 장에서는 이러한 현상을 최후의 수단의 시각에서 설명하고자 한다.

9.2 통사-음운 접합부에서의 복사본 생략

이동이 일어나면 복사본이 복수로 생기게 되고 이렇게 생겨난 복사본은 통사-음운 접합부와 논리형태부에서 생략된다. 통사-음운 접합부에서 복사본을 생략할 때 제기되는 주요 문제는 다음과 같다.

    (10) 첫째, 왜 하나의 복사본만이 발음되는가?
           둘째, 왜 가장 상위의 복사본이 발음되는가?

셋째, 왜 어떤 경우에는 분열하여 발음하는 것(split spell-out)이 가능한가?

이동이 일어나면, 거의 모든 경우에 (i) 하나의 복사본만이 발음되며, (ii) 또한 가장 상위의 복사본이 발음되지만, (iii) 일부 문장에서는 하나의 구성소가 분열(split)되어 발음되기도 한다. 즉, 일부는 상위복사본 자리에서 발음되고 일부는 하위 복사본 자리에서 발음되는 경우가 있다.[9] 이와 같은 세 가지 현상이 왜 발생하는지를 설명하여 보기로 하자.

Chomsky(2013)는 첫 번째 질문에 대해 경제성 원리로 답변한다. '가능한 한 적게 발음하라'라는 경제성 원리 때문에 단 하나의 복사본만 발음한다고 Chomsky는 주장하고 있다.[10] 여기서 주목할 것은 '가능한 한'이라는 수식어이다. 만약 단 하나의 복사본을 발음하는 것이 가능하지 않다면 두 개의 복사본을 발음할 수도 있다는 것을 암시한다. 우리는 이미 한국어의 강조 구문에서 중첩현상이 있음을 보았다. 한국어의 경우 핵이동을 통하여 술어와 시제가 병합하게 된다. 즉, 한국어에서는 술어가 시제 쪽으로 핵이동을 한다. 이렇게 핵이동을 하게 되면 두 개의 복사본이 만들어지게 되지만, 일반적으로 하나의 복사본만이 발음된다. 문제는 (11b)에서 '기는'도 접사이고 '다'도 접사라는 것이다. 따라서 하위복사본이든 상위복사본이든 간에 생략을 하게 되면 접사좌초금지조건 때문

---

[9] 이러한 종류의 예외뿐 아니라 다른 종류의 예외도 존재한다. Polinsky와 Potsdam (2002)에 따르면 후행통제(backward control) 구문의 경우 하위의 복사본이 발음된다고 한다.

[10] Nunes (1999, 2004)는 복사본이 생략되는 이유를 Kayne(1994)의 선형상응공리 (Linear Correspondence Axiom, LCA)때문이라고 주장한다. Kayne의 선형상응공리에 의하면 만약 A가 B를 비대칭적으로 성분통어하면 음운부에서 A는 B보다 선행한다. 만약 이동을 통하여 두 개의 복사본이 생기게 되면, 상위의 복사본이 하위의 복사본을 비대칭적으로 성분통어하게 된다. 따라서 선형상응공리에 의하면, 하나의 구성소가 자신보다 선행하고, 또한 자신보다 후행한다는 모순된 결과를 낳는다. 그러므로 하나의 복사본을 제외하고 나머지는 모두 생략되어야 한다는 것이 Nunes의 주장이다.

에 비문이 만들어진다.

(11) a. 영희가 예쁘기는 다: 핵 이동
 b. 영희가 예쁘기는 예쁘 다: 접사좌초금지조건 때문에 두 개의 복사본 발음
 c. 영희가 예쁘기는 예쁘다

이러한 접사좌초금지조건을 준수하기 위하여, (11c)에서처럼 최후의 수단으로 두 개의 복사본이 모두 발음되게 된다. 가능하면 하나의 복사본만 발음해야 하지만, (11c)에서는 하나의 복사본만 발음하는 것이 가능하지 않기 때문에, 경제성 원리를 위반하면서 두 개의 복사본을 발음하는 것이다.

이제 두 번째 질문에 대하여 생각해 보기로 하자. 왜 가장 상위의 복사본이 발음되는가 하는 것이 두 번째 질문이었다. 의문사가 이동하는 이유를 설명하는 방법은 여러 가지가 있다. 그 중 한 가지 방법은, Bošković (2007, 2012)가 주장하는 것처럼, wh-어구는 비해석적(uninterpretable) Q-자질을 가지고 있으며, 이 비해석적 Q-자질, 즉 [uQ]를 생략시키기 위해 이동이 발생하며, 해석적 Q-자질을 가지고 있는 C와 병합될 때 wh-어구의 비해석적 Q-자질이 생략된다고 가정하는 것이다.

(12) a. 비해석적 자질은 반드시 삭제되어야 한다. 그렇지 않으면 도출은 파경을(crash) 맞는다.
 b. 이동은 파경을 맞지 않기 위해 최후의 수단으로 발생한다.

예를 들어, who$_{[uQ]}$는 비해석적 자질을 가지고 있기 때문에 vP 국면이 형성이 되면 최후의 수단으로 vP 국면의 모서리로 이동하게 되고, 그 다음 CP 국면이 형성이 되면 또 다시 CP 국면의 모서리로 이동해 나가게 된다. 이렇게 순환적 이동을 통하여 C의 SPEC자리에 가게 되면, C가 해석적 Q-자질을 가지고 있기 때문에 이를 바탕으로 who의 비해석적

자질은 지워진다.

(13) Who do you like?
(14) a. [$_{vP}$ you [v like who$_{[uQ]}$]]: who가 vP-국면의 모서리로 이동
b. [$_{vP}$ who$_{[uQ]}$ [$_{vP}$ you [v like who$_{[uQ]}$]]]: T와의 병합, 주어 상승, 그리고 C$_{[Q]}$와의 병합
c. [C$_{[Q]}$[you T [$_{vP}$ who$_{[uQ]}$ [$_{vP}$ you [v like who$_{[uQ]}$]]]]]: who가 C의 SPEC자리로
d. [who$_{[uQ]}$ C$_{[Q]}$[you T [$_{vP}$ who$_{[uQ]}$ [$_{vP}$ you [v like who$_{[uQ]}$]]]]]

(14d)에는 세 개의 who 복사본이 있다. 이중에서 경제성 원리에 의하여 단 하나의 복사본만을 발음해야 한다면 상위의 복사본을 발음하는 것이 경제성 원리에 부합된다. 그 이유는 vP의 SPEC에 있는 who와 의미역자리에 있는 who는 모두 비해석적 Q-자질을 가지고 있으므로, 이 복사본들은 비합법적 복사본들이기 때문이다. 따라서 최종 도착지에 있는 who가 발음되게 된다.[11]

위와 같은 접근 방법이 옳다면, 우리는 왜 이동은 항상 최종 목적지에까지 도달해야 하는지를 설명할 수 있다. 아래 문장에서와 같이 who가 문두에까지 이동하지 않고 종속절에 머무르게 되면, (16)에서 보여주듯이, who의 비해석적 자질을 지울 수 없다. 따라서 (15)는 비문이 된다.

(15) *you think who John loves?
(16) you think [who$_{[uQ]}$ C [John T [$_{vP}$ who$_{[uQ]}$ [$_{vP}$ John [v love who$_{[uQ]}$]]]]]

---

[11] 만약 최종 도착지에 있는 who만 비해석적 자질을 가지고 있지 않고 하위 복사본들은 비해석적 자질을 가지고 있다고 가정한다면, 왜 단 하나의 복사본만이 발음되는지를 경제성 원리에 의존하지 않고도 설명할 수 있다. 왜냐하면, 상위복사본을 제외한 나머지 복사본은 모두 비합법적 복사본이므로 이들이 생략이 되지 않으면 어차피 비문이 만들어지기 때문이다.

한편 메아리의문문(echo-question)에서 의문사는 이동하지 않는다. 이러한 현상은 메아리의문문의 의문사는 비해석적 자질을 가지고 있지 않기 때문에 이동하지 않는다고 말하면 설명할 수 있다.

    (17) You like who?

메아리 의문문이 아니더라도 이동을 할 수 없는 경우가 있다. (18)과 같은 문장에서 what은 전혀 움직일 수 없다.

    (18) Who bought what?

이와 같은 현상은 앞의 who는 uQ를 가지고 있지만 뒤의 what은 uQ를 가지고 있지 않다고 말할 수 있다.

    (19) [who~~[uQ]~~ C$_{[Q]}$[who$_{[uQ]}$ T [$_{vP}$ who$_{[uQ]}$ [v buy what]]]]

다음과 같이 who와 what이 모두 uQ를 가지고 있으면, 비문이 도출될 수밖에 없다.

    (20) [who~~[uQ]~~ C$_{[Q]}$[who$_{[uQ]}$ T [$_{vP}$ who$_{[uQ]}$ [v buy what$_{[uQ]}$]]]]

영어의 경우 C의 SPEC자리에는 단 하나의 의문사만이 위치할 수 있으므로, (20)에서 what은 C의 SPEC자리로 이동할 수 없고 그렇다면 uQ를 지울 수 없기 때문에 비문이 형성될 수밖에 없는 것이다.

  물론 앞의 who가 uQ를 갖지 않고 뒤의 what이 uQ를 갖는 것이 가능하다.

    (21) a. [C$_{[Q]}$[who T [$_{vP}$ what$_{[uQ]}$ [$_{vP}$ who [v buy what$_{[uQ]}$]]]]]: what 이동
        b. *[what~~[uQ]~~ C$_{[Q]}$[who T [$_{vP}$ what$_{[uQ]}$ [$_{vP}$ who [v buy what$_{[uQ]}$]]]]]

그러나 what이 who를 넘어서 C의 SPEC자리로 가는 것은 최소거리 이동 (Shortest Move) 원리에 의하여 배제된다. 최소거리 이동 원리에 의하면 C에 제일 가까운 거리에 있는 wh-어구가 이동을 하여야하기 때문에 who보다 C에서 멀리 떨어져 있는 what이 이동하는 것은 허용되지 않는다. 다시 말해, who가 what의 이동을 막는다고 할 수 있다.

(22) *What did who buy?

한 가지 재미있는 사실은 which NP는 최소거리 이동 원리를 준수하지 않아도 되는 것으로 알려져 있다.

(23) Which book did which student buy?

Which book처럼 담화와 연결된(D-linked) 표현은 최소거리 이동 원리를 준수하지 않는 듯하다.

이제 세 번째 질문에 대해 검토해 보기로 하자. 지금까지 우리는 제일 상위의 복사본이 발음되는 현상을 살펴보았다. 복사본 생략과 관련하여 재미있는 현상은 하나의 복사본이 두 조각이 난 상태로 발음될 수 있다는 것이다. 예를 들어, what hope of finding survivors라는 의문사구가 이동을 하게 되면 (24a)와 같이 제일 상위의 복사본이 발음이 되기도 하지만, (24b)에서와 같이 what hope만 위쪽에서 발음이 되고 of finding survivors는 아래쪽에서 발음되기도 한다.

(24) a. What hope of finding survivors could there be?
     b. What hope could there be of finding survivors?

이와 같이 이동해 나간 의문사구가 왜 두 조각으로 분열되어 발음되는가 하는 것이 세 번째 질문이었다.[12] 두 조각으로 발음을 하게 되면 두 번의 생략이 발생하여야 한다. (25)에서 보는 것처럼 먼저 상위복사본의 of finding survivors를 먼저 지우고 그 다음 하위복사본의 what hope를 지워야 한다.

 (25) what hope ~~of finding survivors~~ could there be ~~what hope~~ of finding survivors?

이와 반면에 일반적인 경우에는 (26)에서와 같이 하위복사본을 한 번만 지우면 된다.

 (26) what hope of finding survivors could there be ~~what hope of finding survivors~~?

따라서 생략의 횟수와 관련하여 경제성을 생각하면 분열발음은 비경제적인 방법이라고 말할 수 있다. 분열발음의 한 가지 장점은 문법관계를 쉽게 이해할 수 있다는 것이다. 모든 의문사는 두 가지 기능을 한다. 예를 들어, (24a-b)에서 what hope of finding survivors는 질문의 대상이라는 기능과 함께 동사 be의 보충어 역할을 하게 된다. 하나의 요소가 두 군데로 나뉘어져 있으면 그 두 가지의 역할을 좀 더 명시적으로 보여줄 수 있다. 요약하면, 생략의 경제성 원리를 고려하면 분열하여 발음하지 않는 것이 좋고, 문법관계를 좀 더 쉽게 보여주려면 분열하여 발음하는 것이 좋다.

 지금까지 복사본의 생략을 논의하면서 네 가지의 제약을 소개하였다. 그 네 가지를 크게 나누자면 위반할 수 없는 조건과 위반할 수 있는 조건으로 나눌 수 있다. 복원가능한 요소만 생략하여야 한다는 조건이나, 비해석적 자질이 인접부(interface)에서 존재하면 안 된다는 것은 위반할 수

---

12 두 조각으로 발음이 되는 이유가 what hope만이 이동해 나갔기 때문이라고 생각할 수도 있으나 그러한 가능성은 접어두기로 하겠다.

없는 조건이다.

(27) 위반할 수 없는 조건
    a. 복원가능성의 원리(Principle of Recoverability): 복원가능한 요소만 생략할 수 있다.
    b. 비해석적 자질 금지조건(No Uninterpretable Feature Condition, No UF Condition): 비해석적 자질은 인접부에서 존재하면 안 된다.

위반할 수 있는 조건으로는 Chomsky가 제안한 발음 경제성 원리, 생략 경제성 원리, 해석 효율성 원리 등이 있다.

(28) 위반할 수 있는 조건
    a. 발음 경제성 원리(Pronounce Economy): 가능한 한 적게 발음하라.
    b. 생략 경제성 원리(Deletion Economy): 가능한 한 적게 생략하라.
    c. 해석 효율성 원리(Parsing Efficiency): 최종 도착지의 복사본과 최초 출발지의 복사본을 표시하라.

이들 제약들은 서로 상충되는 것을 요구하기도 한다. 예를 들어, 발음 경제성 원리와 생략 경제성 원리는 서로 반대되는 것을 요구한다. 발음을 적게 하려면 생략을 많이 해야 하고, 생략을 적게 하면 발음을 많이 하여야 한다. 따라서 이들 제약들 사이에는 우선순위가 존재한다. 영어의 경우에는 (29)와 같은 우선순위를 가지고 있는 듯하다.

(29) 우선순위
    복원가능성의 원리, 비해석적 자질 금지조건 >> 발음 경제성 원리 > 생략 경제성 원리, 해석 효율성 원리

(29)에서 보여 주듯이, 만약 생략 경제성 원리와 해석 효율성 원리가 같은 위계에 속한다면 왜 (25)와 (26), 즉 (30)과 (31)이 모두 정문인지를 설명할 수 있다.

(30) what hope ~~of finding survivors~~ could there be ~~what hope~~ of finding survivors?

(31) what hope of finding survivors could there be ~~what hope of finding survivors~~?

표 (32)에서 보여주듯이, 생략 경제성 원리와 해석 효율성 원리가 동급의 제약이라면 (30)과 (31)이 모두 최적의 산출물이다.

(32)

	No UF Condition	Pronounce Economy	Deletion Economy	Parsing Efficiency
a. ☞what hope of finding survivors ...~~what hope of finding survivors~~				*
b. ☞what hope ~~of finding survivors~~ ... ~~what hope~~ of finding survivors			*	
c. what hope of finding survivors ...what hope of finding survivors	*	*		
~~what hope of finding survivors~~ ...what hope of finding survivors	*			*

음운부에서는 조작금지조건(No Tampering Condition)을 어길 수 있다는 것이 잘 알려진 사실이다. 어떠한 요소도 삽입하거나 생략하여서는 안 되지만, 음운부에서는 최후의 수단으로 그러한 조건을 어김으로써 정

문을 만들어 낼 수 있다. 이와 마찬가지로 통사-음운 접합부에서도 발음 경제성 원리, 생략 경제성 원리, 그리고 해석 효율성 원리 등을 최후의 수단으로 어길 수 있다는 것이다. 즉, 이러한 제약을 어기는 것도 일종의 최후의 수단이라고 말할 수 있다. 이러한 조건들을 준수하자면 통사-음운 접합부에서 적형식의 문장을 만들어 낼 수 없는데 그러한 조건을 포기함으로써 정문을 만들어 낸다는 측면에서 최후의 수단이라고 말할 수 있다.

9.3 논리형태부(LF)에서의 복사본 생략

9.2에서는 이동으로 인하여 만들어진 여러 복사본을 어떠한 원리에 의하여 음운부에서 생략하는가를 알아보았다. 이제 논리형태부에서는 어떤 원리로 복사본을 생략하는지를 간단하게 알아보기로 하자. 앞에서 언급한 바와 같이, Chomsky(1995)는, (33)이 비문인 이유가 (33)이 (34)와 같은 논리형태 표상(LF representation)을 갖기 때문이라고 주장한다.

(33) *Whose brother of John$_i$ does he$_i$ like e?
(34) whose x does he$_i$ like x brother of John$_i$

이러한 주장이 타당성을 확보하려면, 왜 brother of John은 이동한 곳에서 해석되지 않고 원래의 자리에서 해석되는가라는 질문에 대해 만족할 만한 설명을 해주어야 할 것이다. Chomsky(1995)는 재구효과가 나타나는 이유가 운용자(operator)만 운용자 자리에 나와야하기 때문이라고 주장한다. Which나 every와 같은 요소를 운용자 혹은 비논항(A')적 요소라고 하는데, 이들 운용자는 논리형태부에서 SPEC-C와 같은 운용자 자리, 즉 A'-자리에 나와야 하며, 될 수 있으면 운용자만이 운용자 자리에 나와야 한다는 것이다.

    (35) 우선 원리(Preference Principle)
          운용자 자리에 있는 제한부를 최소화시키려고 노력하라.

예문 (33)에서 whose brother of John은 whose라는 운용자와 brother of John이라는 제한부로 이루어져 있는데, (35)에 따르면 whose만 운용자 자리인 C의 SPEC자리에 남아있고, 제한부인 brother of John은 원래의 자리에서 해석하는 것이 좋다는 것이다.

  (35)의 우선원리에서 특이한 점은 '노력하라'라는 표현이 들어가 있다는 것이다. 될 수 있으면 그렇게 하고, 안되면 위반을 해도 된다는 뜻이다. 그렇게 '될 수 있으면'이라는 표현을 쓸 수밖에 없는 이유는 다음과 같은 문장에서는 제한부가 A'-자리에서 해석된다고 인정해야하기 때문이다.

    (36) Bill wondered which picture of himself Mary saw.

제한부인 picture of himself가 (35)에 따라 이동하기 전의 자리에서 해석되어야 한다고 가정하여 보자.

    (37) Bill wondered which Mary saw picture of himself.

그렇다면 himself는 Bill을 선행사로 취할 수 없다고 예측하게 된다. 왜냐하면 (38)에서 보듯이 Bill과 himself사이에 다른 명사구에 끼여 있으면 서로 결속관계를 맺을 수 없기 때문이다.

    (38) *Bill thinks that Mary saw a picture of himself.

문제는 (36)에서 himself가 Bill을 선행사로 취할 수 있다는 것이다. 이는

himself가 재구되지 않을 수 있다는 것을 의미한다. 이를 해결하기 위해 Chomsky는, (39)에서 self가 선행사를 찾기 위해 이동해 나갈 수 있으며, 이렇게 self가 이동하면, picture of him이 재구될 수 없다고 주장한다.

(39) Bill [wondered-self] which picture of ~~himself~~ Mary saw.

이렇게 재구가 될 수 없는 상황에서는 제한부가 운용자 자리에서 해석이 되어도 무방하다는 것이 Chomsky의 주장이다.

위의 Chomsky의 주장을 다음과 같이 재해석할 수 있다. 예문 (33)에서 whose brother of John이 이동한 이유는 whose 때문이다. 나머지 요소인 brother of John은 동반이동(pied-piping)을 한 경우이다. 동반이동을 한 요소는 통사적인 이유로, 할 수 없이 이동해 나간 경우이므로 논리형태부에서는 이동하기 전의 자리에서 해석되어야 한다고 주장할 수 있다.

(40) 재구원리
동반이동을 한 요소는 반드시 이동하기 전의 자리에서 해석되어야 한다.[13]

재구원리 (40)이 Chomsky의 우선원리 (35)와 다른 점은, (40)에서는 C의 SPEC자리가 최소화되어야 한다는 제약을 주지 않는다는 것이다. 즉, C의 SPEC자리에 제한부가 있을 수 있는 여지를 남겨 둔다는 것이다. 이렇게 하면, '될 수 있으면' 혹은 '노력한다'와 같은 옹색한 표현을 쓸 필요가 없게 된다. 예를 들어, (33)과 같은 문장은 복사이론에 따르면 다음과 같은 표상을 갖는다.

(41) whose brother of John$_i$ does he$_i$ like whose brother of John?

---

[13] 이 제약은 김광섭(1998)에서 제안한 일치원리(Matching Principle)를 좀 더 단순하게 수정한 것이다.

여기서 동반이동을 한 요소는 이동하기 전의 자리에서 해석이 되므로 (42a)와 같은 표상을 갖게 된다. 즉, whose를 제외한 brother of John은 이동 이전의 자리에서 해석이 되게 된다. (42a) 표상에서 brother of John이 두 곳에서 해석이 된다면 경제성 원리를 위배하게 되므로 C의 SPEC 자리에 있는 brother of John은 생략된다.

(42) a. whose brother of John$_i$ does he$_i$ like ~~whose~~ brother of John?
b. whose ~~brother of John$_i$~~ does he$_i$ like ~~whose~~ brother of John

이제 (36)의 경우를 살펴보기로 하자. Which picture of himself가 C의 SPEC 자리로 이동한 다음 self가 wonder로 이동하였다면 다음과 같은 표상을 가질 것이다.

(43) a. [C Mary saw which picture of himself]: 의문사 이동
b. [which picture of himself C Mary saw which picture of himself]: wondered, Bill 등과의 병합
c. Bill wondered which picture of himself Mary saw which picture of himself: self가 wonder로 이동
d. Bill wondered-self which picture of himself Mary saw ~~which picture of himself~~.

Self는 (43a-b)에서는 동반이동을 하였지만, (43c-d)에서는 동반이동을 하지 않고 자력으로 이동을 하고 있다. (40)의 재구원리에 의하면 동반이동을 한 요소만 이동하기 전의 자리에서 해석되므로 self는 이동전의 자리에서 해석되지 않는다. 그렇다면, 예문 (36)의 논리형태부 표상은 (44)와 같다고 말할 수 있다.

(44) Bill wondered-self which ~~picture of himself~~ Mary saw ~~which~~ picture of himself.

요약하면, 논리형태부에서 복사본이 생략되는 기본원리는 동반이동을 한 요소는 이동하기 전의 자리에서 해석된다는 것이다.[14]

---

[14] A-이동의 재구효과에 대하여는 김광섭(2015c) 참조.

제10장 국부조건(locality condition) 위반과 생략에 의한 보수

Lasnik(2002, 2010), Lasnik과 Fox(2003) 그리고 Merchant(2003)는 통사적 위반, 특히 국부조건위반이 생략에 의하여 보수될 수 있다고 주장한다. 이러한 견해에 따르면, 국부조건을 위반하는 경우 통사부에서는 전혀 문제가 되지 않지만, 음운부에서 문제가 생기게 되며, 이렇게 생긴 문제는 음운부에서 최후의 수단으로 생략을 하게 되면 정문을 얻는다는 것이다. 본 장에서는 이러한 생략에 의한 보수(repair-by-ellipsis)설과 관련된 쟁점을 소개하고 해결책을 제시하고자 한다.

10.1 생략에 의한 보수

(1b)에서 보여 주듯이, 예문 (1a)는 두 번째 절에서 TP인 I believe the claim that he bit t이 생략되어 만들어진 구문이라고 가정하여 보자.

(1) a. I believe the claim that he bit someone, but they don't know who.
 b. I believe the claim that he bit someone, but they don't know who ~~I believe the claim that he bit t~~

이러한 가정 하에서는, but-절의 who는 the claim이라는 DP를 넘어서 C의

SPEC자리로 이동하여야 한다. 이러한 이동은 하위인접조건(Subjacency Condition)을 위반하는 이동이다. Lasnik에 따르면 하위인접조건은 이동하는 과정에서 적용되지 않으며, 음운부에서 적용되는 조건이라고 주장한다. 따라서 문제가 되는 부분을 생략하면 정문이 된다는 것이다.

(2) a. they don't know who I believe [DP the claim [CP that he bit t]]: 하위인접조건을 위반한 TP-생략
   b. they don't know who ~~I believe [DP the claim [CP that he bit t]]~~

Lasnik은 이밖에도 많은 다른 자료를 제시하며 국부조건위반은 생략에 의해 보수될 수 있다고 주장하고 있다. 이러한 분석에 의하면 생략이 구조를 살릴 수 있는 최후의 수단인 셈이다.

Merchant(2003)는 공범주원리(ECP) 위반도 또한 생략에 의하여 보수될 수 있다고 주장한다. 그에 따르면, 만약 ECP위반이 생략에 의해 보수될 수 있다면 (3a-b)와 (4a-b)의 대조를 잘 설명할 수 있다는 것이다. 동사구가 생략이 되면 주어-조동사 도치가 가능하지만, 동사구 생략이 없으면 도치가 허용되지 않는다.

(3) a. Abby knows more languages than does her father.
   b. *Abby knows more languages than does her father know.
(4) a. Abby plays more instruments than can her father.
   b. *Abby plays more instruments than can her father play.

그는 이를 설명하기 위해 먼저 의문사 이동은 vP에 부가된 자리를 들렀다 간다고 주장한다. (5)에서 보듯이 영운용자 OP는 vP를 들른 다음 C의 SPEC자리로 이동한다.

(5) than [OP$_1$ her father$_2$ can [$_{vP}$ t$_1$' [$_{vP}$ t$_2$ play t$_1$]]]

그 다음 그가 가정하는 것은 vP에 부가된 t_1'은 반드시 관할(govern)되어야 한다는 것이다. 즉, 공범주원리를 준수하여야 한다는 것이다. 공범주원리에 따르면 흔적은 관할(govern)되어야 한다. 관할이란 흔적의 존재를 확인시켜주는 장치라고 생각할 수 있다. 만약 가까운 곳에 흔적의 선행사가 있다면 이는 선행사에 의하여 관할되었다고(antecedent govern) 말할 수 있다. 또한 만약 흔적이 핵(head)과 인접해 있다면 핵에 의하여 관할(head govern)되었다고 말할 수 있다.

(6) 공범주원리(ECP)
    흔적은 핵에 의하여 관할되거나 아니면 선행사에 의하여 관할되어야 한다.

발음이 되지 않는 요소는 선행사 관할의 자격이 없다고 Merchant는 가정한다. 따라서 OP_1는 선행사 관할자로서의 자격이 없다. 그렇다면 (5)에서 vP에 부가된 흔적은 반드시 핵에 의하여 관할되어야 한다. (5)의 경우에는 can이 t_1'을 핵관할(head govern)하기 때문에 정문이다. 그러나 만약 can이 C로 이동하게 되면 t_1'은 핵에 의하여 관할될 수 없다.

(7) a. than [OP_1 can her father$_2$ ~~can~~ [$_{vP}$ t_1' [$_{v'}$ t_2 play t_1]]]
    b. than [OP_1 can her father$_2$ ~~can~~ ~~[$_{vP}$ t_1' [$_{v'}$ t_2 play t_1]]~~

발음이 되지 않는 요소는, 선행사 관할 뿐 아니라 핵 관할의 자격도 없기 때문이다. 이러한 분석에 따르면, 예문 (3b)와 (4b)는 ECP를 위반하여 비문이다. 그러나 이러한 ECP 위반은 생략에 의하여 구조될 수 있다는 것이 Merchant의 주장이다. 왜냐하면 (7a)에서 문제가 되는 것은 t_1'이고 이것을 포함한 vP가 생략되면 문제가 해결되기 때문이라는 것이다.

요약하면, 하위인접조건이나 ECP 위반은 음운부에서 생략을 함으로써 보수될 수 있다는 것이 Ross(1969), Sag(1976), Hankamer(1979), Lasnik

(2001), Lasnik과 Fox(2003), 그리고 Merchant(2001) 등과 같은 학자들의 주장이다.

10.2 생략에 의한 보수설과 순환적 선형화(Cyclic Linearization) 이론

위에서 소개한 Lasnik과 Merchant의 주장은 최근 최소주의의 주류이론인 국면이론(phase theory)과는 배치가 된다고 말할 수 있다. 왜냐하면 국면이론에 의하면 국면 안에 있는 요소는 국면 밖으로 이동해 나갈 수 없기 때문에, 만약 DP가 국면이라면 애시 당초 문제가 되는 TP인 I believe the claim that he bit t와 같은 표현은 도출될 수 없기 때문이다. 하지만, 이러한 문제는 Fox와 Pesetsky(2005)의 순환적 선형화이론(Cyclic Linearization Theory)을 받아들이면 해결할 수 있다. 순환적 선형화이론에 따르면, 국면불침투조건(Phase Impenetrability Condition)을 위반하여 이동을 하는 것은 가능하지만, 문제가 되는 것은 국면불침투조건을 위반한 구조물(string)은 음운부에서 선형화시킬 수 없다는 것이다. 즉, 국부조건을 위반하면, 통사부에서는 문제가 발생하지 않지만, 음운부에서 발음하는데 문제가 생긴다는 것이다. 발음하는데 문제가 생긴 구조를 생략할 수 있다면 정문을 만들어 낼 수 있다. 이러한 시각에 따르면, 국부조건을 위반한 구조물은 생략에 의하여 구조될 수 있다고 말할 수 있다. 구조를 살리기 위해서, 최후의 수단으로 음운부에서 문제가 되는 부분을 도려내는 것이다.

좀 더 구체적으로 예문 (2)를 가지고 순환적 선형화이론을 설명하여 보기로 하자.

(8) *they don't know who I believe [DP the claim [CP who that he bit who]] (= 2)

하위인접조건(Subjacency Condition)에 의하면, 의문사가 CP와 DP를 한 꺼번에 건너갈 수 없다. 즉, (8)에서 who가 CP와 DP를 넘어서 이동해 나가는 것은 하위인접조건 위반이다. 이러한 현상을 국면불침투조건 (Phase Impenetrability Condition)으로 포착하기 위해서 DP를 국면(phase) 이라고 가정하기로 하자. 또한 DP가 강양화사일 경우에는 DP의 모서리 부분으로 who가 이동해 나갈 수 없다고 가정하여 보자. 순환적 선형화이 론에 의하면 국면이 생성 되는대로 어순이 정해진다. 국면 핵(phase head) 의 보충어 자리에 있는 단어들의 선행관계(precedence relation)가 정해지 는 것이다. 예를 들어, (9a)와 같이 DP국면을 생성하게 되면, (9b)와 같은 어순이 정해진다. (9b)에 따르면 who가 claim보다 후행한다.

(9) a. [DP the claim [CP who that he bit who]]]]
    b. DP국면: claim 〉 who 〉 that, ...

(9a)가 동사 believe와 병합한 뒤, 계속해서 v와 병합하고 주어 I와 병합을 하게 되면 새로운 국면이 만들어진다. 이러한 경우, (10a)에서 보듯이, who는 국면의 모서리 부분으로 이동해 나가야 한다. 국면 vP가 만들어진 다음에 정해지는 어순은 (10b)와 같다.

(10) a. [vP who [vP I v believe [DP the claim [CP who that he bit who]]]]
    b. vP 국면: believe 〉... 〉 claim

(11a)에서 보듯이, (10a)가 T와 병합하고, 주어 I와 병합하고, 또 C와 병합한 뒤, who가 C의 SPEC자리로 이동해 나가면, CP라는 새로운 국면이 만들어진다. 이 시점에서 (11b)와 같은 어순이 정해지게 된다. (11b)에서는 who가 claim보다 먼저 발음하는 것을 요구한다.

(11) a. [CP who C [TP I T [vP who [vP I v believe [DP the claim [CP who

      that he bit who]]]]]]
　　b. ... who⟩ ... ⟩ claim

이제 (9b)와 (11b)를 비교하여 보기로 하자. (9b)에서는 claim이 who보다 선행하는 것을 요구하고, (11b)에서는 who가 claim보다 선행하는 것을 요구하고 있다. 이와 같이 (9b)와 (11b)가 모순된 요구를 하게 되면, 음운부는 파경(crash)에 이르게 된다. 두 개의 요구를 동시에 만족시킬 수 없기 때문이다. 그러나 만약 말썽이 되는 부분인 TP가 생략되게 되면 이러한 모순은 사라진다.

　　(12) they don't know who [TP I believe [DP the claim [CP who that he bit who]]]

따라서 they don't know who는 정문이다. (12)에서 TP가 생략되지 않으면 비문이 생성된다는 점에서 TP-생략은 최후의 수단으로 발생한다고 말할 수도 있다.

10.3 영형태소의 병합설

　전 절에서 우리는 (13)에서 동사구가 발음이 안 되는 이유가 동사구가 생략되었기 때문이라고 가정하였다.

　　(13) John loves Mary, and Tom does too.
　　(14) a. Tom T love Mary: 동사구 생략
　　　　b. Tom T love Mary

그러나 생략설에 대한 대안으로 영형태소(zero morpheme)론도 존재한다. 영형태소론에 따르면, (13)에서 동사구가 발음이 안 되는 이유가 동사구

에 해당하는 영형태소가 병합되었기 때문이라는 것이다.

(15) a. 영동사구 Ø와 T의 병합
b. T Ø: Tom과의 병합
c. Tom T Ø

이러한 영형태소설로도 예문 (1)이 보여주는 현상을 설명할 수 있는 듯하다. Williams(1977), Fiengo와 May(1994), Lapping(1999), 그리고 Chung, Ladusaw, McCloskey(1995) 등이 이러한 입장을 지지하고 있다. 예를 들어 예문 (1)은 (16)과 같은 구조를 가지며 이 구조에서는 이동이 발생하지 않았기 때문에 비문이 만들어질 수가 없는 것이다.

(16) I believe the claim that he bit someone, but they don't know who Ø$_{TP}$.

위와 같은 구조에서는 국부조건위반이 애시 당초 발생하지 않았기 때문에 통사부와 음운부에서는 전혀 문제가 발생하지 않는다.

한 가지 해결해야할 의문은 (16)과 같은 표상이 올바른 논리형태부를 만들어 줄 수 있느냐 하는 것이다. 먼저 의문사의 구조를 들여다보기로 하자. 의문사는 운용자와 그 운용자의 제한부로 이루어져 있다. 예를 들어, which man의 경우에는 which와 man으로 구성되어 있는데, who와 같은 경우에도 의문운용자 wh와 제한절 he로 구성되어 있다고 말할 수 있다. 여기서 he는 일반적인 사람을 의미한다. 따라서 who는 wh$_x$ such that x is a person이라는 의미를 갖는다.[15] 한국어의 경우를 보면 의문사

---

[15] Pesetsky(2000)는 영어의 경우 의문사는 wh-운용자와 대명사로 이루어져 있다고 주장한다.

(i) a. who = wh + he
b. whom = wh + him
c. whose = wh + his

가 이렇게 이중 구조를 가지고 있음을 좀 더 분명하게 알 수 있다. '왜'를 제외한 한국어의 모든 의문사는 의문사뿐 아니라 비한정사로도 해석된다. 즉, 모든 의문사는 중의적이다.

(17) a. 누구: someone & who
 b. 무엇: something & what
 c. 어디: somewhere & where
 d. 어떻게: somehow & how
 e. 언제: some time & when

이러한 현상을 설명하는 한 가지 방법은 의문사는 영형태소로 실현되는 의문운용자와 해당하는 비한정사로 이루어져 있다고 주장하는 것이다.

(18) a. 의문사 '누구' = $\emptyset_{wh}$ + 비한정사 '누구'
 b. 의문사 '무엇' = $\emptyset_{wh}$ + 비한정사 '무엇'
 c. 의문사 '어디' = $\emptyset_{wh}$ + 비한정사 '어디'
 d. 의문사 '어떻게' = $\emptyset_{wh}$ + 비한정사 '어떻게'
 e. 의문사 '언제' = $\emptyset_{wh}$ + 비한정사 '언제'

영어의 의문사 또한 이러한 구조를 가지고 있다고 가정하여 보자. 앞에서 언급하였듯이, who의 경우에 wh-operator + someone이라는 의미 구조를 가지고 있다고 가정하여 보자. 그렇다면 왜 예문 (1)이 정문인지를 알 수 있다. 예문 (1)의 구조는 (19)와 같으며, (19)에서 영형태의 TP는 논리형태부에서 선행하는 TP를 그대로 복사하여 복원하게 된다. 이렇게 TP의 내용을 복원한 다음 who와 someone이 동지시를 하게 되면 적형식의 논리형태부를 만들어낼 수 있다.

 d. what = wh + that
 e. where = wh + there
 f. when = wh + then

(19) a. they don't know who O_{TP}: 영형태 TP의 의미복원
　　 b. they don't know who [I believe the claim that he bit someone]: 동지표(co-index) 부여
　　 c. they don't know who_x [I believe the claim that he bit someone_x]

(19b)는 적형식의 논리형태부 표상이다. 그 이유는 결속은 하위인접조건을 준수할 필요가 없기 때문이다. 다시 말해 they don't know who라는 문장이 정문인 이유는 who가 이동을 하여 만들어진 문장이 아니기 때문이라는 것이다.

　이동에 의하여 만들어진 비문을 생략에 의하여 정문을 만들 수 있는지의 여부는 아직 논쟁 중이라고 말할 수 있다. 국부조건 위반이 생략에 의해 구조될 수 있는 것인지 아니면 발음이 되지 않는 부분이 사실은 생략의 산물이 아니라 영형태소가 병합된 것인지는 불분명하다고 말할 수 있다. 생략에 의한 보수설과 영형태소설 중 어느 주장이 올바른가에 관해서는 후속연구로 미루기로 한다.

10.4 최대생략원리

　생략은 소위 최대생략원리(Max Elide)를 준수한다고 알려져 있다. 예를 들어, (20a)에서 TP가 발음이 안 되면 정문이 되지만 VP가 발음이 안 되면 비문이 된다.

(20) a. They studied a Balkan language, but I don't know which Balkan language they studied.
　　 b. They studied a Balkan language, but I don't know which Balkan language.

c. ??They studied a Balkan language, but I don't know which Balkan language they did

위의 현상을 설명하기 위해 Merchant(2008)는 최대생략원리를 제안하고 있다.

   (21) 최대생략원리
      만약 A'-흔적을 포함하고 있다면 최대구성소를 생략하라.

그러나 (21)의 원리는 기술적인 타당성을 확보할 수 없다. 예를 들어, Hardtman(2011)에 따르면 의문사가 주어라면 최대구성소가 생략되지 않아도 정문이 된다는 것이다.

   (22) a. Someone kissed Susan, but I don't know who.
      b. Someone kissed Susan, but I don't know who did.

따라서 최대생략원리는 올바른 일반화가 아니라고 할 수 있다.
   한편 Fox와 Lasnik(2003)과 Lasnik(2007)은 평행이론을 바탕으로 (20b-c)의 대조를 설명하고 있다. 그들은 선행절과 후행절은 서로 대칭을 이루어야 한다고 주장한다. 즉, 그들에 따르면, 생략은 다음과 같은 평행원리를 준수한다고 가정한다.

   (23) 생략에 대한 평행 조건
      생략의 선행절과 생략절은 구조가 동일하여야 한다.

(23)을 염두에 두고 예문 (20a)를 검토해 보기로 하자. 선행절인 (24a)에는 이동의 흔적이 없으나 후행절인 (24b)에는 이동의 흔적이 존재한다.

   (24) a. They studied a Balkan language.
      b. which Balkan language [$_{TP}$ t'' [$_{TP}$ they T [$_{vP}$ t' [$_{vP}$ studied t]]]].

만약 평행원리가 옳다면, (24b)에 있는 중간 흔적 t'와 t"는 존재하면 안 되는 요소이다. 이들의 존재가 평행원리를 위반하기 때문이다. 하지만 (25a)와 같이 이동의 흔적을 모두 지워 버리면 평행원리를 준수할 수 있기 때문에 정문을 얻을 수 있게 된다.

(25) a. which Balkan language [~~TP~~ ~~t'~~ [~~TP~~ ~~they T~~ [~~vP~~ ~~t'~~ [~~vP~~ ~~studied t~~]]]].
b. which Balan language [TP t' [TP they T [vP t' [~~vP~~ ~~studied t~~]]]]

그러나 (25b)에서처럼 vP만을 생략하면, 남아있는 흔적 때문에 평행원리를 위배한다는 것이다. 따라서 (20b)는 정문이지만 (20c)는 비문이라는 것이 Fox와 Lasnik의 주장이다.

이러한 주장의 문제점은 (22)가 보여주는 현상을 설명할 수 없다는 것이다.

(26) a. Someone kissed Susan, but I don't know who. (= 22)
b. Someone kissed Susan, but I don't know who did.

Fox와 Lasnik(2003)과 그리고 Lasnik(2007)에서는 의문사가 TP의 SPEC 자리를 들렀다 간다고 가정하고 있다. 그렇다면 (26a, b)의 후행절은 다음과 같은 구조를 갖는다.

(27) who t" [TP t' T [vP t [vP kissed Susan]]]]

이 구조에서 평행원리를 준수하려면 TP를 생략하여야 한다. 그러나 vP를 생략한 (26b)도 정문이다. 따라서 예문 (26a, b)는 평행원리에 근거한 주장이 타당성이 없음을 보여준다.

10.5 강세원리

최대의 구성소가 생략되어야만 하는 현상을 다른 각도에서 설명하여 보기로 하자. 생략이 발생했을 때 음운부에서 나타나는 효과는, 생략된 자리에 인접한 요소에 초점을 준다는 것이다. 예를 들어, 형용사구가 생략되게 되면, 인접해 있는 be동사는 축약형 's로 쓸 수 없다. 왜냐하면, 앞 장에서 살펴본 바와 같이, 생략된 구성소에 인접한 단어는 강세를 받아야 하기 때문이다.

(28) John is good at table tennis, and Mary {is, *'s} too.

최대생략원리는 이와 같이 생략된 요소에 인접한 구성소가 강세를 받는다는 현상과 밀접한 관계가 있다. 그 이유는 의문사가 포함된 생략 구문에서는 의문사가 초점을 받아야 하기 때문이다.[16]

(29) 강세원리
　　　의문사가 포함된 생략 구문에서는 의문사가 강세를 받아야 한다.

의문사가 초점을 받으려면 의문사를 제외한 요소가 모두 생략되어야 한다. 다시 말해 의문사를 제외한 최대요소가 생략이 되어야 한다. 이것이 바로 최대요소를 생략하라는 원리를 이끌어 내는 것이다. 예를 들어, TP가 생략되는 (30a)의 경우, 발음이 안 되는 요소에 주어진 강세가 which Balkan language로 이동하게 되어 강세원리 (29)를 만족시킨다. 하지만 만약 (31a)에서처럼 vP가 발음이 되지 않는 경우 did에 강세가 부여되기 때문에, 강세원리 (29)를 만족시킬 수 없다.

---

[16] 본 절에서는 편의상 '생략설'이 옳다고 가정하고 논의를 진행한다. 하지만 본 절의 주요주장은 '영형태소설'과도 양립가능하다.

(30) a. They studied a Balkan language, but I don't know which Balkan language Ø': 강세 이동
   b. They studied a Balkan language, but I don't know **which Balkan language'** Ø
(31) a. They studied a Balkan language, but I don't know which Balkan language they did Ø': 강세 이동
   b. They studied a Balkan language, but I don't know which Balkan language they **did'** Ø:

이제 왜 (26a)뿐 아니라 (26b)가 정문인지를 알아보기로 하자. (26b), 즉 (32b)에서는 did에 초점이 주어진다.

(32) a. Someone kissed Susan, but I don't know who. (= 26)
   b. Someone kissed Susan, but I don't know who did.

이렇게 did에 초점이 주어지게 되면 did의 초점이 who까지 확산될 수 있다. 왜냐하면 T와 who는 인접하여 있으므로 T에 초점이 주어지게 되면 who까지 초점을 받은 효과가 발생하기 때문이다. 소위 초점확산(focus projection)이 발생할 수 있다. 따라서 (32a) 뿐만 아니라 (32b)도 또한 강세원리 (29)의 제약조건을 만족시킬 수 있다. 반면에 (31b)의 경우 did의 초점이 which Balkan language로 확산될 수 없다. They가 그들 사이에 끼여 있으며, they는 초점을 확산시킬 수 없는 요소이기 때문이다.

벨파스트 영어(Belfast English)를 고려하면 (29)의 제약조건이 타당성이 있음을 알 수 있다. 벨파스트 영어는 영국이나 미국에서 쓰이는 주류 영어(mainstream English)와 달리 Comp자리에 의문사와 that이 중복해서 나오는 것을 허용한다.

(33) They discussed a certain model, but they didn't know which model that they discussed. (벨파스트 영어)

만약 TP가 생략된다면 (34a)와 같은 문장이 정문이 된다고 예상할 수 있다. 하지만 Baltin(2010)에 따르면 (34a)는 비문이다.

(34) a. *They discussed a certain model, but they didn't know which model that Ø.
b. They discussed a certain model, but they didn't know which model Ø.

그 이유는 (34a)와 같이 TP가 생략되면 that이 강세를 받아야 하는데 that이 강세를 받을 수 없는 요소이므로 which model로 강세가 전달될 수 없기 때문이다. 따라서 (34b)에서처럼 which model를 제외한 모든 구성소가 생략되어야만 정문을 얻을 수 있다. (34b)에서는 which model이 강세를 받을 수 있으므로 정문이다.
(29)의 강세원리와 (21)에서 소개한 최대생략원리를 비교하여 보기로 하자.

(35) 최대생략원리
만약 A'-흔적을 포함하고 있다면 최대구성소를 생략하라. (= 21)

(35)의 최대생략원리는 A'-흔적을 포함한 경우에만 적용된다. 예를 들어, 예문 (37a-b)는 모두 정문이다. 이는 A-흔적은 최대생략원리를 적용받지 않음을 말해준다.

(36) John thinks that Mary loves Tom.
(37) a. Bill does ~~think that Mary loves Tom~~ too.
b. Bill thinks that Mary does ~~love Tom~~ too.

문제는 왜 A-흔적과 A'-흔적이 최대생략원리와 관련하여 다른 행태를 보이느냐 하는 것이다. (35)의 최대생략원리는 이러한 문제에 대하여 아무런 설명을 해줄 수 없다. 반면에 (29)에 제시한 강세원리는 이러한 문제를 간단하게 해결해준다. 강세원리에 따르면 의문사가 강세를 받아야 하는데 만약 의문사가 문장 안에 존재하지 않는다면 최대생략을 할 필요가 없기 때문이다.

제11장 최후의 수단으로의 후치사 생략

일반적으로 한국어의 격은 생략될 수 있지만 후치사는 그렇지 못하다고 알려져 있다. 격이 생략된 (1a-b)는 정문이지만, 후치사가 생략된 예문 (2a-b)는 모두 비문이다.

(1) a. 지금 철수(가) 공부하고 있어.
  b. 순이가 철수(를) 만났어.
(2) a. 순이가 철수를 서울*(에서) 만났어.
  b. 순이가 그림을 크레용*(으로) 그렸어.

이러한 격과 후치사의 대조는 경계어(delimiter)를 이용하면 더욱 분명하게 알 수 있다. '도'와 같은 경계어가 나타나면 격은 반드시 생략되어야 하지만 후치사는 '도'와 같이 나타날지라도 생략되어서는 안 된다.

(3) a. 지금 순이-(*가)-도 공부하고 있어.
  b. 순이가 철수-(*를)-도 만났어.
(4) a. 순이가 철수를 서울-*(에서)-도 만났어.
  b. 순이가 그림을 크레용-*(으로)-도 그렸어.

분열문(cleft)에서도 똑같은 대조가 드러난다. 분열문에서 초점을 받는 구성소는 격과 같이 나타날 수 없으나, 후치사는 반드시 표현되어야 한다.

(5) a. 순이가 사랑한 것은 철수-(*를)-이다.
    b. 순이가 철수를 만난 것은 서울-??(에서)-이다.

위의 자료를 보면 격조사는 생략이 가능하지만, 후치사는 그렇지 못하다는 것을 말해준다. 후치사는 내재적인(inherent) 의미가 있으나, 격조사는 그렇지 못하다고 가정하면, 위의 현상을 쉽사리 이해할 수 있다. 후치사의 경우 생략이 되면 의미가 복원될 수 없기 때문에 생략이 될 수 없지만, 격조사는 본질적인 의미가 없이 문법적인 기능만을 수행한다면, (1-5)의 자료를 설명할 수 있다. 그러나 후치사도 생략될 수 있는 문맥이 있다. 관계절이 바로 그 문맥이다. 다음과 같은 관계절에서 '에서'가 나타나면 비문이다.

(6) a. 순이가 (*에서) 철수를 만난 곳
    b. 메리가 (*으로) 그림을 그린 크레용

그러나 관계절이 아닌 다음과 같은 문장에서는 후치사 '에서'가 반드시 존재하여야 한다.

(7) 순이가 그곳-*(에서) 철수를 만났다.

관계절을 분석하는 방법에는 크게 두 가지가 있다. 하나는 영운용자(null operator)를 이용하는 것이고 다른 하나는 상승(raising)을 활용하는 것이다. 영운용자 분석에 따르면 관계절에서는 영운용자가 이동한다는 것이고, 상승분석에 따르면 관계절의 핵은 관계절 내부에서 이동해 나왔다는 것이다.

(8) 영운용자 분석: [순이가 O_i-에서 철수를 만난 O_i] 곳
(9) 상승분석: [순이가 곳$_i$-에서 철수를 만난] 곳$_i$

영운용자 분석이든 아니면 상승분석이든지 간에, (7)이 비문인 것으로 미루어 보아 관계절 안에서 후치사가 존재하여야 한다. 문제는, 실제로 후치사가 존재하게 되면 비문이 형성된다는 것이다. 이러한 현상은 한국어에서만 존재하는 현상이 아니라 범어적인(crosslinguistic) 현상이라고 말할 수 있다. 예를 들어, 일본어도 한국어와 똑같은 행태를 보인다. 장소를 나타내는 후치사 de는 반드시 쓰여야 하지만, 관계화가 되면 반드시 사라져야 한다.

(10) a. Hanako-ga   kono   heya-*(de)   benkyo-o   suru.
        Hanako-nom   this   room-*(in)   study-acc   do
        '하나꼬가 이방에서 공부를 한다'
    b. Hanako-ga   (*de)   benkyo-o   suru   heya
        Hanako-nom   (*in)   study-acc   do   room
        '하나꼬가 공부를 하는 방'

본 장에서는 이러한 특이한 현상이 생략에 의한 보수현상이라는 것을 보이고자 한다.

11.1 생략에 의한 보수

먼저 한국어의 관계절이 어떻게 만들어지는지를 알아보기로 하자. 앞에서 우리는 영운용자가 이동하거나 아니면 핵이 아래에서 직접 상승하여 관계절이 만들어진다는 것을 알았다. 이 둘 중에서 어느 분석이 좀 더 설명력이 있는지를 알아보기로 하자. 다음 예문에서 '철수'는 '자기 자신'의 선행사가 될 수 있다.

(11) [[철수가$_i$ 좋아하는] 자기 자신의$_i$ 사진]

(11) 구조의 특징은, 이 구조에서 '철수'가 '자기 자신'을 성분통어할 수 없다는 것이다. 만약 재귀사가 결속조건 A를 만족 시켜야 한다면 (11)의 결속현상을 설명하기는 어려운 듯하다. 위와 같은 결속현상은 한국어뿐 아니라 영어에서도 발견된다. 예문 (12)에서 John은 himself를 성분통어 하지 못한다.

(12) [pictures of himself$_i$ [that John$_i$ likes]]

그럼에도 불구하고 John과 himself는 결속관계를 맺을 수 있다.
위의 현상을 구조적으로 설명하는 유일한 방법은 '자기 자신의 사진'이 관계절 안에서 바깥으로 이동해 나갔다고 주장하는 것이다.[17]

(13) a. [철수가$_i$ 자기 자신의$_i$ 사진 좋아하는]: '자기 자신의 사진' 복사와 부가
b. [[철수가$_i$ 자기 자신의$_i$ 사진 좋아하는] 자기 자신의$_i$ 사진]: 관계절 안의 '자기 자신의 사진' 생략
c. [[철수가$_i$ ~~자기 자신의~~$_i$ ~~사진~~ 좋아하는] 자기 자신의$_i$ 사진]

---

[17] 상승분석을 지지해 주는 또 다른 현상은 관계절의 핵이 관계절 안의 술어와 함께 숙어적인(idiomatic) 해석을 줄 수 있다는 것이다. Make headway는 '진전을 보이다'라는 의미를 갖는 숙어이다. Headway라는 명사는 make라는 동사이외의 단어랑 같이 쓰이는 용법으로는 사용되지 않는다. 예를 들어, (ib)는 비문이다. 그럼에도 불구하고 (ic)는 정문이다. 이 같은 사실은 만약 headway가 관계절 안에서 바깥으로 상승하였다고 가정하면 설명할 수 있다.

(i) a. We made headway.
b. *(the headway) was satisfactory.
c. The headway that we made was satisfactory.

관계절을 상승으로 보는 견해는 생성문법 초기부터 있었으나 크게 주목을 받지 못하다가, 최소주의의 등장 이후 주류이론으로 인정받게 되었다. 생성문법 초기의 논문으로는 Brame(1968), Schachter(1973), Vergnaud(1974) 등을 들 수 있으며, 최소주의에서 새로이 등장한 논문으로는 Kayne(1994), Bhatt(2002), Hulsey & Sauerland(2006) 등을 들 수 있다.

재미있는 사실은 후치사가 사라지게 되는 관계절에서도 결속관계가 성립될 수 있다는 것이다. (14a-b)가 보여주듯 후치사 '에서'는 생략될 수 없다. 그러나 해당하는 관계절인 (15)에서는 후치사를 찾아볼 수 없다. 더욱이 이 관계절에서 '자기 자신'은 '철수'에 의하여 결속되어야 한다.

 (14) a. 철수가 자기 자신의 방에서 공부를 하고 있다.
    b. *철수가 자기 자신의 방에서 공부를 하고 있다.
 (15) 철수가 공부를 하고 있는 자기 자신의 방

이는 '자기 자신의 방'이 관계절 안에 있다가 밖으로 이동해 나갔음을 말해준다. 문제는 이동의 결과로 후치사 '에서'가 좌초된다는 것이다.

 (16) a. [철수가 자기 자신의 방에서 공부를 하고 있는]: '자기 자신의 방' 복사 및 부가
   b. [[철수가 자기 자신의 방에서 공부를 하고 있는] 자기 자신의 방]: '관계절 안의 '자기 자신의 방' 생략
   c. [[철수가 자기 자신의 방에서 공부를 하고 있는] 자기 자신의 방]

(16c)에서 '에서'는 좌초된 상태이다. 그러나 한국어에서 후치사는 반드시 명사구에 붙어 있어야 한다.

 (17) 한국어 후치사는 좌초 되어서는 안 되는 접사이다.

이러한 문제를 해결하는 방법은 두 가지가 있다. 첫째, 후치사를 생략하여 (17)의 조건을 만족시켜주는 것이다. 둘째, 좌초될 위기의 후치사에 회생대명사를 삽입하여 (17)을 충족시키는 것이다. 김광섭(2005)에 따르면, 이 두 가지 방법 중에서 한국어는 전자의 방법, 즉 생략의 방법을 택하고 있다고 한다.

(18) a. [[철수가 ~~자기 자신의 방에서~~ 공부를 하고 있는] 자기 자신의 방]: 생략에 의한 보수 ('에서'를 생략함)
   b. [[철수가 ~~자기 자신의 방에서~~ 공부를 하고 있는] 자기 자신의 방]

하지만 간혹 어린아이의 말에서는 삽입을 통하여 보수를 하는 경우를 발견할 수 있다. (19a-b)에서 보듯이, 어린아이의 발화에서는 '여기'나 '이것'과 같은 말을 사용하여 후치사가 좌초되는 것을 방지하는 현상이 관찰된다.

(19) a. (??) 수지가 여기에서 공부하는 방
   b. (??) 수지가 이것으로 그림을 그린 크레용

이러한 현상은 좌초될 위기의 후치사 앞에 대명사를 삽입 시킨 경우라고 할 수 있다.

(20) a. [[수지가 ~~크레용~~으로 그림을 그린] 크레용]: 최후의 수단으로 '이것' 삽입
   b. [[수지가 ~~크레용~~ 이것으로 그림을 그린] 크레용]

사실상 삽입현상은 이동의 제약을 어기는 경우에 흔히 발생하는 현상이다. (21a-b)는 성인 문법에서도 용인가능한 문장이다.

(21) a. ?민호가 그 안에서 작업하는 헛간
   b. ?민호가 그 옆에서 잠을 자는 침대

(21a-b)에 해당하는 삽입이 되지 않은 문장들은 (22a-b)에서 보듯이 용인가능성이 떨어지는 문장들이다.

(22) a. ??민호가 안에서 작업하는 헛간
　　 b. ??민호가 옆에서 잠을 자는 침대

(22a-b)가 좋지 않은 이유는 국부제약을 어기고 있기 때문이다. (22a-b)를 생성하기 위해서는 핵 명사구가 NP와 PP를 넘어가는 이동을 하여야 한다.

(23) 민호가 [PP [NP 헛간 안]에서] 작업하는 헛간

이렇게 NP와 PP를 넘어가는 이동은 일종의 하위인접조건(Subjacency Condition)을 위반하는 듯하다. 이러한 문제를 보수하기 위해서, 삽입을 통하여 문법성을 높이는 책략을 이용하게 된다.

(24) a. 민호가 [PP [NP 헛간 안]에서] 작업하는 헛간: 회생 대명사 삽입
　　 b. 민호가 [PP [NP 헛간 그 안]에서] 작업하는 헛간

요약하면 후치사가 좌초될 위기에 있을 때 성인 언어의 경우에는 최후의 수단으로 생략을 하여 구조를 구하게 되지만, 어린이 말이나, 말실수 등의 경우에는 삽입을 하는 경우가 있으며, 이동에 대한 제약을 위반하는 경우에는 삽입이 최후의 수단으로 사용될 수 있다.[18]

11.2 복원가능성조건과 후치사 생략

지금까지의 주장을 요약하면, 한국어의 후치사는 접사이며, 접사가 좌초될 상황인 경우에 생략이 된다는 것이다. 생략은 복원이 가능할 경우에

---

[18] 한국어의 한 가지 특이한 점은, 한국어에는 관계대명사가 존재하지 않는다는 것이다. 이것이 SOV라는 한국어의 어순과 관계가 있는 것인지 아니면 다른 이유에서 기인하는 것인지는 후속 연구에서 다루기로 하겠다.

만 일어날 수 있다. 즉, 생략은 복원가능성의 원리를 준수한다. 그렇다면 생략된 후치사가 복원이 가능하기 때문에 생략이 되었다고 말할 수 있다. 선행하는 어구가 없는 상태에서 어떻게 후치사가 생략될 수 있는지를 알아보기로 하자.

(25) [메리가 방-에서 공부하는] 방]

술어 '공부하'는 핵 명사구인 '방'과 의미적 관계를 맺어야 한다. 이 두 표현은 장소라는 관계를 맺게 되므로, '에서'라는 의미가 쉽게 복원될 수 있다.

물론 모든 경우에 이렇게 생략된 후치사가 복원이 되는 것은 아니다. 다음 두 문장은 약간의 의미차이가 있다.

(26) a. 철수가 학교에 갔다.
     b. 철수가 학교로 갔다.

(26a)는 철수가 학교에 도착했다는 의미를 갖지만 (26b)는 학교 방향으로 갔다는 의미를 줄뿐 도착했다는 의미를 주지는 않는다. 흥미로운 사실은 (27)에서는 철수가 학교에 도착했다는 의미를 준다.

(27) 철수가 간 학교

이러한 현상은, (27)에서 생략된 후치사가 '로'가 아니라 '에'라는 것을 의미한다. 즉, '에'는 생략될 수 있지만 '로'는 생략될 수 없다는 것이다.

(28) a. [[철수가 **학교**에 간] 학교]: 후치사 생략
     b. [[철수가 **학교에** 간] 학교]
(29) [[철수가 **학교**로 간] 학교]: *후치사 생략

'간다'는 행위는 도착을 한다는 것을 목적으로 한다. 그러한 의미에서 복원가능한 의미는 도착지라고 할 수 있다.

'출발하다'라는 동사는 출발지를 보충어로 취할 수 있다. 즉, 출발지를 표현하는 명사구가 목적격을 부여받는다. 반면에 '출발하다'는 반드시 도착한다는 것을 목적으로 하지는 않는다. 따라서 '로'라는 후치사는 사용할 수 있지만 '에'라는 후치사는 사용할 수 없다.

  (30) a. 철수가 학교를 출발하였다.
     b. 철수가 학교로/*에 출발하였다.

흥미롭게도, 관계절 (31)은 '철수가 학교로 출발했다'라는 의미를 주지 못하고 '철수가 학교를 출발했다'라는 의미만을 준다.

  (31) 철수가 출발한 학교

이러한 사실은 '출발하다'와 '학교'를 바탕으로 복원할 수 있는 의미는 출발점뿐이라는 것을 말해준다.

 그렇다고 해서 방향을 나타내는 '로'가 절대로 복원가능하지 않은 것은 아니다. 예를 들어, 어떤 동사가 '로'만을 취한다면 '로'는 얼마든지 복원가능하다. 예를 들어 '향하다'와 같은 동사는 '로'만을 취하는 동사이다. 이러한 경우에는 관계화가 되었을 때 쉽사리 '로'가 복원될 수 있다.

  (32) a. 철수가 학교로 향했다.
     b. 철수가 향한 학교

또한 다음 문장에서도 '로'가 복원될 수 있는데, 그 이유는 동사 '보내다'가 '로'를 취하는 동사이기 때문이다.

(33) a. 철수가 소포를 보낸 그곳
　　 b. 철수가 소포를 그곳으로 보냈다.

또한 '로'와 반대의 의미를 갖고 있다고 말할 수 있는 '에서' 혹은 '에게서' 역시 동사와 핵명사구의 관계를 통해서 복원할 수 있다.

(34) a. 철수가 은행에서 돈을 빌렸다.
　　 b. 철수가 순이에게서 돈을 빌렸다.
(35) a. 철수가 돈을 빌린 은행
　　 b. 철수가 돈을 빌린 사람

요약하면, 어떠한 후치사가 복원될 수 있는가 아닌가는 그 핵명사구와 동사의 관계를 바탕으로 추론할 수 있다.[19]

11.3 두 종류의 생략: 수의적 생략과 최후의 수단으로서의 생략

지금까지 우리는 관계절에서 후치사가 생략될 수 있음을 보았다. 또한 이렇게 후치사가 생략될 수 있는 이유는 후치사의 의미가 복원가능하기 때문이라고 주장하였다.

(36) 메리가 놀고 있는 그 방

---

[19] 그러나 어떠한 술어가 반드시 특정 후치사만을 선택할지라도, 생략이 될 수 없는 경우도 존재한다. 수동동사 '맞다'는 행위자를 선택할 때 반드시 '에게'라는 후치사를 취한다. 이렇게 명백하게 '맞다'와 '에게'가 관계를 맺고 있다고 할지라도 '에게'는 생략될 수 없는데, 이는 '에게'라는 후치사가 복원되지 않는다는 것을 의미한다.

　(i) a. 철수가 순이에게 맞았다.
　　　b. *철수가 맞은 사람

근본적인 문제는 왜 다음과 같은 문맥에서는 후치사가 생략될 수 없느냐 하는 것이다.

 (37) a. 메리가 그 방에서 놀고 있다.
    b. *메리가 그 방 놀고 있다.

만약 후치사가 복원가능하다면 (37b)가 비문이라는 것은 의외의 현상이라고 말할 수 있다.

 이렇게 (36)과 (37)의 생략이 차이를 보이는 이유는 생략에는 두 종류가 있기 때문이다. 하나는 경제성 때문에 생기는 생략이고 또 다른 하나는 최후의 수단으로 생기는 생략이다. 경제성 때문에 발생하는 생략은 반복을 피하기 위하여 발생하는 생략이다. 동사구 생략, 공백화(gapping), 수문현상(sluicing) 등이 여기에 속한다. 이러한 종류의 생략은 선행사가 있으며, 또한 생략이 수의적으로 일어난다는 특징을 가지고 있다. 이들 구문에서는 생략이 일어나지 않더라도 정문이므로, 생략이 반드시 일어날 필요가 없다. 한편, 후치사 생략은 최후의 수단으로 발생하는 생략이다. 이들 구문에서는 비문인 문장을 살리기 위해서 생략이 발생한다. 따라서 생략의 필요성이 없으면 생략을 시켜서는 안 된다.[20] (36)은 '에서'가 생략되지 않으면 비문이 되기 때문에 최후의 수단으로 생략이 발생하

---

[20] 이는 마치 do-삽입이 최후의 수단이기 때문에 필요하지 않으면 발생되어서는 안 되는 것과 마찬가지이다. (i)에서 T가 접사이므로 동사에 부가되어야 하지만, not이 접사하강을 방해하므로 do가 삽입된다. 그러나 (iia)에서는 접사이동이 가능하다. 이렇게 접사이동이 가능하면 do가 삽입되어서는 안 된다. Do-삽입이 최후의 수단이기 때문이다.

 (i) a. John $T_{present}$ not sleep: do-삽입
   b. John does not sleep
 (ii) a. John $T_{present}$ sleep: 접사하강
   b. John sleeps
 (iii) a. John $T_{present}$ sleep: do-삽입
   b. *John does sleep

지만, (37b)는 생략이 발생하지 않더라도 정문일 뿐만 아니라 이 후치사의 선행사를 찾아볼 수도 없기 때문에 생략이 발생하지 않는다.

제12장 최후의 수단으로서의 굴절어미 생략

본 장에서는 동사 굴절어미가 최후의 수단으로 생략되는 현상을 다루고자 한다. 동사 굴절어미가 생략되는 경우는 흔치 않다. 특히 주류영어에서 동사 굴절어미가 생략되는 경우는 드물다. 본 장에서는 주로 아프리카계 미국인 영어를 중심으로 동사의 굴절어미 생략을 다루고자 한다. 그러나 본 장의 마지막 절에서는 주류영어의 경우에도 동사구 전치(VP-Preposing)가 일어나게 되면 최후의 수단으로 굴절어미가 생략될 수 있음을 보인다.

미국에서 사용되는 아프리카계 미국인 영어의 be동사는 두 종류의 용법을 가지고 있다. 하나는 의미가 없는 연결사(copula)로서의 용법이고, 다른 하나는 습관적(habitual) 행동을 표현하는, 즉 상(aspect)을 나타내는 표지(marker)로 사용되는 용법이다. 전자의 경우에는 다양한 형태의 굴절이 사용되며 후자의 경우에는 원형으로 표현된다. 습관적 상을 나타내는 be동사는 의미를 가지고 있기 때문에 당연히 생략될 수 없다. 재미있는 사실은 아프리카계 미국인 영어의 경우 의미가 없는 연결사 기능을 하는 be동사는 생략될 수 있다는 특징을 가지고 있다는 것이다(Labov 1969). 이는 소위 주류영어와는 확연히 대조를 보이는 현상이다. 아프리카계 미국인 영어에서 예문 (1b)는 (1a)와 마찬가지로 정문이다.

(1) a. Kayla is kind and brilliant.
    b. Kayla kind and brilliant.

그러나 연결사 역할을 하는 be동사도 항상 생략이 가능한 것은 아니다. 연결사 be를 생략하는 것이 불가능한 문맥도 존재한다. 본 장에서는 be동사의 생략가능여부를 최후의 수단의 측면에서 검토하고자 한다. 본 장에서는 (1b)에서 생략되는 것은 be동사가 아니라 굴절어미이며, 이 굴절어미가 최후의 수단으로 생략될 수 있다는 것을 보이고자 한다. 즉, 아프리카계 미국인 영어의 경우 be-동사가 아예 없는 구문이 존재하며, be-동사가 없는 경우 (2a-b)에서 보듯이 굴절어미가 최후의 수단으로 생략된다고 주장하고자 한다.

(2) a. Kayla T$_{present}$ [kind and brilliant]: 최후의 수단으로 T-생략
 b. Kayla T̶$_{present}$ [kind and brilliant]

12.1 아프리카계 미국인 영어에서 연결사가 필수적인 경우

습관적 행동을 나타내는 경우를 배제하면 be동사가 반드시 필요한 경우는 크게 두 가지로 나눌 수 있다. 첫째 초분절음소를 표현해야 하는 경우에 be동사가 발음이 되어야 하며, 둘째로는 굴절어미가 반드시 표현되어야 하는 경우에 be가 나타나야 한다. 본 절에서는 이 두 가지 경우를 하나씩 살펴보기로 한다.

12.1.1 초분절음소가 반드시 표현되어야 하는 경우

먼저 첫 번째 경우를 살펴보기로 하자. 첫째, 아프리카계 미국인 영어에서는 be동사가 일반적으로 생략될 수 있지만 강조 구문에서는 생략될 수 없다.

(3) a. There already IS one!
　　b. *There already one!

문장 전체를 강조하기 위해서는 시제가 강세를 받아야 한다. 시제가 강세를 받으려면 시제의 굴절어미가 표현이 되어야 하고 시제의 굴절어미가 표현이 되려면, (4a-b)에서 보듯이, 시제가 조동사와 함께 나타나야 한다.

(4) a. John DOES love Mary.
　　b. John WILL meet Mary.

(3b)의 경우에는 시제가 표현될 방법이 없다. 왜냐하면 시제를 담고 있는 조동사가 없기 때문이다. 따라서 (3b)가 비문인 것은 당연한 결과라고 할 수 있다. 둘째, 아프리카계 미국인 영어의 경우 형용사구 생략 구문에서는 연결사 be가 반드시 나타나야 한다. 그 이유는 생략된 요소 바로 앞에 나오는 표현은 강세를 받아야하기 때문이다.

(5) a. The river wide?
　　b. Yes, it *(is) wide

셋째, 의문사 이동이 발생하게 되면 be가 반드시 나타나야 한다.

(6) Couldn't nobody say what color it *(is)[21]

복사이론(copy theory)에 따르면, 이동은 복사, 병합, 그리고 생략으로 이루어져 있다. 따라서 이동이 일어난 구문은 생략을 필요로 한다. 아래복사본이 생략되어야하기 때문이다. 즉, 이동 구문도 생략 구문의 일종이다. (7a)가 보여주듯이, 예문 (6)에서는 what color가 종속절의 문두로 이

---

[21] 아프리카계 미국인 영어의 또 다른 특징 중의 하나는 이중부정이다. 또한 부정조동사가 문두로 이동하는 것도 아프리카계 미국인 영어의 특징이다.

동한 상태이다. 이동이 발생한 뒤에는, (7b)에서와 같이 아래복사본이 생략되어야 한다.

    (7) a. Couldn't nobody say what color it is what color: 아래쪽 what color생략
        b. Couldn't nobody say what color it is ~~what color~~.

이렇게 what color가 생략이 되면, 생략된 요소의 바로 앞에 있는 핵이 강세를 받는다. 이는 주류영어(mainstream English)의 경우 생략된 요소의 앞에 있는 핵은 축약될 수 없다는 사실로 잘 알 수 있다.

    (8) a. I wonder what color it is.
        b. *I wonder what color it's.

(8b)가 비문인 이유는 생략된 요소를 대신하여 선행하는 요소가 강세를 받기 때문이다. 강세를 받을 수 있는 표현은 반드시 음성적으로 실현되어야 하며, 또한 축약이 되어서도 안 된다. 그렇다면, (6)이 보여주듯이, 아프리카계 미국인 영어에서 생략이 된 요소 바로 앞의 be 동사가 생략될 수 없는 것은 당연한 일이라고 할 수 있다.[22]

12.1.2 분절음소가 반드시 표현되어야 하는 경우

지금까지 우리는 강세가 들어가야 되는 상황에서는 반드시 be동사가 실현되어야 한다는 것을 보았다. 이제 굴절어미가 반드시 실현되어야 하는 경우를 알아보기로 하자. 첫째, 과거를 표현하기 위해서는 반드시 과

---

[22] (8b)의 비문법성(ungrammaticality)을 설명하기 위하여, Johnson(2001)은 생략을 인허해주는 핵이 존재하여야 한다고 주장한다. 이러한 주장을 받아들여 Conner (2015)는 (6)에서 be동사가 생략을 인허해주는 핵의 역할을 하고 있다고 주장한다.

거형 어미를 표현하여야 한다. 따라서 과거시제를 표현하기 위해서는 반드시 be가 사용된다.

    (9) I *(was) cool.

위의 예문에서 was가 생략되면 과거형으로 해석될 수 없기 때문에 be동사가 반드시 발음되어야 한다. 둘째, 현재완료의 경우 be동사가 반드시 사용되어야 한다.

    (10) I BEEN know that guy.
        'I have known that guy for a long time'

과거형 어미 -ed가 반드시 발음되어야 하듯이, 완료형 어미인 -en도 반드시 음성적으로 실현되어야 한다. 그렇지 않으면 완료의 의미를 나타낼 방법이 없기 때문이다. 따라서 완료구문에서는 be가 반드시 사용되어야 한다. 셋째, 부정형(infinitival form)이 나타나야 하는 상황에서도 be동사는 반드시 사용되어야 한다.

    (11) a. You got to be strong.
        a'. *You got to strong.
        b. Be nice to him!
        b'. *Nice to him!

To-부정사 구문에서 to 다음에 반드시 부정형 동사가 나와야 하는 것은 잘 알려진 사실이다. 여기서 부정형 동사란 단순히 어근을 나타내는 것이 아니라 '어근 + 영굴절 Ø'을 의미한다. 다시 말해, 영굴절이 반드시 표현되어야 한다는 것을 의미한다. 영굴절이 표현되기 위해서는 반드시 be동사가 사용되어야 한다. 넷째, 부가의문문의 경우에도 반드시 be동사가 필요하다.

(12) a. I don't think you ready, are you?
　　　b. *I don't think you ready, you?
(13) a. He not eating, is he?
　　　b. *He not eating, he? (Green 2002: 43)

부가의문문의 경우, 다른 의문문과 마찬가지로 T가 C로 이동하는 핵이 동이 발생한다. 의문문의 C는 발음이 되지 않지만 접사로서 자신이 들러 붙어야 하는 지지대(host)를 필요로 한다. 또한 의문문의 C는 의문문이라는 해석자질을 가지고 있기 때문에 생략될 수 없다. 따라서 be가 반드시 존재하여야 한다.

(14) a. I don't think you ready, [C [you T]]　T가 C로 이동
　　　b. I don't think you ready, [T C [you 干]]

다섯째, 아프리카계 미국인 영어에서 일인칭 be동사는 반드시 사용되어야 한다.

(15) a. I'm all right.
　　　b. *I all right.

이를 다른 말로 표현하면, 아프리카계 미국인 영어에서 일인칭 굴절은 반드시 명시적으로 표현되어야 한다는 것이다. 마지막으로 이중부정문에서 be가 반드시 사용되어야 한다. 아프리카계 미국인 영어 부정문의 특징은 이중부정을 한다는 것이다. 즉, 부정문에서 no이외에도 n't를 덧붙여 사용하여야 하는데, 이 경우에 n't는 자신을 지지해줄 be동사가 필요하다. 따라서 부정문의 경우에는 be동사가 반드시 사용되어야 한다.

(16) a. I ain't no fool.
　　　b. *I no fool.

위의 논의를 요약하여 보기로 하자. 위에서 제시한 모든 현상은 다음과 같이 정리할 수 있다. 아프리카계 미국인 영어는 be동사가 사용될 수도 있고 그렇지 않을 수도 있지만, 다음과 같은 상황에서 be동사가 반드시 사용되어야 한다. 첫째, 초분절형태소의 지지대가 필요할 때, 둘째 분절형태소가 표현되기 위한 지지대가 필요할 때 be동사가 반드시 필요하다.

(17) 초분절 요소가 지지대가 필요한 경우
    a. 강세를 지지할 요소가 필요 (예문 3a)
    b. 어떠한 요소가 생략되었을 때 이를 표시하기 위한 휴지(pause) 혹은 강세가 나타나게 되는데 이를 지지할 요소가 필요 (예문 5b, 6)

(18) 분절요소가 지지대가 필요한 경우
    a. 과거형 어미 (예문 9)
    b. 현재완료형 어미 (예문 10)
    c. 부정형(infinitival) 영굴절 어미 (예문 11)
    d. 의문형 어미 C (예문 12-13)
    e. 일인칭 어미 (예문 15)
    f. 부정어 n't를 지지하는 요소가 필요한 경우 (예문 16)

다음 절에서는 위에서 정리한 현상을 설명하고자 노력한다.

12.2 최후의 수단으로서 굴절어미 생략

(17-18)에서 기술한 아프리카계 미국인 영어의 특징을 설명하기 전에, 과연 연결사가 문법에서 반드시 필요한 요소인가를 생각하여 보기로 하자. 연결사가 필요한 이유는 통사적 이유, 의미적 이유, 그리고 음운/형태적 이유

로 나누어 볼 수 있다. 통사적 이유로는 동사구 보편성(VP Universality)을 들 수 있다. 만약 연결사가 없다면 모든 문장은 동사구를 포함하고 있다는 동사구 보편성을 준수하지 못한다. 예를 들어, 다음과 같은 문장에서 be동사가 존재하지 않으면 술어구는 형용사구이기 때문에 동사구가 없는 문장이 된다.

(19) John [AP sick]

그러나 동사구가 없다는 것이 통사적 문제를 일으킨다고 단정할 수는 없다. 더욱이 모든 언어의 문장 속에 동사구가 있어야 한다는 동사구 보편성 이론에는 반례가 많다. 그 대표적인 언어가 한국어이다. 한국어의 경우 술어가 형용사인 경우 연결사가 필요하지 않다. (20)과 같은 예문에서 연결사를 삽입하면, (21)에서 보듯이 비문이 된다.

(20) a. 수지가 아프다.
     b. 수지가 아팠다.
(21) a. *수지가 아프이다.
     b. *수지가 아프이었다.

그러므로 모든 문장은 동사구를 포함한다는 주장은 틀린 주장이라고 할 수 있다. 연결사가 필요한 또 다른 이유로 우리는 의미를 꼽을 수 있다. 즉, be동사와 같은 연결사가 문장 속에 나타나는 이유를 의미적인 이유 때문이라고 가정해 볼 수 있다. 이러한 의미에 바탕을 둔 필요성도 또한 타당성이 결여되어 있다고 말할 수 있다. 예문 (19)와 (20a-b)에서 보듯이 연결사 없이도 문장의 의미를 완벽하게 표현할 수 있으며 아프리카계 미국인 영어에서 John sick과 John is sick이라는 문장의 의미는 똑 같다고 말할 수 있기 때문에 be동사가 의미가 있다고 보기 어렵다.

마지막으로, 연결사가 필요한 음운/형태른적 이유는 연결사가 없으면 시제굴절어미를 표현하기 어렵다는 것이다. 한국어의 경우에는 형용사가 시제굴절어미의 지지대 역할을 해줄 수 있기 때문에, 형용사는 연결사를 필요로 하지 않는다. 예를 들어, 시제굴절어미 '었'은 자신을 지지해줄 수 있는 술어가 필요한데, 형용사 '아프'가 그 역할을 할 수 있다.

(22) a. 수지가 아프 았다: 접사화
b. 수지가 아팠다

따라서 술어가 형용사일 경우, 연결사가 불필요하다. 반면에 술어명사구는 시제굴절어미의 지지대 역할을 할 수 없다. 그러므로 (23a)는 비문이다. 예문 (23b)가 보여주듯이, 술어가 명사구이면 연결사 '이'가 반드시 있어야만 정문이 된다.

(23) a. *수지는 학생 었다.
b. 수지는 학생이었다.

요약하면, 연결사가 필요한 이유를, 통사적 필요성, 의미적 필요성, 그리고 음운/형태적 필요성 등으로 나눌 수 있는데, 통사적 필요성과 의미적 필요성은 타당성이 높지 않다고 말할 수 있지만, 굴절어미의 지지대 역할이라는 음운/형태적 필요성은 간과할 수 없는 기능이라고 말할 수 있다. 이와 같은 논의를 염두에 두고, be 동사가 수의적으로 나타날 수 있는 아프리카계 미국인 영어를 설명하여 보기로 하자.

본 장에서는, (24a-b)가 보여주듯이 아프리카계 미국인 영어의 경우 두 종류의 구문이 존재한다고 주장한다.

(24) a. Tom T be sick
b. Tom T sick

즉, 주류영어와 마찬가지로 T가 VP를 보충어구로 취하는 구문도 존재하지만, 한국어와 마찬가지로 T가 AP를 보충어구토 취하는 구문도 존재한다는 것이다. VP를 보충어구로 취하면, (25)에서 보듯이 주류영어와 똑같은 방식으로 문장이 생성된다.

    (25) a. Tom T be sick: be가 T로 이동
         b. Tom [be T] be sick: 음성적 실현
         c. Tom is sick

한편 T가 AP를 보충어로 선택하게 되면, 음운부에서 문제가 생긴다. 왜냐하면 sick은 T의 지지대 역할을 할 수 없기 때문이다. 이러할 경우에 최후의 수단으로 T가 생략된다.[23]

    (26) a. Tom T sick: 최후의 수단으로 T 생략
         b. Tom T̸ sick

T가 생략이 될 수 있는 상황은 소위 복원가능성의 원리(Principle of Recoverability)를 준수할 수 있는 경우에 한정된다. 12.1에서 소개한 예문들이 be를 반드시 요구하는 이유는 T가 생략되면 복원가능성의 원리를 준수할 수 없기 때문이라고 말할 수 있다.

12.3 좌초된 분절음소와 복원가능성의 원리

  본 절의 주요 주장은, T가 AP를 보충어구로 취할 경우에 T가 좌초될 위기에 처하게 되는데, 복원이 가능할 때는 T를 생략하고, 그렇지 못한 경우에는 비문이 된다는 것이다. 결과적으로 그러한 경우에는 T가 be-동사구를 보충어구로 취하는 경우에만 정문이 만들어 진다. 이러한 주장을

---

[23] 한편 김광섭(2017c)에서는 be가 영접사로 기저생성된다고 주장하고 있음.

염두에 두고 앞에서 기술한 자료를 하나씩 설명해 보기로 하자. 먼저, 현재형의 경우를 생각하여 보자. 현재형은 무표적인 시제이므로 복원가능하고 따라서 생략가능하다.

  (27) a. Kayla [$T_{present}$] kind and brilliant: 현재형 굴절어미 T 생략
    b. Kayla [~~$T_{present}$~~] kind and brilliant

반면에 과거형은 유표적이며 복원될 수 없다. 과거라는 의미는 쉽게 복원될 수 없기 때문에 과거형을 생략할 수 없다는 것이다. 따라서 과거형의 경우에는 T가 AP를 보충어구로 취하면 정문이 만들어질 수 없다.

  (28) Kayla [Ø T_{past}] kind and brilliant: 복원가능성의 원리 때문에 T_{past}의 생략불가능

(29a-c)가 보여주듯이, T가 be-동사구를 보충어로 취할 경우에만 정문이 될 수 있다.

  (29) a. Kayla T_{past} [be kind and brilliant]: Be가 T로 이동
    b. Kayla [be T_{past}] kind and brilliant: 음성적 실현
    c. Kayla was kind and brilliant

흥미로운 사실은 만약 과거를 표현하는 부사구가 나타나면 be동사가 등장하지 않을 수도 있는 방언(variety)이 존재한다는 것이다.

  (30) I cool yesterday.

이는 yesterday를 통해 과거의 의미가 복원가능하기 때문에 굴절어미가 생략될 수 있음을 보여준다.

(31) a. I [Ø T~past~] cool yesterday: yesterday를 통하여 과거의미 복원가
  능. 따라서 과거형 굴절어미 생략
  b. I [Ø T̶p̶a̶s̶t̶-] cool yesterday

현재 완료형의 경우에 be가 반드시 나타나야 하는 현상도 마찬가지로 설명할 수 있다. 만약 (32a)에서 been이 생략되견 완료의 의미를 얻을 수 없다. 즉, (32b)는 현재의 의미로만 해석된다.

(32) a. I been know that guy.
  b. I know that guy.

현재완료는 주류영어에서 have -en으로 표현된다. 아프리카계 미국인 영어에서는 현재완료를 표현할 때 have -en대신에 be -en의 형태를 사용하는 듯하다.[24] 이 경우 en은 know쪽으로 접사이동을 하지 않고 be쪽으로 이동한다. (33)에서 보여 주듯이, be가 나타나지 않고 -en만 나타난다고 가정하여 보자. 그렇다면, -en은 좌초될 수밖에 없다. 좌초된 -en은 현재완료라는 의미를 가지고 있기 때문에 생략될 수 없다. 즉, en-생략은 복원가능성의 원리를 위배한다.

(33) I [T [en know that guy]]: 복원가능성의 원리 때문에 en-생략
  불가능

따라서 (34a)와 같이 T가 동사구를 선택하여야만 정문이 생성된다. (34a-b)에서 보듯이, en은 be를 지지대로 취하여 좌초접사문제를 해결할 수 있다. 나머지 한 가지 문제는 T도 동사를 지지대로 취해야 하는데

---

24 주류영어에서도 동사가 비대격(unaccusative)일 경우 be -en이 현재완료형으로 쓰일 수 있다.

  (i) She is gone.

be가 그 역할을 할 수 없다는 것이다. Be는 이미 en과 접사화를 겪었기 때문에 T가 be를 지지대로 사용할 수 없는 것이다. 이러한 경우에 T가 최후의 수단으로 생략된다. T는 현재의 의미를 가지고 있고 현재의 의미는 복원가능하기 때문에 T는 최후의 수단으로 생략될 수 있다.

    (34) a. T [be en know that guy]: en이 be로 이동
         b. T [be en] e̶n̶ know that guy: 최후의 수단으로 T 생략
         c. T̶ [be en] e̶n̶ know that guy

결론적으로 현재완료의 경우에는 be가 삽입되는 방법만이 적형식을 만들어 낼 수 있다.

  부정형(infinitive) 문장의 경우에서 be가 존재하지 않으면 비문이 되는 이유는, to는 정형절 T와는 달리 반드시 동사구를 자신의 보충어구로 취하기 때문이다. (35a)에서 보듯이 to 다음에는 반드시 동사구가 나와야 하며, 동사의 형태는 원형이어야 한다. (35b)와 같이 to가 AP를 보충어구로 취할 수는 없다. 따라서 be가 존재하는 문장만이 정문이다.

    (35) a. You got to [vp be strong]
         b. *You got to [AP strong]

의문문에서 be동사가 반드시 나와야 하는 현상도 마찬가지 방법으로 설명할 수 있다. 부가의문절이 있는 문장 (36)이 보여주는 현상을 설명하여 보기로 하자.

    (36) I don't think you ready, are you?

(36)은 I don't think you ready라는 주절과 are you라는 부가의문절(tag question)로 이루어진 문장이다. 먼저, 주절이나 부가절 모두에서 be동사가 없다고 가정하여 보자. 이러한 가정 하에서는 정문을 만들 수 없다.

(37a-b)에서 보듯이, 부가절의 경우에 T는 C로 이동한다. 현재형 T는 생략이 될 수 있어도, 의문자질 Q를 가지고 있는 C는 생략될 수 없다. 따라서 만약 부가의문문절에서 be가 존재하지 않으면 비문이 형성된다.

(37) a. I don't think you T ready, [C [you T]]: T가 C로 이동
b. I don't think you T ready, [[T C] [you T̸]]: [T C] 생략불가

한편, (38)에서 보여주듯이, 부가의문절에 be동사가 존재하면 정문이 만들어진다. Be가 T로 이동하고, [be T]가 C로 이동하면, be 때문에 굴절어미 T와 C가 좌초되지 않는다.

(38) a. I don't think you T ready, [$_{CP}$ C [$_{TP}$ you T [$_{VP}$ be]]]: be가 T로 이동
b. I don't think you T ready, [$_{CP}$ C [$_{TP}$ you [be T] [$_{VP}$ b̶e̶]]]: [be T]가 C로 이동
c. I don't think you T ready, [$_{CP}$ [[be T] C] [$_{TP}$ you [b̶e̶ T̸] b̶e̶]]: 주절 T 생략
d. I don't think you T̸ ready, [$_{CP}$ [[be T] C] [$_{TP}$ you [b̶e̶ T̸] b̶e̶]]: 음성적 실현
e. I don't think you ready, are you?

이제 주어가 일인칭 단수인 경우를 생각하여 보기로 하자. 주어가 일인칭 단수일 경우에 생략이 되지 않는 현상은, 아프리카계 미국인 영어에서 보편적으로 발견되는 현상은 아니다. (39a-b)에서 보듯이, 일부 아프리카계 미국인 영어에서는 'm과 같은 표현이 생략될 수 있다.

(39) a. I'm all right.
b. %I all right.

생략이 불가능한 변이형을 구사하는 화자의 직관을 설명하여 보기로 하자. 이러한 직관에 따르면, 화자 자신을 표현하는 자질, 즉 [+first person, -pl]과 그 외의 관련 자질을 구별한다고 할 수 있다. 즉, 문장을 자기 자신에 대한 문장과 그 밖의 것에 관한 문장으로 나누고 있는 것이다. 이 두 유형의 문장을 유/무표성(markedness)이라는 관점에서 분류한다면, 자기 자신에 관한 문장은 유표적이고 그 밖의 것에 관한 문장이 좀 더 무표적 (unmarked)이라고 할 수 있다. 다시 말해, [+first person, -pl]은 유표적 자질이고 그 밖의 자질은 무표적이다. 이 문법에서는 무표적인 자질은 생략될 수 있지만 유표적인 자질은 생략될 수 없다는 규칙이 있는 듯하며, 이 때문에 I all right과 같은 표현이 비문법적이라고 말할 수 있다.

아프리카계 미국인 영어의 부정문의 경우, 이중부정이 반드시 사용되어야 하므로 n't는 반드시 발음되어야 한다. N't는 be라는 지지대를 필요로 한다. 따라서 be가 n't로 이동하여야만 정문이 만들어 질 수 있다. Be가 n't로 이동하고 [be n't]가 T로 이동하면 정문이 생성된다.

 (40) a. [TP I T [NegP n't [VP be no fool]]]: be가 n't로 이동
   b. [TP I T [NegP [be n't] [VP ~~be~~ no fool]]]: [be n't]가 T로 이동
   c. [TP I [[be n't] T] [NegP ~~[be n't]~~ [VP ~~be~~ no fool]]]: 음성적 실현
   d. I ain't no fool

즉, n't가 반드시 발음되어야 한다는 규칙을 준수하려면 n't를 지지해줄 지지대가 필요하고 지지대 역할을 해줄 be가 반드시 존재해야 한다. 만약 지지대가 존재하지 않으면 비문이 된다. (41a-b)에서 보듯이, n't와 T가 생략되면 I no fool이라는 비문이 만들어 진다.

 (41) a. [TP I T [NegP n't no fool]]]: 복원성의 원리에 따라 n't와 T생략 불가
   b. *I no fool

지금까지 우리는 지지대가 꼭 필요한 분절형태소(segmental morpheme)는 반드시 be동사와 함께 나타나야 한다는 것을 보았다. 다음 절에서는 지지대가 필요한 초분절형태소도 마찬가지 이유르 be의 존재를 요구하게 된다는 것을 보이고자 한다.

12.4 좌초된 초분절음소와 복원가능성의 원리

앞에서 언급하였듯이, 문장 전체가 강조가 되려면 T가 [+focus] 자질을 가지고 있어야 한다. [+focus]자질을 가진 T는 생략될 수 없다. 왜냐하면 생략이 되게 되면 초점이라는 의미가 복원가능하지 않기 때문이다. 따라서 (42)에서 보듯이, be가 없는 문장에서 T의 생략은 불가하다.

(42) There already T[+focus] $\emptyset_{copula}$ one: T의 생략불가.

T가 강세자질을 가지고 있으면, (43a)가 보여주듯이, 반드시 be가 존재하여야 한다.

(43) a. There already T[+focus] be one: be가 T로 이동
 b. There already [be T[+focus]] be one

이제 생략이 일어난 문장을 살펴보기로 하자. 생략이 발생하고 나면 생략이 되었다는 사실이 어떠한 식으로든 표시가 되어야 한다. 생략이 발생한 뒤, 생략이 발생했다는 표시가 문장 상에 나타나야 하는 이유에 대하여는 여러 가지 학설이 있다. Lightfoot(2006)에 의하면 생략된 자리에는 영접사가 나타나며, 이 영접사가 선행하는 구성소에 접사화 된다고 주장한다. 이렇게 접사화가 되면 be동사가 축약이 될 수 없다는 것이 Lightfoot의 주장이다.

(44) John is good at tennis, and Mary {is, *'s} too.

(45) a. John is good at tennis, and Mary is good at tennis: AP-생략
　　　b. John is good at tennis, and Mary is ~~good at tennis~~: 생략된 자리
　　　　에 영접사 생성
　　　c. John is good at tennis, and Mary is Ø: 영접사의 접사화
　　　d. John is good at tennis, and Mary [is Ø]

김광섭(2008a)에서는 생략이 되는 경우 분절음소만 생략이 되고 초분절음소는 그대로 살아남는다고 주장하고 있다. (46a)에서 [AP good at tennis]가 생략이 되더라도 이 AP와 연결되어있는 초분절음소는 생략되지 않으며, 생략을 통하여 연결이 끊어진 초분절음소가 이웃한 is와 연결되면 is가 강세를 받아야 하므로 is는 축약이 될 수 없다는 것이다.

(46) a.　　　　　stress (초분절 음소)
　　　　　　　　　　|
　　　　Mary is [good at tennis]: AP-생략 (분절음소만 생략)

　　　b.　　　　　stress
　　　　Mary is ~~good at tennis~~: 연결이 끊어진 초분절음소가 is와 연결
　　　c.　　　　　stress
　　　　　　　　　　/
　　　　Mary is

또 다른 가능성은 생략이 되게 되면 거기에 대한 보상으로 휴지(pause)가 주어지며 휴지 앞에 있는 요소는 반드시 강세를 주어 발음해야 한다고 말하는 것이다.

(47) a. Mary is good at tennis: AP 생략
　　　b. Mary is ~~good at tennis~~: 생략에 대한 보상으로 휴지가 주어짐
　　　c. Mary is Pause

이러한 여러 가지 가능성 중에서, 분절음소가 생략될 때 초분절음소는 그대로 살아남는다고 가정하고 문장을 생성하여 보기로 하자. 먼저 (48a)에서와 같이 be가 없는 구조를 가정하여 보자. What color는 절의 끝부분에 있는 요소로 [+stress]라는 초분절음소를 가지고 있는 어구이다. 음운부에서 what color의 아래복사본이 생략이 되는 경우에 초분절음소는 그대로 그 자리에 남게 되어 좌초된 초분절형태소가 된다. 좌초된 초분절형태소는 인접해 있는 분절음소인 T로 부가된다. 이렇게 T가 강세를 받게 되면 T는 생략될 수 없다. 문제는 T가 좌초되어 있는 상태라는 것이다. 따라서 be가 없으면 비문이 생성된다.

(48) a. Couldn't nobody say what color it T what color[+stress]: what color 의 아래복사본에서 분절음소만 생략

b. Couldn't nobody say what color it T ~~what color~~[+stress]: 초분절음소 [+stress]가 T로 부가

c. Couldn't nobody say what color it [T[+stress]]: T의 생략불가

한편 be가 존재하면, (49a-d)에서 보듯이, 정문이 만들어진다.

(49) a. Couldn't nobody say [what color it T be what color[+stress]]: be가 T로 이동

b. Couldn't nobody say [what color it [be T] ~~be~~ what color[+stress]]: what color의 아래복사본에서 분절음소만 생략

c. Couldn't nobody say [what color it [be T] ~~be what color~~[+stress]]: 초분절음소 [+stress]가 [be T]로 부가

d. Couldn't nobody say what color it [[be T][+stress]] ~~be what color~~[+stress]: 음성적 실현

e. Couldn't nobody say what color it IS

요약하면, 좌초된 초분절강세가 생기게 되면 그것의 지지대가 필요하며, be가 존재하면 지지대 역할을 할 수 있지만, 그렇지 않으면 지지대가 없게 되어 비문이 만들어진다. 따라서 초분절강세가 생기는 문맥에서는 be가 반드시 존재하여야 한다.

12.5 습관적 Be의 용법

지금까지 우리는 아프리카계 미국인 영어에서 be가 반드시 발음되어야 하는 구문을 설명하고자 하였다. 본 절을 맺기 전에 습관적(habitual) be의 용법을 검토해보기로 하자. 존이 지금 아픈 상황을 표현하려면 (50a)와 같은 문장을 사용하며, (50b)는 '존이 항상 아프다'라는 의미를 준다.

(50) a. John is/Ø sick.
　　　b. John be sick.

이는 습관적 행동이나 지속적 상태를 의미할 때는 동사원형을 쓰며 또한 be동사가 반드시 있어야 함을 의미한다. 이러한 현상을 설명하기 위해 본 절에서는 두 가지 종류의 굴절어미가 존재한다고 주장한다. 하나는 수와 인칭에 따라 변하는 굴절어미이고 또 다른 하나는 습관적 상을 나타내는 굴절어미이다. 습관적 상을 나타내는 굴절어미는 영굴절어미이다.

(51) 습관적 상을 나타내는 굴절어미: Ø

현재를 나타내는 굴절어미의 경우 생략될 수 있다. 왜냐하면 무표적 시제가 현재라고 하면 복원이 가능하기 때문이다. 반면에 습관적 상을 나타내는 굴절어미는 복원이 가능하지 않기 때문에 생략될 수 없다.

(52) John Ø_habitual sick: Ø_habitual 생략불가

따라서 굴절어미가 습관적 상을 나타낼 때는 반드시 be가 존재하여야 한다.

(53) a. John Ø_habitual be sick: be가 Ø_habitual로 이동
b. John [be Ø_habitual] ~~be~~ sick

요약하면, be가 반드시 외현적으로 나타나는 경우는 복원가능성의 원리에 따라 일치나 시제굴절어미 혹은 초분절음소가 생략될 수 없는 경우이다.

마지막으로 영형태소의 구조와 쓰임새에 대하여 알아보기로 하자. 시제를 표현하는 어미는 일치소와 함께 나타날 수도 있고 그렇지 않을 수도 있다. 시제가 영형태로 나타나는 경우는 일치소가 없는 경우라고 할 수 있다. 주류영어에서도 정형절임에도 불구하고 시제가 일치소 없이 나타날 수 있다. 예를 들어, 다음과 같은 문장에서 시제는 있으나 일치소는 없다고 할 수 있다.

(54) a. Be nice to your brother.
b. John suggested to Susie that she be nice to her brother.
c. If it be true, it would be astonishing.

일치소가 하는 역할은, 주류영어의 경우, 세상적인 사실에 비추어서 참(true)이라는 것을 표현해 주는 것이다. 즉, 한 문장의 시제에 일치소가 있으면, 그 문장은 가상 세계가 아닌 현실 세계에서의 사실을 표현해 주고 있는 것이다. 반면에 한 문장에 일치소가 없으면, 세상에 비추어서 사실이 아니거나 아닐 수도 있는 일을 표현한다고 말할 수 있다. 따라서

(54a-c)는 각각 명령, 제안, 가정의 의미를 주는 것이다. 우리는 아프리카계 미국인 영어의 경우 습관상(habitual aspect)을 나타내는 굴절어미가 영형태(zero form)로 나타나는 것을 보았다. 즉, 습관상을 나타내는 시제가 일치소 없이 나타나는 것이다. 습관상은 가상세계에서 일어나는 현상을 표현하지는 않지만, 실제로 발생했거나, 발생하고 있는 사건을 말하는 것은 아니다. 아프리카계 미국인 영어는 일치소가 실제로 세상에서 발생하고 있거나 발생한 일을 표현하는 표지로 사용되는 듯하다. John be sick이라는 말은 존이 현실에서 습관적으로 아프다면 참인 문장이다. 즉, 아프리카계 미국인 영어의 경우, 일치소가 없는 문장도 현실에 비추어서 참인 의미를 줄 수 있다. 다만, 그 문장은 지금 발생하고 있는 사건이나 상태를 나타내는 말은 아닌 것이다. 요약하면, 아프리카계 미국인 영어에서 일치소는 현실에서 발생하고 있거나 아니면 발생했던 사건을 표현할 때 쓰인다. 결과적으로 일치소가 없는 시제는, 그 밖의 경우를 표현하게 된다. 그 밖의 경우에는 습관적인 사건도 포함되며, 습관적인 상황을 나타내는 표현은 유표적이기 때문에, 복원성의 원리에 의하여 생략될 수 없다.

12.6 주류영어에서의 굴절어미 생략

지금까지 우리는 아프리카계 미국인 영어에서 굴절어미가 최후의 수단으로 생략될 수 있음을 보았다. 주류영어(mainstream English)의 경우에도 아주 제한적이지만 동사에 붙는 굴절어미가 생략되는 경우가 있다. 먼저 예문 (55-56)을 검토하여 보기로 하자. 예문 (55a-b)에서 보듯이, has 다음의 동사는 win이 아니라 won이어야 한다. 그러나 놀랍게도 예문 (56)에서는 기본형인 win이 나타나는 것을 허용한다.

(55) a. John has won the game.
　　 b. *John has win the game.
(56) John said that he would win the game, and win the game, John has.

완료조동사 have가 처음부터 won과 같이 나타난다고 가정하면, (56)과 같은 문장을 생성해낼 방법이 없다. 예문 (56)이 보여주는 현상을 설명하는 한 가지 방법은, (57a)에서 보여 주듯이, 완료형 won은 어휘부에서 형성되는 것이 아니고 통사부나 통사-음운 인접부에서 win이 -en과 만나서 형성되는 어휘라고 가정하는 것이다. 정상적인 경우라면 (57a-b)에서처럼 -en이 win으로 하강하여 won이 만들어진다.

(57) a. John has en win the game: -en이 win으로 하강
　　 b. John has ~~en~~ [win en] the game: 음성적 실현
　　 c. John has won the game

그러나 (58a-b)에서 보듯이, 접사하강이 일어나기 전에 동사구인 win the game이 이동해 나갔다고 가정해 보자.

(58) a. John has en win the game: vP-전치(preposing)
　　 b. win the game, John has en 최후의 수단으로 en생략

그러한 경우에는 en이 동사에 붙을 수 있는 환경이 깨져버린다. 이러한 상황에서 적용할 수 있는 것은 최후의 수단으로 do를 삽입하거나 아니면 최후의 수단으로 en을 생략하는 것이다. 최후의 수단으로 생략을 할 수 있는 경우는 복원가능성의 원리(Principle of Recoverability)에 따라 생략된 요소가 복원가능성(recoverable)이 있을 경우에만 가능하다. (58b)의 경우에는 do-삽입이 아니라 en-생략의 방법을 취하게 되는데 그 이유는

have를 통해서 완료의 의미를 복원할 수 있기 때문이다.[25]

    (59) a. win the game, John has en: 최후의 수단으로 en생략
          b. win the game, John has ~~en~~

결론적으로, 예문 (56)은 주류영어에서도 굴절어미가 최후의 수단으로 생략될 수 있음을 보여준다.

---

[25] 이와 같은 주장을 펼치고 있는 논문으로는 김광섭(2005)을 들 수 있다. 하지만 모든 접사가 완료형 -en과 같은 행태를 보이는 것은 아니다. 진행형 -ing는 동사구가 전치되더라도 반드시 음성적으로 실현되어야 한다.

    (i) a. Swimming in the river, John is.
       b. *Swim in the river, John is.

이러한 현상을 설명하기 위해 복원가능성의 원리를 활용하는 방법이 있다. Be동사가 진행뿐만 아니라 수동형에도 쓰이는 조동사이기 때문에 -ing의 의미를 복원하기가 어렵기 때문이라고 설명하는 것이다. 또 다른 방법으로는 진행형 어미 -ing는 완료형 어미 -en과는 다르게 어휘부에서 병합을 한다고 주장하는 것이다. 이 두 가지 방법 중에서 어느 것이 맞는지는 후속 연구에서 다루고자 한다.

제3부
통사부와 논리형태부(LF)에서의 최후의 수단

    제1부에서 다룬 삽입과 제2부에서 다룬 생략은 모두 통사-음운의 접합부에서 발생하는 현상이다. 삽입과 생략은 음운부에서 흔히 발생하는 현상이므로, 통사-음운 접합부에서 삽입과 생략현상이 발생하는 것은 어찌 보면 자연스러운 일일 수 있다.[1] 하지만 최후의 수단으로 발생하는 현상이 통사-음운 접합부에서만 일어나는 것은 아니다. 통사부내에서 최후의 수단으로 발생하는 연산 작업도 있으며, 통사-음운 접합부로 사상하기 직전에 최후의 수단으로 발생하는 작업도 존재하고, 또한 통사-의미 접합부에서 최후의 수단으로 발생하는 작업도 존재한다. 제3부에서는, 이와 같이 통사-음운 접합부 이외의 곳에서 발생하는 최후의 수단을 알아보기로 한다.

    최소주의에서는 거의 모든 연산 작업이 최후의 수단이라고 할 수 있다. 예를 들어, 병합(merge)도 최후의 수단이라고 말할 수 있다. 만약 병합이 최후의 수단이 아니라면 왜 병합이 발생하는가를 설명하기 어렵기 때문이다. (1a)에서 왜 love와 Mary가 병합을 하는가 하는 질문에 Chomsky

---

[1] 다만 삽입 혹은 생략되는 단위가, 단순히 음소(phoneme)가 아니라 형태소(morpheme), 단어(word), 그리고 심지어 구(phrase)와 같이 좀 더 큰 구성소라는 것이 특이한 현상이라고 말할 수 있다.

(1995)는 병합은 자유롭게(free) 발생할 수 있기 때문이라고 답변한다. 즉, 병합은 이유 없이 발생할 수 있다는 것이다. 그러나 love와 Mary가 병합하는 이유는 love가 Theme이라는 자질을 가지고 있고 이 자질이 반드시 부여되어야하기 때문이라고 할 수 있다.

(1) a. love$_{(Theme)}$와 Mary의 병합
　　b. love$_{(Theme)}$ Mary

이러한 시각에서 보면 병합이란 연산작용도 또한 발생하지 않으면 안 되는 최후의 수단이며, 이러한 논리를 따르다 보면, 모든 연산 작업은 최후의 수단인 것이다. 그러나 병합이라는 작업은 다른 원리나 원칙을 위반하면서 발생하는 작업이라고 말할 수 없는 반면, 제1부와 2부에서 다룬 삽입이나 생략은 조작금지조건과 같은 원리를 위반하면서까지 발생하는 작업이다. 제3부에서도, 1, 2부와 마찬가지로, 기존의 원리를 어기면서까지 할 수 없이 적용시키는 좁은 의미의 최후의 수단을 다루고자 한다.

제13장 최후의 수단으로의 재병합(remerge)

Chomsky(1995)는 이동이 복사, 병합, 생략이라는 세 개의 작업으로 이루어져 있다고 주장하고 있다.

(1) a. [C you love who]: who의 복사 그리고 C'와 병합
b. [who [c' C you love who]]: who의 아래복사본 생략
c. [who [c' C you love ~~who~~]]

이러한 복사이론은 최소주의의 표준이론이라고 할 수 있다. 그러나 이동을 재병합(remerge)이라고 보는 학자들도 존재한다. 예를 들어, Johnson(2012)은 love와 병합을 한 who가 C'와 재병합하게 되면 이동의 효과를 얻는다고 주장한다. 재병합이론에 따르면, (2a-b)에서 보는 것처럼 복사라는 단계가 존재하지 않고, who가 C'와 한 번 더 병합을 하게 된다.

(2) a. [C' C you love who]: who를 C'와 재병합
b. [C' C you love who]
           _____/
             CP

복사이론과 재병합이론은 최소주의 내에서 이동에 대한 주요 이론이라고 할 수 있다. 본 장에서는 통사부에서 복사/병합과 재병합이 모두 발생할 수 있다고 주장한다. 다만 복사/병합은 넓은 의미의 최후의 수단인

반면, 재병합은 좁은 의미의 최후의 수단으로 적용되는 연산 작업이라고 주장한다. 좀 더 구체적으로 말하면, 본장에서는 자신의 비해석적 자질을 생략하기 위해서는 복사를 통하여 이동을 하게 되지만, 남의 비해석적 자질을 생략하기 위해서는 재병합을 한다고 주장하며, 이 재병합에 의하여 생성되는 대표적인 구문이 우분지상승(Right Node Raising, RNR) 구문이라는 것을 보이고자 한다.

13.1 비해석적 자질을 생략하기 위한 이동

모든 이동은 최후의 수단으로 발생한다. 비해석적 자질이 지워지지 않으면 음운/의미-통사 접합부에서 문제가 생기기 때문에, 지워지지 않은 비해석적 자질을 가진 요소는 최후의 수단으로 이동한다. 이동을 설명하는 학설에는 크게 두 종류가 있다. 하나는 유인설(attract approach)이고, 또 다른 하나는 최후의 수단설이다. 유인설에 의하면, 이동이 발생하는 이유는 상위의 요소가 EPP 자질을 가지고 있으므로, 그 EPP 자질을 삭제하기 위해서 하위의 요소를 잡아당기기 때문이라는 것이다. 예를 들어, 유인설에 의하면 C가 의문자질 [+Wh]에 대한 EPP를 가지고 있으며, 이를 생략시키기 위해 해석적 의문자질을 가지고 있는 who를 잡아당긴다는 것이다.

(3) a. $C_{[EPP\ for\ Wh]}$ [who like you]: who-이동
    b. who $C_{[EPP\ for\ Wh]}$ [~~who~~ like you]: EPP 자질 삭제
    c. who $C_{[EPP\ for\ Wh]}$ [~~who~~ like you]

(3c)에서 who가 C의 SPEC-자리로 이동하게 되면 C의 EPP자질은 삭제된다. 정리하면, 의문문의 C는 지워져야하는 자질을 가지고 있으며, 그

자질을 지우기 위해 최후의 수단으로 이동을 발생시킨다는 것이 유인설의 주요 주장이다. 이러한 식의 주장을 하는 대표적인 학자로는 Chomsky (1995, 2001, 2004, 2008, 2013)를 들 수 있다.

유인설에서 문제가 될 수 있는 부분은 어떻게 해서 의문사가 중간 단계로 이동해 나가는가 하는 것이다. 예를 들어, 예문 (4)에서 who가 이동해 나가는 방식은, 단 한 번에 love의 목적어 자리으로부터 주절의 C의 SPEC자리로 이동해나가는 것이 아니다.

(4) Who do you think that John loves t?

Chomsky(1995)를 비롯해 수많은 학자들은 who가 종속절 v의 SPEC자리와 종속절 C의 SPEC자리, 그리고 주절 v의 SPEC자리를 거쳐서 마침내 주절의 C의 SPEC자리로 이동한다고 주장한다.

(5) [$_{CP}$ Who do you [$_{vP}$ t''' ~~you~~ v think [$_{CP}$ t' that John T [$_{vP}$ t' ~~John~~ v love t]]]]?

문제는 v나 C가 wh-자질에 대한 EPP를 가지고 있다고 주장할 수 있느냐 하는 것이다. 이렇게 중간 단계에도 의문자질을 위한 EPP가 있다고 주장하는 것은 무리라고 생각할 수 있다. 따라서 중간 단계로의 이동은, 유인을 통하여 발생하는 것이 아니라고 주장해야 할 것이다. 그렇다면 중간 단계의 이동과, 마지막으로 주절 C의 SPEC자리로의 이동의 동인(motivation)이 다르다고 인정을 해야 한다. 하지만 이렇게 일관성이 없는 이론은 바람직하지 않은 이론이라고 말할 수 있다.

이러한 문제를 해결하기 위해서 Bošković(2007, 2011)는 의문사가 이동하는 이유는 자신이 비해석적 자질을 가지고 있기 때문이라고 주장한다. 이 이론에 따르면, 의문사가 Q라는 비해석적 자질을 가지고 있으며, 제자리에서 이 비해석적 자질이 삭제될 수 없으면 최후의 수단으로 이동을 한다는 것이다. 예를 들어, C는 해석적 Q-자질을 가지고 있는 반면, who는 비해석적 Q-자질을 가지고 있으며, 만약 who가 C의 SPEC자리로 이동해 나가게 되면 who의 비해석적 자질이 생략된다는 것이다.

 (6) a. C$_{[Q]}$ [who$_{[uQ]}$ like you]: 최후의 수단으로 이동
   b. [who$_{[uQ]}$ C$_{[Q]}$ [~~who$_{[uQ]}$~~ like you]]: 비해석적 Q-자질 생략
   c. [who$_{[\text{uQ}]}$ C$_{[Q]}$ [~~who$_{[uQ]}$~~ like you]]

이러한 식의 주장은 중간 단계로의 이동이 발생하는 이유를 자연스럽게 설명해준다. (4)를 예로 들어 설명하기로 하자. 먼저 (7a)에서처럼 vP가 형성되면 국면 핵인 v의 보충어구는 음운부와 논리형태부로 보내져야 한다. 그렇다면 who가 갖고 있는 비해석적 자질 [uQ]는 영영 생략될 기회를 잃게 된다. 따라서 최후의 수단으로 who가 국면 v의 모서리 부분으로 이동을 한다. (7b)에서 who가 국면 vP의 모서리로 이동해 나갈지라도 who의 [uQ]는 생략되지 못한다. 따라서 (7c)에서 또 다른 국면인 CP가 만들어지게 되면 그 모서리부분으로 이동한다. 이러한 국면의 모서리로의 이동은 [uQ]가 생략될 수 있을 때까지 계속된다. (7e-f)에서 보듯이, who는 주절 v의 모서리까지 이동해 나가게 되고, 마지막으로 주절 C의 SPEC자리로 이동하게 될 때 [uQ]가 생략된다.

 (7) a. [$_{vP}$ John v [love who$_{[uQ]}$]]: 최후의 수단으로 who이동
   b. [$_{vP}$ who$_{[uQ]}$ [John v love t]]: T와의 병합, 주어 상승, C와 병합
   c. [that John T [$_{vP}$ who$_{[uQ]}$ [~~John~~ v love t]]]: 최후의 수단으로 who
    이동
   d. [who$_{[uQ]}$ that John T [$_{vP}$ t' ~~John~~ v love t]]: think와 v와 you 병합
   e. [you v think [who$_{[uQ]}$ that John T [$_{vP}$ t' ~~John~~ v love t]]]: 최후의
    수단으로 who이동
   f. [who$_{[uQ]}$ you v think [t" that John T [$_{vP}$ t' ~~John~~ v love t]]]: T와의

병합, 주어 상승, C와 병합

g. [C [you T [who[uQ] ~~you~~ v think [t" that John T [vP t' ~~John~~ v love t]]]]]: 최후의 수단으로 who 이동

h. [who[uQ] C [you T [t'" ~~you~~ v think [t" that John T [vP t' ~~John~~ v love t]]]]]

지금까지 우리는 의문사가 이동하는 이유를 설명하는 두 가지 이론을 살펴보았다. 이 두 이론의 공통점은 모두 비해석적 자질을 생략하기 위하여 이동이 발생한다는 것이다. 비해석적 자질이 생략되지 않으면 문법적인 문장을 만들어낼 수 없으므로, 이동은 비해석적 자질을 생략하기 위하여 최후의 수단으로 발생한다는 것이다.[2]

13.2 비해석적 자질 없이 발생하는 재병합

지금까지의 논의를 정리하면, 이동이 발생하는 이유를 크게 두 가지로 볼 수 있는데, 특정자질을 가진 구성소를 잡아당긴다는 유인설과 비해석적 자질을 가지고 있는 구성소가 최후의 수단으로 이동해 나간다는 최후의 수단설이 그 두 가지이다. 즉, 이동의 동인을 도착지가 가지고 있다고 보는 것이 유인설이고, 그 동인을 이동하는 요소가 가지고 있다고 보는 것이 최후의 수단설이다. 그런데 이동의 동인이 두 당사자에게는 없지만, 다른 요소를 고려할 때, 그 자리에 남아있으면 안 되는 경우가 있다. 본 장에서는 그러한 경우에 이동을 할 수는 없으나, 이동의 효과를 얻을 수 있는 책략을 최후의 수단으로 쓰게 되는데 그것이 바로 재병합이라고 주장한다. 좀 더 구체적으로 말하면, 본 장에서는 우분지상승(Right Node

---

[2] 여기서 말하는 최후의 수단이란 넓은 의미의 최후의 수단이다. 왜냐하면, 복사와 병합은 조작금지조건을 위배하는 연산 작업이 아니기 때문이다.

Raising) 구문이 바로 최후의 수단으로 재병합이 발생하는 구문임을 보이고자 한다. 우분지상승 구문의 특징은, 후행절에서 가장 오른쪽에 있는 구성소가 선행절(first conjunct)의 공백과 관계를 맺는다는 것이다. 예를 들어, (8)은 (9)와 같은 해석을 갖는다.

(8) John composed, and Mary sang, the song.
(9) John composed the song, and Mary sang the song.

우측구성소인 the song이 후행절 sang과 관계를 맺는 것은 이해할 수 있으나, 문제는 어떻게 해서 그것이 선행절 composed의 목적어로 해석될 수 있느냐 이다. 이러한 문제를 해결하기 위해 본 장에서는 최후의 수단으로 재병합이 일어날 수 있다고 주장한다. 본 장에서는 이러한 재병합이론이 기존연구의 장점을 받아들이는 동시에 기존연구의 문제점을 해결할 수 있음을 보이고자 한다.

13.3 이전 연구: 이동설, 생략설, 그리고 다중관할설

우분지상승 구문의 특이성을 해결하기 위해 지금까지 제안된 연구방법은 크게 세 가지로 분류할 수 있다. 첫 번째는 이동설(movement approach)이다. 이동설에 따르면, the song이 선행절과 후행절 모두에서 동시에 우측으로 이동해 나갔다는 것이다.

(10) [John composed the song and Mary sang the song] the song

이러한 주장은 다음과 같은 문장에서 who가 선행절과 후행절에서 동시에 한 자리로 이동해 나갔다는 주장(Across-the-Board Approach)을 우분지상승 구문에 확대 적용한 것이다.

    (11) Who does John like ___ and Mary hates ___?

Ross(1967)는 이러한 이동설을 염두에 두고 예문 (8)에 제시된 구문을 우분지상승 구문(Right Node Raising)이라고 명명하였다. 이러한 이동설의 가장 큰 문제점 중의 하나는 우분지상승 구문이 섬제약조건을 준수하지 않는다는 것이다.

    (12) 의문절 섬제약
        a. John wonders when Bob Dylan wrote ___ and Mary wants to know when he recorded ___ his great song about the death of Emmett Till.
        b. *What does John wonder when Bob Dylan wrote?
    (13) 복합명사구 제약
        a. I know a man who buys ___ and you know a woman who sells ___ gold rings and raw materials from South Africa.
        b. *What do you know a man who sells?
    (14) 부가어구 제약
        a. John got angry after he discovered ___, and Willow quit after finding out about ___ the company's pro-discriminatory policy.
        b. *What did John get angry after he discovered? (Abels 2004)

예문 (12-14)는 우분지상승 구문이 섬제약을 위반하여도 정문이라는 것을 보여주는데, 이러한 현상은 이동적 접근방법이 문제가 있음을 말해준다.

    두 번째로 우분지상승 구문을 생략 구문으로 분석하는 방법이 있다. Wilder(1997)로부터 시작된 이러한 전통은 선행절의 일부 구성소가 후행절 제일 우측에 있는 구성소를 바탕으로 생략이 되었다고 주장하는 것이다.

    (15) a. John composed the song, and Mary sang the song: 첫 번째 절의 목적어 생략
        b. John composed ~~the song~~, and Mary sang the song

이런 생략설의 가장 큰 문제점은, 후행생략(backward ellipsis)은 일반적으로 허용되지 않는다는 제약을 어기고 있다는 것이다. Ross(1967)와 Langacker(1969)는 후행 대용사가 허용되지 않은 것처럼 후행생략은 허용되지 않는다고 주장하고 있다.

  우분지상승 구문의 문제를 해결하기 위해 제안된 세 번째 방법은 다중관할(multi-domination)을 허용하는 것이다. (16)에서 보여주듯이, the song이라는 구성소는 선행절의 VP와 후행절의 VP 모두에 관할(dominate)된다고 주장하는 것이다.

    (16)

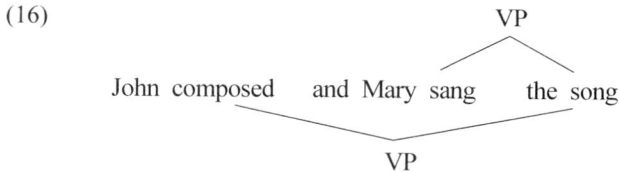

다중관할이론의 문제점은, (17a-b)에서 보는 것처럼, 생략되는 부분과 우측구성소가 똑 같지 않을 수 있다는 것이다.

    (17) a. I usually don't ~~wake up early every day~~, but Alice wakes up early every day.
        b. I didn't ~~pass my math exam~~, but I'm sure that Alice will pass her math exam.

(17a)에서 발음이 되지 않는 부분은 wake up early everyday이지만 우측 구성소는 wakes up early everyday이고, 더욱더 큰 문제는 (17b)에서 선행절의 동사구는 pass my math exam이라고 해석되지만 후행절의 동사구는 pass her math exam이라는 것이다. 만약 pass her math exam을 선행절의 vP가 관할한다면 (17b)가 주는 의미를 가져다 줄 수 없다. 요약하면 이동설, 생략설, 그리고 다중관할설이 모두 문제점이 있는 방법이라고 할 수 있다.

13.4 두 종류의 우분지상승 구문

Barros와 Vicente(2011)는 우분지상승 구문을 두 개의 다른 구문으로 분류할 수 있다고 주장한다. 한 부류의 우분지상승 구문은 생략 구문과 같은 행태를 보이고 또 다른 부류의 우분지상승 구문은 마치 다중관할이 일어나는 듯한 행태를 보인다는 것이다. 즉, 두 개의 다른 구문이 하나의 구문과 같은 겉모습을 보인다는 것이 그들의 주장이다. 14.4에서는 그들의 관찰을 먼저 소개하고자 한다.

13.4.1 생략과 같은 행태를 보이는 우분지상승 구문

생략 구문의 특징은 형태론적 모양이 반드시 일치할 필요가 없다는 것이다. (18a)에서 선행하는 동사구는 slept in her office이지만 생략동사구는 sleep in his office이고, (18b)에서 선행동사구는 went on vacation이지만 생략된 후행동사구는 go on vacation이다.

(18) a. Alice has slept in her office, but Bob will not ~~sleep in his office~~.
b. Alice just went on vacation, and Bob is about to ~~go on vacation~~.

이와 같이 생략은 의미와 통사구조를 바탕으로 이루어지기 때문에 형태소가 일치하는 것을 요구하지 않는다. 이미 우리는 바로 위 예문인 (17)에서 우분지상승 구문은 형태론적 모습이 반드시 동일할 필요가 없음을 살펴보았다. 따라서 우분지상승 구문은 생략의 결과가 아닌가 하는 추측을 하게 된다. 또한 생략의 대표적인 특징 중의 하나로 차량변경(Vehicle Change)을 들 수 있는데, 우분지상승 구문도 차량변경현상을 보여준다. 먼저 생략 구문의 차량변경현상을 살펴보기로 하자. (19)에서 보듯이, she와 Alice가 동일지표를 가지면 결속조건 C 위반효과를 보인다.

(19) *I hope that the boss won't fire Alice$_i$, but she$_i$ fears that he will fire Alice$_i$.

예문 (20)에서 생략된 부분에 해당하는 선행 동사구는, (21a)와 같이, fire Alice라고 가정하여 보자. 그렇다면, 예문 (20)이 결속조건 C의 위반효과를 보이리라고 예상할 수 있다. 그러나 예상과는 달리, (20)에서 결속조건 C 위반효과가 나타나지 않는다. 이는 (20)에서 실제로 생략된 내용은, (21b)에서 보듯이, fire her라는 것을 말해준다.

(20) I hope that the boss won't fire Alice$_i$ but she$_i$ fears that he will _____.

(21) a. ... she$_i$ fears that he will ~~fire Alice~~$_i$
 b. ... she$_i$ fears that he will ~~fire her~~$_i$

즉, fire Alice라는 선행사를 바탕으로 해서 fire her를 생략할 수 있다는 것이다. 이러한 현상을 Fiengo와 May(1994)등의 학자들은 차량변경이라고 부른다. 차량변경 현상은, 생략이 의미를 바탕으로 이루어지는 것이지 형태소나 단어의 모습까지 같을 필요는 없다는 것을 말해준다. 우분지상승 구문이 바로 이러한 행태를 보인다. (22a)에서, 우측구성소는 fire Alice

이지만 선행절에서 발음이 되지 않는 요소는 fire Alice가 아니라 fire her 라고 가정하여야 (22a)가 정문임을 설명할 수 있다.

(22) a. She$_i$ hopes that he won't _____, but I fear that the boss will fire Alice$_i$.
 b. She$_i$ hopes that he won't fire her$_i$, but ...

요약하면, 생략의 특징은 생략된 요소와 선행사 역할을 하는 요소가 형태론적으로 반드시 같을 필요가 없다는 것인데, 우분지상승 구문도 바로 그러한 속성을 보여준다.

13.4.2 다중관할의 행태를 보이는 우분지상승 구문

흥미로운 사실은 앞에서 본 우분지상승 구문과 완전히 다른 행태를 보이는 또 다른 종류의 우분지상승 구문이 있다는 것이다. (23a)에서 공통되는 부분은 T'이다.

(23) a. Alice is proud that Beatrix _____, and Claire is happy that Diana _____, {have/*has} travelled to Cameroon.
 b. Alice is proud that Beatrix {*have/has} travelled to Cameroon, and Claire is happy that Diana {*have/has} travelled to Cameroon.

그렇다면 문장 (23a)는 후행생략의 결과로 얻어진 산출물(output)은 아니라고 말할 수 있다. 왜냐하면 T'는 생략되지 않기 때문이다.

(24) Alice is proud that Beatrix travelled to Cameroon, and Claire is happy that Diana *(travelled to Cameroon).

(23a)의 또 다른 특징은 공통되는 부분이 has가 아닌 have로 쓰인다는 것이다. (23b)에서 보듯이 선행절과 후행절에서 모두 have가 아니라 has가 쓰여야만 정문이 형성된다. 하지만 (23a)에서는 특이하게도 조동사가 반드시 have로 쓰여야 한다는 것이다. 이렇게 생략된 동사구가 반드시 복수 형태를 띠어야 하는 현상을 누적적 일치현상이라고 부르기로 하자. 이러한 누적적 일치현상은 생략으로는 도저히 설명할 수 없는 현상이다.

또한 작용역과 관련하여 우분지상승 구문은 생략과 다른 행태를 보인다. 예문 (25)는 Alice and Beatrix와 different사이에 작용역 중의성을 보인다. 만약 Alice and Beatrix가 넓은 작용역을 가지면, Alice가 읽은 소설과 Beatrix가 읽은 소설이 각각 다르다는 것을 의미한다. 그리고 만약 Alice and Beatrix가 좁은 작용역을 가지면 Alice와 Beatrix가 읽은 소설은 그 밖의 다른 사람들이 읽은 소설책과는 다르다고 해석된다. 전자를 내적 해석(internal reading) 후자를 외적 해석(external reading)이라고 부르기로 하자.

(25) Alice and Beatrix read different gothic novels.
(26) a. 내적 해석: Alice's novels are different from Beatrix's.
 b. 외적 해석: Alice and Beatrix's novels are different from some contextually salient novels.

재미있는 사실은 우분지상승 구문이 내적 해석을 허용한다는 것이다. 즉, (27)에서 Alice가 작곡한 곡과 Beatrix가 연주한 곡이 다르다는 의미를 줄 수 있다는 것이다.

(27) Alice composed ___, and Beatrix performed ___ different songs.

그러나 생략 구문은 내적 해석을 허용하지 않는다. (28b)는 내적 해석을 주지 않으며, (28b)의 기저형이라고 할 수 있는 (28a)도 내적 해석은 주지 않는다.

(28) a. Alice composed different songs, and Beatrix performed different songs. [*internal]
b. Alice composed different songs, and Beatrix did ____ too. [*internal]

요약하면, 우리는 13.4.1에서 생략의 속성을 보이는 우분지상승 구문이 존재함을 보았으나, 13.4.2는 생략을 통하여 도출되었다고 보기 어려운 우분지상승 구문이 존재한다는 것을 보여주고 있다.

13.4.3 두 개의 다른 유형

위의 내용을 다시 정리하여 보기로 하자. 생략의 속성은 (i) 형태소가 같을 필요가 없으며 (ii) 차량변경현상을 보인다는 것이었다. 한편 생략과 배치되는 속성은 (i) 누적적 일치현상을 보이며 (ii) 내적 해석을 허용한다는 것이었다.

(29) 생략의 속성
  a. 형태소의 모습이 같을 필요가 없다.
  b. 차량변경현상을 보인다.
(30) 생략과 배치되는 속성
  a. 누적적 일치현상을 보인다.
  b. 내적 해석을 허용한다.

재미있는 사실은 (29)의 속성과 (30)의 속성을 동시에 보이는 우분지상승 구문은 존재하지 않는다는 것이다. 예를 들어, T'-생략은 가능하지 않기 때문에 (31)은 생략으로 만들어진 문장이 될 수 없다. 생략이 아니라면, 누적적 일치현상을 보이리라고 예측할 수 있는데, 이러한 예측대로, 누적적 일치를 보이지 않는 has를 사용하면, (31)은 비문이 된다.

(31) 생략이 아니면 누적적 일치현상을 보임
Alice is happy that Beatrix _____, and Claire is proud that Daniel ____ {have/*has} negotiated his salary with the manager.

이렇게 누적적 일치를 하는 경우에는 형태소의 모습이 동일하여야 한다. (31)에서 발음이 되지 않는 선행절은, 이론적으로는 (32a)와 (32b) 두 가지로 해석될 수 있는 가능성이 있지만, 만약 생략이 아니라면 형태소의 모습이 동일하여야 함으로 (31)의 선행절은 (32b)의 해석만을 갖는다고 예측할 수 있다. 예측한대로 (31)은 (32b)의 해석만을 허용한다.

(32) 누적적 일치현상은 형태소가 다른 것을 허용하지 않음
   a. *Beatrix negotiated her salary with the manager.
   b. Beatrix negotiated his salary with the manager.

또한 형태소의 모습이 다르면 내적 해석을 줄 수 없다. 예문 (33)에서 선행절은 worked라는 형태를 원하고 후행절은 work라는 형태를 원하므로 형태소의 모습이 다르다고 할 수 있다. 이렇게 형태소의 모습이 다르면, 생략으로 생성된 문장이라고 할 수 있으며, 예측대로 (33)은 내적 해석을 허용하지 않는다.

(33) 형태소가 다르면 내적 해석은 불허된다.
Alice has ____, and Beatrix wants to _____ work on different topics.

즉, (33)은 Alice가 작업해 왔고 Beatrix가 작업하기를 원하는 주제가 서로 다르다는 해석을 주지 않고, 이 둘의 주제가 일반 다른 사람의 주제와 다르다는 해석만을 준다.

누적적 일치가 일어나면 생략의 경우가 아니라는 것을 의미한다. 또한 생략이 아니라면, 차량변경을 허용하지 않는다. 예측대로 (34)는 생략현상의 특징인 차량변경이 허용되지 않는다. (34)에서 만약 she와 Claire가 동일지표를 가지면 비문이 되는데 이는 차량변경이 허용되지 않음을 말해준다.

(34) 누적적 일치와 차량변경은 양립불가

She$_{*i/k}$ fears that Alex ____, and I worry that Bob ____, {have/*has} decided to nominate Claire$_i$.

마지막으로 차량변경과 내적 해석의 관계를 알아보기로 하자. 차량변경이 일어나면 내적 해석은 가능하지 않으며, 내적 해석을 하게 되면 차량변경은 일어나지 않는다. 예문 (35)에서 만약 she와 Alice가 동일인을 지시한다면 내적 해석은 가능하지 않다. 그리고 만약 그 두 표현이 다른 사람을 지시한다면 내적 해석이 가능하다.

(35) 차량변경과 내적해석은 양립불가

She$_i$ absolutely must ____, and Bob is obliged to ____ present different topics to Alice$_i$'s supervisor.

차량변경이 허용된다는 것은 생략이 일어났다는 것을 의미하고, 생략은 내적해석을 허용하지 않으므로 (35)가 보여주는 현상은 당연한 일이라고 할 수 있다. 요약하면, (29)의 속성과 (30)의 속성을 동시에 보여주는 우분지상승 구문은 존재하지 않는다. 이를 근거로 Barros와 Vicente(2011)는 두 개의 다른 종류의 우분지상승 구문이 존재한다고 주장하고 있다.

13.5 최후의 수단으로의 재병합

두 종류의 우분지상승 구문이 있다고 가정하고, 이 두 종류의 구문을 도출하여 보기로 하자. 본 절에서는 생략의 속성을 보이는 우분지상승 구문은 실제로 생략을 통하여 생성되며, 생략과 배치되는 속성을 보이는 우분지상승 구문은 재병합을 통하여 생성된다는 것을 보이고자 한다.

13.5.1 생략을 통하여 생성되는 우분지상승 구문

먼저 형태론적 모습이 다른 것을 허용하고 또한 차량변경을 허용하는 구문을 생각하여 보기로 하자. 이 구문은 생략 구문과 같은 행태를 보이므로 생략을 통하여 도출하는 것이 올바른 방향이라고 할 수 있다. 문제는 앞에서 지적하였듯이, 어떻게 후행생략이 가능한가 하는 것이다. 생략이란 생략하는 순간 선행사가 존재해야 가능하다고 할 수 있다. 선행사가 생략되는 요소를 성분통어할 필요까지는 없어도, 선행어구는 생략이 적용되는 시점에 가용한 정보(available information)이어야 한다. Merchant (2001)는 생략이 선택적으로 일어나는 현상을 해결하기 위해, 생략이 일어나는 어구는 생략이라는 자질 E를 가지며 이 자질을 가진 구성소는 반드시 생략되어야 하며, 그렇지 않으면 생략될 수 없다고 제안하고 있다. (36a)의 경우, 후행절의 love Mary가 생략이 되는 시점에 선행절의 love Mary가 가용한 정보이기 때문에 동사구 생략이 가능하다.

(36) a. John T love Mary, and Tom T ⟨E love Mary⟩ too: E-자질을 가진 구성소 생략
b. John T love Mary, and Tom T ~~E love Mary~~ too

즉, (36a)에서 생략이 발생할 때, 반드시 복원가능성의 원리를 준수하여야 하는데 선행하는 동사구가 가용한 정보이기 때문에 복원가능성의 원

리를 준수한다고 말할 수 있다.

위의 논의를 염두에 두고, 생략을 통하여 생성되는 우분지상승 구문을 살펴보기로 하자. 먼저 발음이 되지 않는 선행문의 동사구는 생략 자질 E를 가지고 있어야 한다. 문제는 pass my math exam을 생략하면 과연 복원이 가능하냐는 것이다. 다시 말해 후행절의 pass her math exam이 가용한 정보이냐는 것이다.

(37) I didn't ⟨E pass my math exam⟩, but I'm sure that Alice will pass her math exam.

선행하는 구성소뿐만아니라 후행하는 구성소도 가용한 정보가 될 수 있다는 것이 본 장의 주장이다.[3] 단 후행하는 구성소가 가용한 정보가 되려면, 생략요소보다 넓은 작용역을 가져야 한다. 오른쪽에 있는 구성소인 pass her math exam은 초점(focus)을 받는 요소이기 때문에 문장전체에 대하여 작용역을 가질 수 있다.

(38) (pass her math exam) λx[I didn't ⟨E pass my math exam⟩, but I'm sure that Alice will x]]

(38)의 논리형태가 보여주는 것처럼 만약 pass her math exam이 문장전체에 대해 작용역을 갖게 되면, 앞 절의 pass my math exam을 생략할 때 뒷 절의 pass her math exam이 가용한 정보가 될 수 있다. 따라서 뒷 구성소를 바탕으로 앞 구성소를 생략할 수 있게 된다. 여기서 중요한 것은 후행절의 동사구가 선행절의 동사구를 성분통어할 수 없다는 것이다. 이러한 경우에는 의미를 바탕으로 생략이 이루어지는 것이므로 음운/형

---

[3] 다음 예문은 후행하는 동사구를 바탕으로 선행하는 동사구가 생략될 수 있다는 것을 보여준다.

(i) Sue didn't ___, but John ate meat. (Lobeck 1995)

태소까지 동일할 필요가 없다는 것이다.

13.5.2 재병합을 통하여 생성되는 우분지상승 구문

생략을 통하지 않고 생성되는 우분지상승 구문을 도출하여 보기로 하자. 이 구문의 특징은 소위 누적적 일치를 요구한다는 것이다.

> (39) Alice is proud that Beatrix _____, and Claire is happy that Diana _____, {have/*has} travelled to Cameroon.

위 예문 (39)에서 has가 아니라 have가 실현되는 이유는 T가 Beatrix와 Diana에 동시에 일치를 보이기 때문이라고 알려져 있다. 즉, have라는 형태가 나타나는 이유는 복수주어와 일치관계를 맺기 때문이라는 것이다. 그러나 본 장에서는 조동사가 has가 아니라 have로 실현되는 이유는 복수이기 때문이 아니라 원형이기 때문이라고 주장하고자 한다. 다시 말해서 조동사의 형태가 have인 이유는, 복수 일치를 보이기 때문이 아니고, 공통되는 부분이 AGRsP가 아니라 TP이기 때문이라고 주장한다. Chomsky(1995)가 주장하는 대로, C를 제외한 시제구는 AGRsP와 TP로 이루어져 있지만 일반적으로 두 개의 핵이 하나로 통합(syncretize)되어 나타난다.[4]

> (40) a. [$_{AGRsP}$ Subject$_i$ AGRs [$_{TP}$ T [$_{vP}$ t$_i$ ...]]] (분리된 구조)
> b. [$_{AGRs/TP}$ Subject$_i$ [AGRs T] [$_{vP}$ t$_i$ ...]]] (통합된 구조)

그런데 우분지상승 구문의 경우 두 핵이 서로 독자적으로 투사된다. 좀 더 구체적으로 말하면, (42a)에서처럼 AGRs와 [$_{TP}$ have travelled to Cameroon]이 따로 생성된다. (42a)에서 첫 번째 절의 TP가 생략되어야

---

[4] 통합(syncretize)의 개념은 Rizzi(1977) 참조.

하나 이를 생략하면 복원가능성의 원리를 위반한다. 이러한 문제를 해결하기 위해 최후의 수단으로 두 번째 절의 TP가 문장 전체와 재병합하게 된다. (41)이 보여주듯이 후행절의 TP [TP have travelled to Cameroon]가 문장전체와 재병합을 하게 되면, (42a-b)가 보여주듯이 후행절의 TP가 문장전체에 부가되는 효과를 준다. 그 결과 후행절의 TP가 선행절의 TP를 성분통어하게 되어 생략이 가능해진다. 이렇게 성분통어하는 구성소를 바탕으로 발생하는 생략은 형태론적 일치를 요구한다. 사실상 재병합을 하게 되면 이동의 효과를 주게 되므로 여기서 발생하는 생략현상은 위의 복사본을 바탕으로 아래의 복사본을 생략하는 과정과 동일하다.

(41) [... ⟨[have ... TP[E]]⟩, and ... [have travelled ... TP] TP]
                                                  TP

(42) a. [Alice is proud that Beatrix AGRs ⟨[TP[E] have ...]⟩, and Claire is happy that Diana AGRs [TP have travelled to Cameroon]]: 최후의 수단으로 TP가 문장전체로 재병합

    b. [[Alice is proud that Beatrix AGRs ⟨[TP[E] have ...]⟩, and Claire is happy that Diana AGRs [TP have travelled to Cameroon]] [TP have travelled to Cameroon]]: 선행절 TP 생략

    c. [[Alice is proud that Beatrix AGRs ⟨[TP[E] have ...]⟩, and Claire is happy that Diana AGRs [TP have travelled to Cameroon]][TP have travelled to Cameroon]]: 후행절 TP 생략

    d. [[Alice is proud that Beatrix AGRs ⟨[TP[E] have ...]⟩, and Claire is happy that Diana AGRs [TP have travelled to Cameroon]] [TP have travelled to Cameroon]]: 최후의 수단으로 AGRs 생략

    e. [[Alice is proud that Beatrix AGRs ⟨[TP[E] have ...]⟩, and Claire is happy that Diana AGRs [TP have travelled to Cameroon]] [TP have travelled to Cameroon]]

또한 후행절의 TP도 재병합된 TP를 바탕으로 생략되어야 한다. 이렇게 TP가 생략이 되면 AGRs가 T와 같이 합쳐질 가능성이 사라진다. 이와 같이 접사이동이 불가능할 때, AGRs는 최후의 수단으로 생략되어 TP만 발음된다. 그 결과 조동사 have는 has도 아니고 복수형 have도 아닌 원형인 have로 발음된다. 이러한 분석에서 제기되는 의문은 왜 AGRs와 T가 분리되느냐 하는 것이다. 다시 말해 왜 AGRs'가 재병합되지 않고 TP만 재병합되느냐 하는 것이다. 그 이유는 최대투사만이 재병합할 수 있는 범주이고 이 경우 최대투사인 TP만이 재병합을 하기 때문이다.

이러한 분석에서 제일 중요한 점은, 선행 TP가 생략을 나타내는 E자질을 가지고 있는데 이렇게 E자질을 가진 TP를 생략하는 방법은 재병합 밖에 없기 때문에 최후의 수단으로 재병합이 일어난다는 것이다. 재병합은 일반적으로 일어나기 어려운 비용이 많이 드는(costly) 작업이다. 왜냐하면 재병합은 국면제약을 어길 수 있기 때문이다. 재병합은 중간에 끼여 있는 국면의 핵은 무시하고 문장의 가장 오른쪽 끝의 요소를 문장 전체와 병합하는 것을 의미한다. 재병합이 준수하는 유일한 제약은 선교차금지 제약이다.

(43) 선교차금지조건(No Line Crossing Condition)[5]
    수형도의 선을 교차하는 것은 금지한다.

선교차금지조건을 다른 각도에서 서술하면, 문장의 제일 오른쪽 모서리에 있는 요소는 최후의 수단으로 활용가능하다는 것이다.

마지막으로, 공통된 부분이 명사구인 경우를 생각해 보기로 하자. 다음 문장에서 공통된 부분은 Susie and Tom이지만 만약 Susie and Tom을

---

[5] 선교차금지조건은 사실상 Fox와 Pesetsky(2005)가 주장하는 순환적 선형화이론 (Cyclic Linearization Theory)으로부터 도출될 수 있다. 선교차금지조건을 위반하는 재병합은 순환적 선형화이론에 의하여 배제되기 때문이다.

대입하게 되면 우리가 원하는 해석을 얻을 수 없다.

(44) John loves ____, and Mary hates ____, Susie and Tom respectively.

즉, (44)는 (45)를 의미하지 않고 (46)을 의미한다.

(45) John loves Susie and Tom, and Mary hates Susie and Tom.
(46) John loves Susie, and Mary hates Tom.

이러한 현상은, 만약 Susie and Tom이 전체문장과 재병합된다고 주장하면 쉽게 설명될 수 있다. (47a-b)에서와 같이, 후행절의 Susie and Tom이 문장전체와 재병합하면, (48a)와 같은 결과물이 나오고 이 결과물에 respectively가 부가된다면 우리가 원하는 해석을 얻을 수 있다.

(47) a. [[TP John loves ⟨[DP[E] Susie and Tom]⟩ and Mary hates [Susie and Tom]]:최후의 수단으로 재병합
b. [... ⟨[Susie and Tom DP[E]]⟩ and ... [Susie and Tom DP] TP]
       TP

(48) a. [[TP John loves ⟨[DP[E] Susie and Tom]⟩ and Mary hates [Susie and Tom]] [Susie and Tom]]: respectively 부가
b. [[TP John loves ⟨[DP[E] Susie and Tom]⟩ and Mary hates [Susie and Tom]] [Susie and Tom] respectively]

Respectively와 같은 표현은 문장 전체에 작용역을 갖기를 원하며, 만약 (48a-b)와 같이 respectively가 부가된다면 그것이 문장 전체에 영향을 발휘할 수 있다. 이와 같은 부가는 일종의 뒤늦은 삽입(late insertion)으로 볼 수도 있다. 왜냐하면 respectively의 부가는 확장조건(extension condition)을 위반하기 때문이다.[6]

앞의 주장을 요약하면, 두 종류의 우분지상승 구문이 생성되는 이유는 다음과 같다. 만약 선행절의 한 구성소가 생략자질 E를 갖게 되면 그 요소를 생략하여야 한다. 생략을 하기 위해서는 복원가능하여야 한다. 문제는 후행하는 요소를 바탕으로 해서 어떻게 복원가능한 상황을 만들어 낼 수 있느냐 하는 것이다. 후행하는 구성소를 바탕으로 선행하는 구성소를 생략할 수 있는 방법은 두 가지가 있다. 하나는 초점을 받는 구성소는 문두까지 영향권을 갖기 때문에, 후행하는 구성소가 초점을 받을 때 이를 바탕으로 선행하는 구성소가 생략될 수 있다. 또 다른 방법은 선행하는 구성소를 생략하기 위해 최후의 수단으로 후행하는 구성소가 재병합을 하여 선행하는 구성소를 성분통어함으로써 생략이 가능한 경우이다. 이렇게 해서 생성된 두 종류의 우분지상승 구문은 다음과 같은 특성을 갖는다.

(49) 넓은 작용역을 통하여 생성된 우분지상승 구문
    a. 형태론적 모습이 달라도 됨
    b. 차량변경을 허용함
(50) 재병합에 의하여 생성된 우분지상승 구문
    a. 누적적 일치를 요구함
    b. 외치된 요소가 내적 해석 혹은 넓은 작용역을 요구함
    c. 형태론적 모습이 동일해야함
    d. 차량변경을 허용하지 않음

넓은 작용역을 통하여 생성된 우분지상승 구문은 당연히 생략구문이 보이는 속성을 갖는다. (49a-b)는 모두 생략구문이 보여주는 유형이므로 넓은 작용역 이론으로 자연스럽게 설명할 수 있다. 이제 (50)의 속성을 살

---

[6] (47b)에서 재병합이 선교차금지조건을 어기는 듯하다. 그러나 부가어는 선교차금지조건과 상관이 없는 요소이다. 왜냐하면 뒤늦은 병합이 가능하여 재병합 당시에는 부가어가 존재하지 않을 수 있기 때문이다.

펴보기로 하자. (50a)의 누적적 일치는 정확히 말하면 일치를 할 수 없어서 발생하는 현상이다. 만약 최대투사만이 재병합을 할 수 있다면 원형 TP만이 재병합을 할 수 있으므로 당연히 동사의 원형으로 실현되어야 한다. 즉, 누적적 일치가 아니라 동사원형이 나오는 경우인 것이다. (50b)의 속성도 또한 재병합이론으로 자연스럽게 설명할 수 있다. 만약 외치된 요소와 문장전체가 병합을 한다면 외치된 요소가 넓은 작용역을 갖는 것은 당연한 일이다. 이제 (50c)의 속성을 생각해보기로 하자. 재병합이론에서는 생략된 구성소와 발음되는 구성소 사이에 성분통어 관계가 성립되므로 당연히 형태론적으로 모습이 동일하여야 한다. (50d)의 차량변경불허 속성은 형태론적으로 동일한 모습을 가져야 한다는 (50c)의 속성과 관련이 있다. 재병합의 경우에는 아래쪽 복사본은 의미뿐만 아니라 형태까지 같아야하기 때문에 차량변경이 불허되는 것은 당연하다. 요약하면, 두 종류의 우분지상승 구문은 모두 선행절의 한 구성소가 생략자질을 가질 때 생성된다. 생략이 되기 위해서는 복원가능해야 하는데, 넓은 작용역을 통해서 생략이 되거나 아니면 재병합을 통하여 생략이 가능하다. 후자의 경우 마치 공통된 두 요소가 이동해 나간 듯한 효과를 보이고, 전자의 경우에는 후행하는 요소를 바탕으로 앞에 있는 요소가 생략된 듯한 효과를 보인다.

제14장 최후의 수단으로의 표찰달기(labeling)

일반적으로 병합은 표찰달기로 이어진다. 예를 들어, A와 B가 병합하게 되면, 결과물 [A ∧ B]에 표찰을 달게 된다. 그렇지만 Hornstein(2009)은 A가 B에 부가(adjunction)되거나 혹은 B가 A에 부가되는 경우에는 표찰달기가 발생하지 않는다고 주장한다. 즉, 병합은 표찰달기를 반드시 요구하지만, 부가는 그렇지 않다는 것이다. 본 장에서는, 이러한 Hornstein의 제안이 기본적으로 올바른 방향에 들어섰다고 가정하고, 표찰달기가 최후의 수단이라고 가정하면, 부가와 병합의 차이를 원리에 입각하여 설명할 수 있으며, 또한 표찰이 어떠한 알고리듬을 통해 정해지는지를 규명할 수 있다고 주장한다.

14.1 부가어의 속성

부가는 크게 세 가지 속성을 갖는다. 첫째, 부가어는 투명성(transparency)을 갖는다. 부정어 never와 not은 의미적으로 크게 차이가 없지만 통사적으로 큰 차이를 보인다.

(1) John never met Mary.
(2) John did not meet Mary.

부정어 never와 not은 모두 T와 동사 meet사이에 위치한다. T는 동사에 들러붙어야 하는 속성이 있으므로 meet으로 하강하게 되는데 never는 이 접사하강을 막지 못한다. 반면에 not은 접사하강을 허용하지 않게 되어 do가 최후의 수단으로 삽입된다.

(3) a. John T$_{Past}$ never meet Mary: T가 meet으로 접사하강
   b. John never [meet T$_{Past}$] Mary: 음성적 실현
   c. John never met Mary

(4) a. John T$_{Past}$ not meet Mary: 접사하강 불가. 따라서 do-삽입
   b. John [do T$_{Past}$] not meet Mary: 음성적 실현
   c. John did not meet Mary

여기서 제기되는 의문은 never가 분명히 T와 meet사이에 존재함에도 불구하고 왜 meet으로 접사이동하는 것을 방해하지 못하느냐 하는 것이다. Never와 not의 차이를 설명하는 일반적인 방법은 never는 동사구에 부가되는 요소이고 not은 동사구를 보충어로 취하는 핵이라고 가정하는 것이다. 따라서 never가 왜 접사이동을 막지 못하는가 하는 질문은, 왜 부가어는 마치 존재하지 않는 요소처럼 투명성을 띠느냐라는 질문으로 일반화할 수 있다.

부가의 두 번째 속성은 불변화성(unaffectedness)이다. 만약 (5a)에서 John이 이동하지 않고 동사구내에 남아있다고 가정하여 보자. 그렇다면 (5a)는 TP라는 표찰을 갖게 될 것이다.

(5) a. [T [$_{vP}$ John [$_{v'}$ v love Mary]]]: 표찰달기
   b. [$_{TP}$ T [$_{vP}$ John [$_{v'}$ v love Mary]]]

그러나 John이 상승하여 T의 SPEC자리로 이동하게 되면, (5a)는 최대투사가 아니라 중간투사 T'라는 표찰을 갖는다.

(6) a. [T [vP John [v' v love Mary]]]: John의 상승 (=5a)
b. [John [T [vP John [v' v love Mary]]]]: 표찰달기
c. [TP John [T' T [vP John [v' v love Mary]]]]

똑같은 구성소인 [T [vP John [v' v love Mary]]]가 주어와 병합을 하느냐 마느냐에 따라 표찰이 TP가 될 수도 있고 T'가 될 수도 있는 것이다. 즉, 병합을 하게 되면, 병합되는 구성소의 X'-지위가 변화될 수 있다. 그러나 부가는 기존 구성소의 지위를 변화시키지 않는다. 예를 들어, eat the cake에 in the yard가 부가되더라도 eat the cake은 최대투사로서의 지위를 유지한다.

(7) a. [vP John v eat the cake]: in the yard의 부가
b. [vP [vP John v eat the cake] in the yard]

따라서 eat the cake은 다른 요소가 부가될지라도 최대투사이므로, 이동과 같은 연산 작업에 참여할 수 있다.

(8) John could [vP [vP eat the cake] in the yard], and [vP eat the cake] he did in the yard.

(8)에서 eat the cake만 이동해 나갈 수 있는 이유는 그것이 최대투사이기 때문이다.

부가의 세 번째 속성은 부가가 된 구성소와 부가의 결과로 얻게 된 구성소는 통사-의미적으로 동일한 성질을 지닌다는 것이다. 즉, 부가는 통사적으로 그리고 의미적으로 동일한 요소를 만들어내는 장치이다.

(9) 부가: X → X

예를 들어, XP에 부가가 되면 그 결과물도 또한 XP이며, 만약 의미적으

로 ⟨x⟩유형에 부가가 되면 그 결과물도 ⟨x⟩유형에 속한다.

   (10) a. [AP happy]: never를 부가
        b. [AP never [AP happy]]
   (11) a. [happy]<e, t>: never를 부가
        b. [never [happy]<e, t>

부가는 또한 선택제약에 변화를 주지 않는다. 예를 들어 eaten a cake이 have에 의하여 선택된다면, eaten a cake in the yard도 또한 have에 의하여 선택된다.

   (12) a. has/*is eaten a cake
        b. has/*is eaten a cake in the yard

이와 같은 사실은, 부가어는 입력된 요소와 똑같은 성질을 가진 산출물(output)을 만들어내는 함수라는 것을 말해 준다. 예를 들어, 부가어가 최대투사에 부가되면 그 결과물도 최대투사이다. 우리는 예문 (8)에서 eat the cake이 최대투사이기 때문에 이동할 수 있다는 것을 보았는데, 부가의 결과물인 eat the cake in the yard도 최대투사이므로 이동할 수 있다.

   (13) John could [vP [vP eat the cake] in the yard], and [vP [vP eat the cake] in the yard] he did.

요약하면, 부가는 투명성, 불변화성, 동일성의 특징을 갖는다.

14.2 부가와 표찰달기

Hornstein과 Nunes(2008) 그리고 Hornstein(2009)은 부가어가 투명하며, 또한 부가되는 요소를 변화시키지 않는다는 속성을 포착하기 위해, 부가는 일반병합과 달리 표찰달기를 요구하지 않는다고 주장한다. 그들에 따르면 병합은 결합(combine)과 표찰달기(labeling)로 이루어져 있으며, 부가어가 결합을 하게 되면 표찰달기가 발생하지 않는다는 것이다.

(14) a. A: A와 B의 결합
 b. [A ∧ B]: 표찰달기
 c. [$_A$ A ∧ B]: 부가어 C와의 결합
 d. [$_A$ A ∧ B] ∧ C: 표찰달기 없음

예를 들어, meet과 Mary가 병합하면 V 혹은 VP라는 표찰을 달아야 하지만, 이 VP에 in the park가 부가되면 전체 구성소에는 표찰을 달지 않는다는 것이다.

(15) a. meet: meet과 Mary의 결합
 b. [meet ∧ Mary]: 표찰달기
 c. [$_V$ meet ∧ Mary]: 부가어 in the park와의 결합
 d. [$_V$ meet ∧ Mary] ∧ in the park: 표찰달기 없음

이러한 주장을 하게 되면 투명성과 불변화성을 설명할 수 있다. 만약 never가 meet Mary에 부가될 때 표찰이 만들어지지 않으면 T와 meet Mary사이에 존재하는 표찰은 VP뿐이다. 따라서 T는 meet으로 접사이동을 할 수 있다.

(16) John T never ∧ [$_{VP}$ meet Mary]

만약 부가가 표찰을 요구하지 않는다면, 투명성뿐 아니라 불변화성도 설명할 수 있다. 만약 (17)로 반복된 (8)에서 eat the cake in the yard 전체에 표찰이 없다면 eat the cake만 이동하는 것은 너무 당연한 일이다.

    (17) John could [[$_{vP}$ eat the cake] in the yard], and [$_{vP}$ eat the cake] he did in the yard.

하지만, 문제는 이러한 식의 접근방법으로는 왜 (18)에서와 같이 eat the cake in the yard가 이동해나갈 수 있는지를 설명하는 것이 어려운 듯하다.

    (18) John could [$_{vP}$ [$_{vP}$ eat the cake] in the yard], and [$_{vP}$ [$_{vP}$ eat the cake] in the yard] he did.

이를 해결하기 위해 Hornstein은 부가도 표찰이 붙을 수 있는 문맥이 존재한다고 주장하고 있다. 그러나 본 장에서는 부가는 어떠한 경우에도 표찰달기를 요구하지 않는다는 입장을 고수하면서도 위의 문제를 해결할 수 있다고 주장하고자 한다. 구체적으로 (18)의 자료를 어떻게 다룰 수 있는지는 14.4에 미루기로 한다.

14.3 부가가 표찰을 만들지 못하는 이유: 최후의 수단으로 표찰달기

부가어가 병합될 때 표찰이 달리지 않는다는 주장에 대한 가장 근본적인 질문은, 왜 부가가 되면 표찰이 없느냐 하는 것이다. 여기에 대한 Hornstein의 대답은 부가어는 표찰이 없어도 다른 구성소와 관계를 맺을 수 있기 때문이라는 것이다. 예를 들어 (19a)를 Davidson식의 논리형태로 표현하면 (19b)와 같다.

(19) a. John met Mary in the park.
b. ∃e[Subject(e, John) & Object(e, Mary) & meet(e) & In the park(e)]

(19b)에서 논항은 Subject나 Object 혹은 Agent나 Theme을 필요로 하지만 부가어는 자체 내의 정보로 event와 관계를 맺을 수 있다. 바로 이러한 차이로 부가어는 표찰이 필요 없다고 Hornstein은 주장한다. 하지만 이러한 설명은 논항이 아닌 요소가 병합을 하여도 표찰이 필요하다는 사실을 고려해 볼 때 일반적이라고 말할 수는 없다. 예를 들어 C가 TP와 병합할 때, TP가 C로부터 어떠한 의미역을 받는다고 말하기 어렵다. 그럼에도 불구하고 [C TP]에는 표찰이 붙는다. 그러므로 만약 부가라는 연산 작업이 표찰을 요구하지 않는다면, 다른 이유를 찾아내어야 할 것이다.

병합과 부가를 최후의 수단이라는 시각에서 분석하면, 병합은 표찰달기를 반드시 요구하지만 부가는 왜 그렇지 않은지를 설명할 수 있다. 앞에서 잠시 언급한 바와 같이, 병합의 경우에는 병합의 산출물과 병합의 투입물이 서로 다른 속성을 갖는다. 예를 들어, meet의 경우에는 핵으로서 의미역을 가지고 있지만, 병합의 결과로 생긴 meet Mary는 핵도 아니며 더 이상 배당할 의미역도 가지고 있지 않다.

(20) a. meet$_{(Theme)}$과 Mary의 병합
b. [meet$_{(Theme)}$ Mary]: 의미역 배당
c. [meet$_{(Theme)}$ Mary$_{Theme}$]

따라서 meet과 meet Mary가 다른 구성소라는 표시를 하여 주지 않는다면 더 이상의 연산 작업은 불가능한 일이다. 사실상 표찰을 다는 작업은 삽입금지제약(inclusiveness condition)을 위반할 가능성이 높다. 만약 표

찰을 달아주는 작업을 하는 도출(derivation)과 그렇지 않은 도출이 있다면 표찰을 달지 않는 도출이 좀 더 경제적이며, 또한 Chomsky가 지적하듯 VP에서 P라는 표시를 하는 것은 삽입금지제약을 위반한다. 그럼에도 불구하고 (20c)에서 VP라는 표찰을 달지 않으면 더 이상의 연산 작업이 사실상 불가능하다. 따라서 최후의 수단으로 표찰이 붙여진다.

(21) a. [meet~~(Theme)~~ Mary$_{Theme}$]: 최후의 수단으로 표찰달기
 b. [$_{VP}$ meet~~(Theme)~~ Mary$_{Theme}$]

반면에 부가가 일어나게 되더라도, 부가의 산출들이 통사적 그리고 의미유형적 변화를 겪지 않는다. 예를 들어, arrive가 Theme이라는 의미역을 배당할 수 있다고 가정하여 보자. 여기에 late이 부가된다고 해서, arrive의 의미역이 late에 배당될 수 없다.

(22) a. 동사 arrive에 부사 late의 부가
 b. [arrive$_{(Theme)}$ late]: *표찰달기

Late이 부가 되더라도 arrive는 통사적, 의미적으로 변화를 겪지 않는다. 또한 late이 arrive에 부가가 된다 할지라도 late도 변화를 겪지 않는다. 단지 둘이 합쳐 있을 뿐 변화를 겪지 않는다. 이러한 경우에는 표찰달기는 발생하지 않는다. 왜냐하면 표찰달기는 병합의 결과 변화가 발생하였을 때 변화가 나타났다는 것을 보여주는 최후의 수단이기 때문이다.

14.4 최후의 수단의 입장에서 본 표찰달기 앨고리듬

앞 절에서 우리는 표찰달기는 변화가 있을 경우에만 최후의 수단으로 적용되는 작업임을 알았다. 본 절에서는 이러한 시각에서 표찰이 정해지

는 원리를 도출하려고 노력한다. 먼저 Chomsky가 주장하는 표찰달기 앨고리듬을 소개, 비판한 뒤 새로운 표찰달기 앨고리듬을 최후의 수단의 시각에서 제안하고자 한다.

14.4.1 Chomsky(2008, 2013)의 표찰달기 앨고리듬

먼저 표찰을 붙이는 원리를 생각하여 보기로 하자. Chomsky(1995)에 따르면 A와 B가 병합하여 생겨난 [A B]의 표찰은 A의 표찰이거나 B의 표찰이다. 그러한 주장을 견지하면서 Chomsky(2008)에서는 표찰을 정하는 구체적인 앨고리듬을 다음과 같이 제시하고 있다.

(23) a. {H, XP}에서 H가 어휘항목이면 H가 표찰이다.
　　　b. 이동을 한 요소와 이동을 하지 않은 요소가 병합하면 이동을 하지 않은 요소의 표찰이 전체의 표찰이 된다.

(23a)에 따르면, 만약 단어와 구가 만나게 되면 단어가 표찰이 된다는 것이고, (23b)에 따르면 이동하지 않은 요소가 표찰이 된다는 것이다. (23)의 원리를 Chomsky(2013)는 다음과 같이 좀 더 최소주의적인 입장에서 수정하고 있다.

(24) a. {H, XP}라는 구성소가 주어졌을 때, H가 핵이고 XP가 핵이 아니면 H가 표찰이다.
　　　b. 만약 두 구성소가 모두 핵이 아니라면, (i) 둘 중의 하나가 이동해 나가거나 (ii) 두 구성소가 일치관계를 맺는다면 일치자질이 표찰이 된다.

(24a)는 기본적으로 (23a)와 같다. 두 구성소 중에서 핵이 있으면 그것이 표찰이 된다는 것이다. (25a)를 예로 들어서 (24a)를 설명하여 보기로 하

자. (25a)에서 H가 표찰이 되는 이유는, 교점(node) α의 입장에서 표찰을 찾아 나설 때에 가장 가까이 있는 핵은 H이기 때문이라는 것이다. 즉, Chomsky에 따르면 표찰달기 앨고리듬은 최소의 탐색(minimal search)이다. 핵만이 표찰이 될 수 있다면, 교점에서 최소탐색을 통하여 도달할 수 있는 가장 가까이 있는 핵이 표찰이 된다는 것이다.

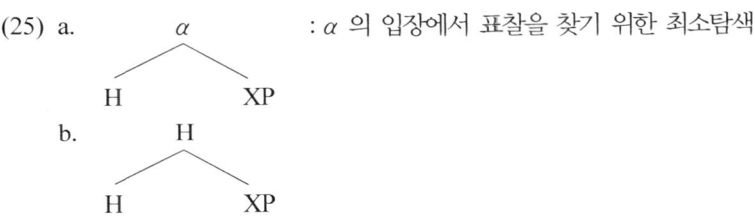

(25) a. α   : α 의 입장에서 표찰을 찾기 위한 최소탐색

b. H

(24b)에 따르면, 만약 두 구성소가 모두 핵이 아니면 표찰을 정할 수 없기 때문에 둘 중에 하나가 이동해 나가야 하지만, 만약 두 구성소가 일치관계를 맺게 되면 그 일치된 자질이 표찰이 된다는 것이다. 두 구성소 중의 하나가 이동해 나가면, (26a-b)에서와 같이, 남아 있는 구성소의 표찰이 전체의 표찰이 된다.

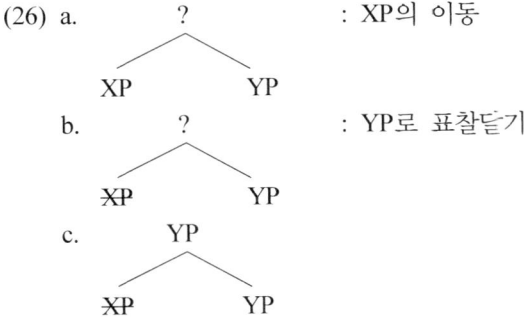

(26) a. ?   : XP의 이동

b. ?   : YP로 표찰듣기

c. YP

하지만, 만약 두 구성소가 일치관계를 맺고 있다면, 이동이 발생하지 않아도 표찰을 정할 수 있다. 왜냐하면 일치자질이 두 구성소를 아우르는

표찰이 될 수 있기 때문이다.

(27)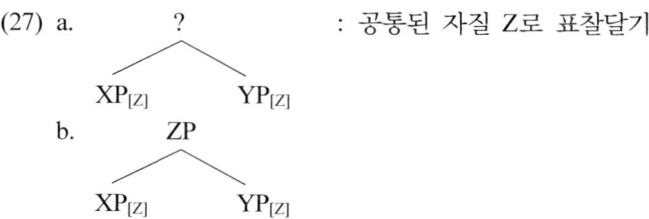

(24a-b)의 원리로 우리는 다음 문장이 왜 중의적인지를 설명할 수 있다. 문장 (28)은 (29a-b)와 같은 두 가지 의미를 준다.

(28) What she wrote is completely unclear.
(29) a. 그녀가 무엇을 썼는지 완전히 불분명하다.
    b. 그녀가 쓴 것은 완전히 불분명하다.

즉, what she wrote는 절로 해석될 수도 있고 명사구로 해석될 수도 있다. 이러한 중의성은 다음과 같이 설명할 수 있다. 먼저 (24a)에 따라 핵인 what이 표찰이 될 수 있다.

(30) a. [what [$_C$ C she wrote]]: (24a)에 따라 what, 즉 D가 표찰이 됨
    b. [$_D$ what [$_C$ C she wrote]]

또한 what과 C는 Q-자질을 공유하고 있기 때문에 (24b)에 의거하여 Q가 표찰이 될 수 있다.

(31) a. [what$_{[Q]}$ [$_C$ C$_{[Q]}$ she wrote]]: (24b)에 따라 공유하는 자질 Q가 표찰이 됨
    b. [$_Q$ what$_{[Q]}$ [$_C$ C$_{[Q]}$ she wrote]]

핵만이 표찰이 될 수 있다면 왜 다음과 같은 문장에서 동반이동(pied-piping)이 일어나지 않는지를 설명할 수 있다.

(32) a. I will proofread what she has been working on.
b. *I will proofread on what she has been working.

(32a-b)는 의문사절이 proofread의 목적어역할을 한다면 동반이동이 일어나서는 안 된다는 것을 보여주고 있다. 이와는 대조적으로 (33a-b)에서 보듯이 일반의문문에서는 동반이동이 가능하다.

(33) a. What has she been working on?
b. On what has she been working?

(32b)가 비문인 이유는 proofread는 절이 아니라 명사구를 요구하기 때문이다. 명사구가 되려면 what이 표찰이 되어야 하지만 (32b)에서는 what이 표찰이 될 수 없다. 왜냐하면 on what은 핵이 아니기 때문이다. 만약 on what이 이동하게 되면 QP라는 표찰이 붙게 되며, 이 QP는 proofread가 원하는 범주가 아니다. 그러므로 (32b)는 비문이다.

(34) a. [D what [C she has been working on]]
b. [QP on what[Q] [C[Q] she has been working]]

다음 문장이 비문인 이유도 똑같은 방식으로 설명할 수 있다.

(35) *I read what book you wrote.

동사 read는 명사구를 원한다. 그러나 what book은 핵이 아니라 구이기 때문에 표찰이 될 수 없다. 따라서 (35)는 비문이다.

14.4.2 최후의 수단의 시각에서 도출된 표찰달기 앨고리듬

위에서 본 바와 같이 Chomsky(2013)의 표찰달기 앨고리듬은 상당한 설명력을 지니고 있다. 그렇지만 그의 원리는 다음과 같은 반례에 부딪힌다. (36a-c)에서 whatever book은 구이지만 표찰이 될 수 있으며, what money 그리고 what books도 마찬가지로 표찰이 될 수 있다.

(36) a. I am going to read whatever book you write.
b. What money she has is in the bank.
c. What books she has are in the attic.

이렇게 핵이 아님에도 불구하고 표찰이 될 수 있는 표현들은 모두 전칭적 의미를 갖는다. 전칭적인 what은 NP이외에 CP도 보충어로 취할 수 있는 속성을 가지고 있는 듯하다. (36a-c)의 예문을 어떻게 설명할 수 있는지에 대해서는 여러 이견이 존재할 수 있지만, 분명한 것은 이들 예문은 핵이 아님에도 불구하고 표찰이 될 수 있다는 것을 보여주기 때문에 Chomsky(2013)의 표찰달기 앨고리듬에 큰 문제점을 제기한다.

표찰달기의 전통적인 앨고리듬은 선택하는 자가 표찰이 된다는 것이다.

(37) 만약 A가 B를 선택(select)하면, A는 {A, B}의 표찰이다.

이러한 주장이 기술적 타당성을 갖는지를 알아보자. 병합을 통하여 발생하는 변화를 보여주기 위하여 표찰이 필요하다는 것을 우리는 앞에서 살펴보았다. 만약 표찰이 없으면, 새로이 생겨난 구성소가 기존의 것과는 다르다는 것을 알려줄 방법이 없게 된다. 그렇다면 당연히 표찰이 되는 것은 병합을 통하여 변화를 겪게 된 구성소이다. 예를 들어, love와 Mary가 만나게 되면, love는 하나의 논항을 원한다는 요구조건이 충족된다. 즉, love Mary는 더 이상 하나의 논항을 요구하는 구성소가 아니다. 이렇게 일항술어(one-place predicate)가 영항술어(zero-place predicate)로 변한 내용을 반영하려면 love가 표찰이 되어야 한다.

 (38) a. [love~~(Theme)~~ Mary]: 표찰달기
   b. [love love~~(Theme)~~ Mary]

(38a)에서 love(Theme)는 논항을 요구하며, 이 요구가 만족되고 있다. 여기서 변화를 겪은 것은 love이므로 표찰은 love이다. 이러한 식으로 표찰을 달게 되면, (37)에서 말하는 전통적인 방식과 같은 결과를 준다. 즉, 선택하는 요소가 표찰이 되는 이유는 변화를 겪는 요소가 표찰이 되기 때문이다.

 이러한 전통적인 견해를 받아들이고 what이 CP를 선택할 수 있다고 가정하면 예문 (39)가 중의성을 띠는 이유를 설명할 수 있다.

 (39) What she wrote is completely unclear.

(39)에서 what이 [C she wrote]와 병합하는 이유에는 두 가지가 있다고 주장하는 것이다. 하나는 what이 CP를 선택하기 때문이고 또 다른 하나는 $C_{[+wh]}$가 wh-어구를 선택하기 때문인 것이다.

 (40) a. $what_{[+CP]}$
   b. $C_{[+wh]}$

만약 what이 CP를 요구하면 D가 표찰이 되고, C가 wh-어구를 원하면 C가 표찰이 된다는 것이다.

 (41) a. [$_D$ $what_{[+CP]}$ [C she wrote ~~what~~]]
   b. [$_C$ what [$C_{[+wh]}$ she wrote ~~what~~]]

What이 CP를 선택한다는 주장은 한국어의 '것'을 생각하면 쉽게 이해할 수 있다. '것'은 반드시 자신을 수식하는 요소를 요구한다. 즉, '철수가 좋아하는'과 같은 수식어구가 없으면 비문이다.

  (42) *(철수가 좋아하는) 것

한국어에는 '무엇'과 '것' 두 개의 어휘가 존재하지만, 영어의 경우에는 what이 두 가지 용법을 모두 포함하는 중의적인 표현이라고 생각하면 왜 (39)가 중의성이 있는지를 설명할 수 있다. 만약 what이 '것'의 용법으로 쓰였으면 (39)는 (43a)와 같이 해석되고, '무엇'의 용법으로 쓰였으면 (43b)와 같이 해석된다.

  (43) a. 그녀가 쓴 것이 완전히 불분명하다.
     b. 그녀가 무엇을 썼는지가 완전히 불분명하다.

또한 what이 전칭적인 의미를 가질 때에는 what이 NP외에도 CP를 선택한다고 가정하면, (36a-c)의 예문들도 해결할 수 있다.

  (44) what$_{[+NP][+CP]}$
  (45) [$_D$ whatever$_{[+NP][+CP]}$ book you write]

마치 전칭적인 의미를 가진 every나 all이 DP의 핵이 될 수 있듯이 전칭적인 의미를 가진 what은 DP의 핵이 될 수 있다. Every나 all과 what의 차이는 보충어로 NP를 취하느냐 아니면 CP를 취하느냐이다. NP나 공백이 있는 CP는 모두 ⟨e,t⟩ 유형이므로, every, all, what이 DP의 핵으로 쓰이는 경우에 이들은 모두 의미적으로 동일한 유형을 보충어로 취한다.

14.5 부가와 늦은 병합(late merge)

부가가 발생하면, 투입물(input)과 산출물(output)에 모두 변화가 일어나지 않는다. 통사적으로 그리고 의미적으로, 산출물은 투입물과 동일하다. 따라서 표찰달기가 필요하지 않으며, 그렇다면 표찰이 달려서는 안 된다는 것이 최소주의적 시각이라고 말할 수 있다. 다시 말해, 표찰달기는 최후의 수단으로만 사용되어야 한다. (46b)에서 meet Mary에 in the park를 부가시키는 경우, 두 구성소 모두 변화를 겪지 않으므로 새로이 표찰을 달 필요가 없다.

(46) a. meet Mary: in the park의 부가
     b. [$_{VP}$ meet Mary] in the park: 표찰이 필요 없음

따라서 meet Mary in the park 전체를 아우를 수 있는 표찰이 없다고 말할 수 있다.

부가가 일반병합과 달리 표찰달기를 요구하지 않는다고 주장하면, 우리는 왜 부가어가 늦은 병합(late merge)을 허용하는지를 설명할 수 있다. (47a)에서 John과 he는 동일인을 지칭할 수 없지만 (47b)에서는 동지시가 가능하다.

(47) a. *Whose claim that John$_i$ is a liar does he$_i$ think is convincing?
     b. Which claim that John$_i$ made does he$_i$ think is convincing?

(47a-b)에서 보이는 중요한 차이는 that John is a liar는 보충어구이고 that John made는 부가어구라는 것이다. 이러한 차이를 염두에 두고, Lebeaux (1988, 2009)는 부가어구는 보충어구와 달리 늦은 병합이 가능하기 때문에 소위 재구효과를 보이지 않는다고 주장한다. 모든 A'-이동은 재구효과를 보인다고 알려져 있다. 예를 들어, (47a)의 논리형태부는 (48)처럼 생

졌다는 것이 일반적인 견해이다. 즉, wh-운용자를 제외한 나머지 부분은 최초의 자리에서 해석된다는 것이다.

 (48) whose ~~claim that John~~ $_i$ ~~is a liar~~ does he$_i$ think ~~whose~~ claim that John$_i$ is a liar is convincing[7]

만약 이러한 주장이 옳다면 왜 he와 John이 동지시할 수 없는지를 설명할 수 있다. he가 John을 성분통어하여 결속조건 C를 위반하기 때문이다.[8] 문제는 왜 (47b)가 재구효과를 보이지 않느냐 하는 것이다. Lebeaux는 그 이유를 부가어는 늦은 삽입이 될 수 있기 때문이라고 설명한다.

 (49) a. which claim does he$_i$ think ~~which claim~~ is convincing: 부가어 that John$_i$ made를 병합
   b. which claim ∧ [that John made] does he$_i$ think ~~which claim~~ is convincing

(49b)에서 보여주는 것처럼 that John made가 which claim이 이동한 다음에 병합된다면 that John made가 재구효과를 보일 방법이 없다. 따라서 부가어가 늦은 삽입을 한다면 부가어는 재구효과를 보이지 않는다는 것을 쉽게 설명할 수 있다. 문제는 뒤늦은 병합은 반순환적(counter-cyclic)이라는 것이다. 소위 확장조건(extension condition)도 어기고 또한 기존의 구조를 변화시키기도 한다. 그러나 만약 부가는 표찰달기를 요구하지 않는다면 늦은 병합이 가능해진다. 왜냐하면 표찰달기가 일어나지 않으

---

[7] Fox(2000)는 (47a)의 논리형태부는 (i)과 같다고 주장한다. 그에 따르면, 이동한 모든 요소는 이동한 자리에서 해석되며, 동시에 wh-운용자를 제외한 부분은 이동이 시작된 곳에서 해석된다는 것이다.

 (i) whose claim that John$_i$ is a liar does he$_i$ think ~~whose~~ claim that John$_i$ is a liar is convincing

[8] 재구효과에 관한 자세한 논의는 제9장 참조.

면 기존구조를 변화시키지 않기 때문에 구조의 일부라고 할 수 없고 따라서 확장조건을 위반한다고 보기 어렵다.

이를 염두에 두고, 부가는 표찰을 원하지 않는가는 주장에 반례가 되었던 (50)으로 반복된 (18) 문장을 다시 한번 생각해 보기로 하자.

(50) John could [[eat the cake] in the yard], and [eat the cake in the yard] he did.

(50)이 제기하는 문제는 eat the cake in the yard가 표찰이 없음에도 불구하고 전체가 어떻게 하여 이동을 하였느냐 하는 것이다. 이 문제에 대한 해결책으로 우리는 늦은 병합을 이용하는 방법이 있다. 만약 부가어가 늦은 병합이 될 수 있다면 (50)의 예문을 쉽게 생성해 낼 수 있는 것이다. Eat the cake이 동사구 전치를 겪어서 앞으로 이동한 이후에 in the yard가 뒤늦게 삽입되었다고 주장하면 우리는 왜 (50)이 정문인지를 설명할 수 있다.

(51) a. he did [$_{vP}$ eat the cake]: 동사구 전치
 b. [$_{vP}$ eat the cake] he did ~~eat the cake~~: in the yard를 뒤늦게 삽입
 c. [$_{vP}$ eat the cake] ∧ [in the yard] he did ~~eat the cake~~

한편, in the yard가 이동전에 부가되었다면 vP가 이동하였다 하더라도 제자리에 남는다. 왜냐하면 eat the cake in the yard를 아우르는 표찰이 없기 때문이다.

(52) a. he did [$_{vP}$ eat the cake] ∧ [in the yard]: 동사구 전치
 b. [$_{vP}$ eat the cake] he did in the yard[9]

---

[9] 이러한 문제를 해결하는 또 다른 방법은 (50)에서 이동을 해 나간 것은 vP가 아니라 초점구(Focus Phrase)라고 주장하는 것이다. 초점을 받은 요소는 초점이동을

요약하면, 표찰달기는 최후의 수단이라는 주장을 할 경우 왜 부가가 표찰을 요구하지 않는지를 설명할 수 있으며, 또한 얼핏 반례처럼 보이는 현상도 해결할 수 있다.

14.6 부가어구를 포함한 구성소에 표찰달기

우리는 지금까지 부가가 될 경우 구성소들이 변화를 겪지 않기 때문에 표찰을 달 필요가 없고, 필요가 없으면 달지 말아야 된다고 주장하였다. 문제는 표찰이 없는 부가어가 음운부나 논리형태부에서 어떻게 해석되는지는 불분명하다는 것이다. 예를 들어 어순을 정할 때 표찰이 없는 어순은 어떻게 정해지는지 확실치 않다. 표찰이 없으면 성분통어관계가 정해질 수 없기 때문이다. 만약 Kayne(1994)이 주장하는 것처럼 어순은 비대칭적 성분통어관계에 의하여 정하여 진다고 가정하면 모든 발음이 되는 요소는 표찰을 가지고 있어야 한다. 또한, 만약 성분통어관계가 정해지지 않으면 논리형태부에서 해석하는데 문제가 생긴다. 당장 작용역을 따지는 것이 불가능해지기 때문이다. 따라서 음운부에서나 논리형태부에서는 표찰이 없는 요소가 있으면, 그 요소는 발음이 되거나 혹은 해석

할 수 있다. 그런데 이 초점구는 F라는 발음이 되지 않는 핵을 가진 요소이다.

(i) 초점구: [$_{FP}$ F [$_{XP}$ ...]

만약 eat the cake이 초점을 받으면 (ii)과 같은 구조를 갖게 되고 eat the cake in the yard 전체가 초점을 받으면 (iii)과 같은 구조를 갖는다.

(ii) [$_{FP}$ F [eat the cake]] in the yard
(iii) [$_{FP}$ F [eat the cake] in the yard]

즉, eat the cake in the yard가 표찰을 가지고 있지는 않지만, 만약 그것이 Focus의 보충어가 될 수 있다고 가정하면 전체가 이동해 나갈 수 있다. 이러한 주장이 설득력이 있는 이유는 이동한 요소는 모두 초점을 받는 요소라고 말할 수 있기 때문이다.

이 되기 어렵다. 그러므로 선형화가 되는 순간 모든 요소는 최후의 수단으로 표찰을 가져야 한다고 말할 수 있다.

    (53) a. [vP met ∧ Mary] ∧ in the park: 문자화 되기 직전 최후의 수단으로 표찰달기
         b. [vP [vP met Mary] ∧ in the park]

위의 논의를 요약하면, 표찰이 달리지 않으면 음운부와 논리형태부에서 발음과 해석이 될 수 없기 때문에 최후의 수단으로 표찰이 달리게 된다. 이러한 표찰달기는 선형화되기 직전에 발생하는 작업이다. 다시 말해, 표찰달기에는 두 종류가 있다. 하나는 순수 통사부에서 발생하는 표찰달기이고 또 다른 하나는 인접부에서 발생하는 표찰달기이다. 전자는 병합을 할 때 발생하는 반면, 후자는 부가가 일어난 다음에 선형화되는 순간 발생한다.

제15장 논리형태부(LF)에서의 삽입에 의한 보수

지금까지 우리는 통사-음운 접합부와 통사부에서 발생하는 최후의 수단을 살펴보았다. 최후의 수단은 이곳에서 뿐만 아니라 통사-의미 접합부인 논리형태부에서도 발생한다. 본 장에서는 논리형태부에서 발생하는 삽입에 의한 보수현상을 알아보기로 한다.[10]

15.1 최후의 수단으로서의 존재양화사/총칭양화사 삽입

논리형태부에서의 보수현상을 처음 주장한 학자로는 Heim(1982)을 들 수 있다. Heim은 비한정사(indefinite)의 특이한 행태를 포착하기 위해 삽입에 의한 보수책략(repair-by-insertion strategy)을 주장하고 있다. Heim이 1982년도 논문을 쓸 당시에 비한정사는 존재양화사(existential quantifier)로 여겨졌었다. 그러나 비한정사를 존재양화사로 간주하면 다음과 같은 수수께끼에 봉착한다. 예문 (1a-b)에서 a donkey는 it을 성분통어(c-command)할

---

[10] 논리형태부에서는 이동에 의한 보수현상도 또한 발생한다. 그것이 바로 양화사 인상(Quantifier Raising, QR)이다. 만약 다음 문장에서 everyone이 통사부에서 이동하지 않았다면, 논리형태부에서는 해석이 불가능한 상태가 된다.

    (i) John loves everyone.

왜냐하면 love는 <e>유형의 목적어를 원하지만 everyone은 <e>유형이 아니라 <<e, t> t>유형이기 때문이다. 이러한 문제를 해결하는 방법은 everyone이 논리형태부에서 최후의 수단으로 이동하는 것이다.

수 없다. 그럼에도 불구하고, 문제는 a donkey와 it은 결속관계를 맺고 있는 것처럼 보인다는 것이다.

    (1) a. If Smith owns a donkey, he always beats it.
        b. Everyone who owns a donkey beats it. (Geach 1964: 128)

이러한 문제를 해결하기 위해 Heim은 비한정사는 변항(variable)이라고 주장한다. (1a-b)에서 a donkey는 변항으로서 always나 every와 같은 양화사에 결속되는 한편, always나 every는 대명사 i-을 성분통어한다. 따라서, always나 every를 통하여, a donkey가 it과 선행사-결속대명사의 관계를 맺을 수 있다는 것이다.

    (2) a. Always$_x$ [Smith owns x such that x is a donkey] [he beats x]
        b. Every$_{x, y}$ [x such that x is a farmer owns y such that y is a donkey] [x beats y][11]

요약하면 a donkey는 변항이며 always나 every는 두 개 이상의 변항을 결속할 수 있는 비선택적 결속자(unselective binder)이고, 변항의 작용역은 자신을 결속하는 결속자의 작용역까지 확대된다는 것이 Heim의 주장이다.[12]

    위의 예문 (1a-b)에서는 always나 every와 같은 명시적인 결속자가 존재하며, 이 결속자가 변항인 a donkey를 결속하고 있다. 문제는 이러한 결속자가 없는 듯한 문맥에서도 비한정사가 나타날 수 있다는 것이다. 예를 들어, 다음 문장에서는 a donkey를 결속하는 운용자는 없는 듯하다.

---

[11] (2b)는 'x는 농부이고 y는 당나귀일 때, x가 y를 소유하는 모든 <x, y> 쌍에 대하여 x가 y를 때린다'라고 해석된다.
[12] Haik(1984)의 간접적 결속(indirect binding)도 비슷한 방식의 설명이라고 할 수 있다.

(3) Smith bought a donkey.

변항이 결속되지 않은 채 그대로 남아 있으면 비적격 논리형태부가 된다는 것은 잘 알려진 사실이다. 즉, (4)는 적형식의 논리형태부가 아니다.

(4) *Smith bought [x such that x is a donkey]

Heim은 이러한 경우에 x가 자동적으로(by default) 존재양화된다고 주장한다. 이를 최후의 수단 책략으로 재해석하면, 만약 x를 결속할 양화사가 끝까지 존재하지 않으면 최후의 수단으로 존재양화사가 부여된다고 말할 수 있다. 예문 (5a)에서 변항 x에 최후의 수단으로 존재양화사가 삽입되면 (5b)와 같은 논리형태부가 생기게 되는데 이것이 (3)의 논리형태부가 된다.

(5) a. x[Smith bought x such that x is a donkey]: 최후의 수단으로 존재양화사 삽입
    b. ∃x[Smith bought x such that x is a donkey]

최후의 수단으로 삽입되는 양화사에는 존재양화사이외에 총칭(generic) 양화사가 있다. (6)에서 firemen은 비한정사이므로 변항이다. 만약 모든 변항이 최후의 수단으로 존재양화 된다면, (6)은 (7a)와 같이 해석될 것이다. (7a)는 '충직한 소방관이 존재한다'는 의미를 갖고 있다. 하지만 이러한 해석은 (6)이 줄 수 있는 해석이 아니다. 예문 (6)은 '일반적으로 소방관은 충직하다'라고 해석된다.

(6) Firemen are faithful.
(7) a. *∃x[x such that x is a fireman is faithful]
    b. Genx[x is a firemen] [x is faithful]

만약 Gen을 총칭양화사라고 한다면 (7b)는 우리가 원하는 해석인 '일반적으로 소방관은 충직하다'라는 해석을 준다. 즉, (6)과 같은 문장에서는 최후의 수단으로 삽입되는 양화사가 존재양화사가 아닌 총칭양화사라고 할 수 있다. 정리하면, 비한정사는 명시적인 양화사가 없는 경우에 존재적으로 양화되거나 아니면 총칭적으로 양화된다고 말할 수 있다.

15.2 양화사 삽입과 사상가설

이제 쟁점은 어떠한 경우에는 존재양화사가 또 어떠한 경우에는 총칭양화사가 삽입되느냐 하는 것이다. 이러한 질문에 대한 대답으로, Kratzer(1988, 1995)와 Diesing(1992)은 이러한 차이의 근원을 통사구조에서 찾고 있다. Diesing은 다음과 같은 사상가설(mapping hypothesis)을 내세우고 있다.

(8) 사상가설
동사구 안의 요소는 핵영역(nuclear scope)으로 사상되며, 동사구 밖의 요소는 제한절(restrictive clause)로 사상된다.

먼저 (8)을 이해하기 위해서는 '핵영역'과 '제한절'이라는 용어를 이해하는 것이 필요하다. 이들 용어를 예를 들어서 설명하여 보기로 하자. (9a)는 학생이라면 다 도착하였다는 뜻을 갖고 있는데, 이를 집합으로 표시하면 학생들의 집합은 도착한 사람들의 집합의 부분집합이라고 말할 수 있다.

(9) a. every student arrived.
  b. ⟦ student ⟧ ⊆ ⟦ arrived ⟧

이를 달리 표현하면 every는 명사구인 student를 제 1논항으로, 동사구인 arrived를 제 2논항으로 취하며, 이 두 개의 논항들 사이의 관계(relation)가 부분집합의 관계를 나타내고 있다고 말할 수 있다.

    (10) every [NP student]   [VP arrived]
                    제 1논항   제 2논항

논리형태 (10)에서 제 1논항은 제한절, 그리고 제 2논항은 핵영역이라고 부른다. Every student에서 student의 역할은 every가 양화하는 범위를 제한해 준다. 즉, 이 세상의 모든 사물이 아니라 학생 중에서 모든 학생이라고 제한하는 역할을 하게 되므로 제한절(restrictive clause 혹은 restriction)이라고 지칭한다. 한편 arrived와 같은 술어는 논리형태에서 핵심적인 역할을 하기 때문에 핵영역(nuclear scope) 혹은 핵(nucleus)이라고 지칭한다.

  Every이외의 다른 양화사들도 이와 같이 두 개의 논항을 취하는 술어라고 말할 수 있는데, no는 두 논항 사이의 관계가 공집합관계라는 것을 의미하며, some은 두 논항사이의 관계가 공집합이 아니라는 것을 의미한다.

    (11) a. no student arrived.
         b. ⟦student⟧ ∩ ⟦arrived⟧ = ∅
    (12) a. some student arrived.
         b. ⟦student⟧ ∩ ⟦arrived⟧ ≠ ∅

이러한 식의 분석방법을 관계적 분석(relational analysis)이라고 부르는데 이러한 분석은 아리스토텔레스로부터 시작되어 라이프니쯔와 오일러에 의해 개발되었다.

  관계적 분석에 따르면 모든 양화사의 의미를 두 논항사이의 관계로 분석한다. 그러나 Diesing(1992)은 모든 양화사를 똑같이 취급하면 안 된다는 입장을 취하고 있다. Milsark(1974)은 there-구문을 이용하여 양화사를 두 종류로 나누고 있다. 양화사는 there-구문에 나올 수 있는 양화사와 그럴 수 없는 양화사 두 종류로 나눌 수 있는데, Milsark은 전자를 약양화사(weak quantifier) 그리고 후자를 강양화사(strong quantifier)라 칭하고 있다.

(13) a. There are many dogs in the yard.
　　　b. There is a dog in the yard.
　　　c. There is no dog in the yard.
　　　d. There are two dogs in the yard.
(14) a. *There are most dogs in the yard.
　　　b. *There is the dog in the yard.
　　　c. *There is every dog in the yard.
　　　d. *There are both dogs in the yard.

Milsark에 따르면 강양화사야말로 진정한 양화사이고, (14a-d)가 비문인 이유는 there가 양화적인 의미를 가지고 있기 때문이라는 것이다. 즉, there 자체가 양화사이므로 또다른 양화사가 나오면 이중 양화가 되어 (14a-d)가 비문이 된다는 것이다. 강양화사와 약양화사는 전제(presupposition)와 관련하여 차이를 보인다. (15a-d)의 문장에는 약양화사가 쓰이고 있는데 이들 문장에서는 반드시 실수가 있다는 전제를 하지 않고 있다.

(15) a. If you find many mistakes, I'll give you a fine reward.
　　　b. If you find a mistake, I'll give you a fine reward.
　　　c. If you find no mistake, I'll give you a fine reward.
　　　d. If you find two mistakes, I'll give you a fine reward.

이에 반해 강양화사가 있는 (16a-d)문장에서는 실수가 있다는 전제를 하고 있다.

(16) a. If you find most mistakes, I'll give you a fine reward.
　　　b. If you find the mistake, I'll give you a fine reward.
　　　c. If you find every mistake, I'll give you a fine reward.
　　　d. If you find both mistakes, I'll give you a fine reward.

Diesing은 전제적(presuppositional) 의미를 갖는 양화사만이 진정한 양화사라는 입장을 취하고 있다. 담화표지이론(Discourse Representation Theory)에 따르면 양화사를 포함한 문장은 삼분지 구조로 나타난다. 앞에서 언급하였듯이, 양화사의 첫 번째 논항은 제한절을 이루고 두 번째 논항은 핵영역을 이룬다.

(17)　Every　　　　　[dog]　　　　　　[is in the yard]
　　　운용자(operator)　제한절(restriction)　핵영역(nuclear scope)

Diesing에 따르면, 제한절로 사상(mapping)되는 표현은 전제나 가정이 되는 표현이며, 핵영역으로 사상(mapping)되는 표현은 술어적인 표현으로 전제가 되지 않는 표현이다. 따라서 Diesing은 만약 three가 약양화사로 쓰였다면 three는 운용자로 볼 수 없고, three의 보충어 dogs도 제한절로 사상되지 않는다고 주장한다. 예를 들어, three가 약양화사로 해석된다면, (18a)는 (18b)와 같은 논리구조를 갖는다고 제안한다.[13]

(18) a. Three dogs are in the yard.
　　　b. ∃x [three(x) & dogs(x) & in the yard(x)]

이제 (8)에서 소개한 사상가설로 돌아가 보기로 하자. (19)로 반복된 Diesing의 사상가설에 따르면 동사구 안쪽에 있는 요소는 핵영역에서 해

---

[13] 모든 약양화사는 강양화사로 쓰일 수 있다. 예를 들어, (18a)에서 three가 약양화사로 쓰일 수도 있지만 강양화사로 쓰일 수도 있다. 만약 강양화사로 쓰인다면 특정적 해석을 주게 되고, 그렇지 않으면 비특정적 해석을 준다.

석되며, 동사구 바깥쪽에 있는 요소는 제한절에서 해석된다는 것이다.

(19) 사상가설
동사구 안의 요소는 핵영역(nuclear scope)으로 사상되며, 동사구 밖의 요소는 제한절(restrictive clause)로 사상된다. (= 8)

이러한 주장은 주어가 동사구내에서 생성된 다음 T의 SPEC자리로 이동해 나간다는 동사구내 주어가설과 관련이 있다. 주어 three dogs는 처음부터 T의 SPEC자리에서 생성되는 것이 아니라 의미역 자리인 동사구내에서 생성된 다음 그 자리로 이동한다는 것이 동사구내 주어가설이다.

(20) [TP three dogs T [VP be [AP three dogs in the yard]]]

이렇게 이동을 하게 되면 두 개의 복사본이 생기게 되는데 이 둘 중의 하나만이 논리형태부에서 해석된다. (19)의 사상가설에 따르면, 만약 동사구내의 복사본이 해석되면 three dogs는 핵영역으로 사상되며, 동사구 바깥 복사본이 해석되면 제한절로 사상된다는 것이다.

(21) $\exists x$ [three(x) & dogs(x) & in the yard(x)]
　　　　　　　　핵영역
(22) Three$_x$ [dogs(x)] [in the yard(x)]
　　　　　　제한절　　　핵영역

(21)에서 dogs는 전제된 의미를 주지 않는 반면 (22)에서는 전제된 의미를 준다. 즉, (21)은 특정적이지 않은 개가 마당에 있다는 의미로 해석되며, (22)는 개들의 존재가 전제가 되어 있고 그 중에서 세 마리가 마당에 있다는 의미로 해석된다.

위의 사상가설을 염두에 두고, 어떤 경우에는 최후의 수단으로 존재적 양화사가 부여되고 어떤 경우에는 총칭양화사가 부여되는지를 알아보기로 하자. 예문 (23a)는 (23b-d)의 해석을 갖는다.

    (23) a. Firemen are available.
          b. ∃x [x is a fireman & x is available]
          c. Gen$_t$ [t is a time] ∃x[x is a fireman & x is available at t]
          d. Gen$_{x, t}$ [x is a fireman & t is a time] [x is available at t]

Diesing은 (23a)가 이러한 해석을 갖는 이유를 다음과 같이 설명한다. 주어 firemen은 동사구내에 있다가 T의 SPEC자리로 이동한다. 이렇게 이동을 하게 되면 두 개의 firemen이 생겨나게 되는데, 마치 음운부에서 단 하나의 firemen만이 발음이 되어야 하듯이 논리형태부에서도 단 하나의 firemen만이 해석된다.

    (24) [$_{TP}$ firemen T [$_{VP}$ be [$_{AP}$ firemen available]]]

즉, (24)는 (25a-b)와 같이 두 개의 가능한 논리형태를 만들어 낸다. Diesing의 사상가설에 따르면, 변항인 firemen이 동사구내에 있을 때는 핵영역으로 사상되고, 동사구 바깥쪽에 있으면 제한절로 사상된다. 즉, (25a)는 (23b-c)와 같은 해석을 주게 되고, (25b)는 (23d)와 같은 해석을 준다는 것이다.

    (25) a. [$_{TP}$ T [$_{VP}$ be [$_{AP}$ firemen available]]]
          b. [$_{TP}$ firemen T [$_{VP}$ be available]]

지금까지 우리는 술어가 장면층위술어(stage-level predicate)인 경우를 살펴보았다. 재미있는 사실은, 술어가 개체층위(individual-level)인 경우에는 중의성이 없다는 것이다.[14]

---

[14] 6장에서 언급하였듯이 장면층위술어는 개체의 순간적인 상태를 표현하는 술어이

(26) a. Firemen are faithful.
　　 b. Gen$_x$ [x is a fireman] [x is faithful]

Diesing은 이러한 이유를 술어가 개체층위인 경우에는 주어가 T의 SPEC 자리에 기저생성되기 때문이라고 주장하고 있다. 즉, 술어가 장면층위인 경우에는 상승(raising) 구문을 형성하고 주어가 개체층위일 경우에는 통제(control) 구문을 형성한다는 것이다.

(27) [$_{TP}$ Firemen$_i$ T [$_{VP}$ be [$_{AP}$ PRO$_i$ faithful]]]

이러한 주장에 따르면 최후의 수단으로 삽입되는 양화사가 어떠한 경우에는 존재양화사이고 어떠한 경우에는 총칭양화사인지를 원리에 입각하여 설명할 수 있다. Diesing의 사상가설을 요약하면, 무관사 복수주어가 동사구 바깥쪽에 있으면 최후의 수단으로 총칭양화사가 삽입되며, 만약 그것이 동사구 안쪽에 있으면 최후의 수단으로 존재양화사가 삽입된다.

15.3 의미역자리에서 의미역자리로의 이동

　Diesing의 사상가설에서 가장 중요한 주장 중의 하나는 개체층위술어의 주어는 T의 SPEC자리에서 생성되며, 또한 이 외부주어는 PRO로 실현되는 내부주어를 통제한다는 것이다. 이러한 Diesing의 주장은 Kratzer(1988, 1995)의 주장을 다소 수정한 것이다. Kratzer의 주장은 다음과 같이 요약할 수 있다. 먼저, Kratzer는 하나의 논항은 외부논항이어야 한다는 Williams(1980)의 주장을 받아들인다. 그 다음, 장면층위술어의 외부논항은 사건논항(event argument)이라고 가정하그, 따라서 기존에 외부

　며, 개체층위술어는 개체의 속성을 표현하는 술어이다.

논항이라고 간주되었던 주어는 내부논항이라고 주장한다.[15] (28a)에서 보듯이, 내부논항으로서 술어구 안에서 생성된 주어는 격을 부여 받기 위하여 T의 SPEC자리로 상승하게 된다. 한편 개체층위술어는 사건논항을 가지고 있지 않기 때문에 주어가 외부논항으로 실현된다. (28b)에서 보듯이, 주어가 처음부터 T의 SPEC자리에서 기저생성된다는 것이다.

(28) a. 장면층위술어(Stage-level predicates)
[TP firemen T [VP firemen be available]]
b. 개체층위술어 (Individual-level predicates)
[TP firemen T [VP be altruistic]]

이러한 주장의 문제점 중의 하나는 술어가 개체층위임에도 불구하고 표류양화사(floating quantifier)가 허용된다는 것이다.

(29) The violinists are all tone-deaf.

표류양화사가 생성되는 이유는, Sportiche(1990)에 따르면, the violinists와 all이 함께 있다가 the violinists가 all을 남기고 이동해나가기 때문이다.

(30) The violinists are [the violinists all] tone-deaf.

이러한 주장이 옳다고 가정하면, 예문 (29)에서 the violinists는 동사구 안에서 생성되어야 한다. 그러나 Kratzer의 주장이 옳다면, 주어가 T의 SPEC자리에서 기저생성되어야만 한다. 이러한 모순을 해소하기 위하여, Diesing은 (27)과 같은 통제 구문을 제안하고 있는 것이다. Diesing이 주목한 것은 PRO도 표류양화사를 인허할 수 있다는 점이었다. (31a)에서

---

[15] 사건(event)이라는 것이 하나의 논항으로 존재한다는 주장은 Davidson(1967)으로부터 시작되었으며, 이후 Parsons(1990), Shein(1993), Kratzer (1988, 1995) 등에 의해 수정 발전되었다. 명시적 사건논항에 대한 논의는 제6장 참조.

all이 leave앞에 나타날 수 있는 이유는 PRO가 all과 같이 있다가 to의 SPEC자리로 이동하였기 때문이라고 할 수 있다.

 (31) a. The fireman ordered the students to all leave the room immediately.
    b. The fireman ordered the students [PRO to ~~PRO~~ all leave the room immediately]

이와 같이 PRO가 표류양화사를 인허한다면, (29)가 (32)와 같은 구조를 갖는다고 주장함으로써 왜 표류양화사가 동사구 내에서 인허될 수 있는지를 잘 설명할 수 있게 된다.

 (32) [$_{TP}$ the violinists T [$_{VP}$ be [PRO all tone-deaf]]]

비록 the violinists가 T의 SPEC자리에서 기저생성되지만, 술어구 내에 PRO가 존재한다면 all이 동사구 내에서 인허되는 것을 설명할 수 있는 것이다.

 (32)와 같은 구조에서 제기될 수 있는 문제는 어떻게 두 개의 주어자리가 가능하냐는 것이다. 즉, the violinists가 T의 SPEC자리에서 기저생성 되려면 그 근거가 있어야 한다는 것이다. 이러한 질문에 대한 대답으로 Diesing은 (32)에서 T가 the violinists에 의미역을 준다고 주장한다. (32)의 의미는 '그 바이올린 연주자들이 모두 음감이 없다는 속성을 가지고 있다'이다. Diesing은 술어가 개체층위술어일 경우, T가 'xx 속성을 가지고 있다'라는 속성소유자라는 의미역을 외부주어에 부여한다고 주장한다. 그렇다면 PRO는 tone-deaf라는 술어로부터 의미역을 받고, the violinists는 T로부터 의미역을 받게 되므로 두 개의 주어자리가 생성되는 것을 설명할 수 있다는 것이다.

 만약 개체층위술어를 보충어로 취하는 T가 의미역을 준다는 주장이 옳다면, 우리는 Diesing의 주장을 조금 다른 방식으로 재해석할 수 있다. Hornstein(1999)에 따르면, 의미역 자리에서 또 다른 의미역 자리로의 이동이 가능하다고 한다. 만약 두 의미역 사이에 의미적 충돌만 있지 않다면, 의미역 자리에서 의미역 자리로 이동하는 것을 막을 장치가 없다는 것이다. GB이론에서는 의미역 기준으로 하나의 논항이 두 개의 의미역을 갖는 것을 금지하였다.

(33) 의미역 기준(theta-criterion)
　　　모든 논항은 하나의 의미역을 가져야 하고, 모든 의미역은 각각 하나의 논항에 부여되어야 한다.

하나의 논항이 두 개 이상의 의미역을 가질 수 없다면 의미역 자리에서 또 다른 의미역 자리로의 이동은 금지되어야 한다. 그러나 하나의 논항이 두 개 이상의 의미역을 가지고 있는 현상은 자연언어에서 쉽게 찾아볼 수 있다. 다음 문장을 보기로 하자. (34a)에서 '철수'는 행위의 대상자(Theme)이다. 반면에 (34b)에서는 '철수'가 행위의 대상자인 동시에 유발자(Causer)이다.

(34) a. 철수가 경찰에게 잡히었다.
　　　b. 철수가 경찰에게 잡혀주었다.

(34b)의 경우에는 '철수'가 '잡히다'라는 동사로부터 대상자역을 받고 또한 '주다'라는 보조동사로부터 유발자역을 받는다고 말할 수 있다. 이러한 종류의 예문은 보조동사를 많이 사용하는 한국어에서 흔하게 발견된다. 예를 들어, (35)의 경우, '네'는 '잡히'로부터 대상자역을 받고 '보'로부터 경험자(Experiencer)역을 받는다.

(35) 만약 네가 경찰에게 잡혀보면, 어떤 느낌일지 알거야.

이러한 현상을 설명하는 한 가지 방법은 의미역자리로의 이동을 허용하는 것이다. '철수'가 '잡히'로부터 대상자역을 받은 다음에 이동하여, '주'나 '보'로부터 유발자역이나 경험자역을 받는다고 하면 의미역 관계를 쉽게 설명할 수 있다.

  (36) a. 철수가 [경찰에게 철수가 잡히(Theme)] 주다(Causer)

    b. 철수가 [경찰에게 철수가 잡히(Theme)] 보다(Experiencer)

사실상 영어에서도 이러한 종류의 예문은 쉽게 찾아볼 수 있다. Jackendoff (1987)에 따르면, (37)에서 John은 아래로 굴러 떨어지는 대상자이면서 동시에 그러한 행위를 수행하는 행위자(Agent)이다.

  (37) John rolled down the hill.

이러한 현상을 설명하는 좋은 방법은 의미역 자리로의 이동을 가정하는 것이다. (38)에서처럼 John이 roll down the hill로브터 대상자역을 부여받고 v의 SPEC자리로 이동하여 행위자역을 부여받는다고 가정하면, (37)에서 왜 John이 두 개의 의미역을 갖는지를 설명할 수 있다.[16]

  (38) [John v [John roll down the hill]]

---

16 이러한 식의 설명을 따르면, 우리는 (ia)와 같은 문장에서 왜 the ball이 대상자역만을 받는지를 설명할 수 있다.

  (i) a. The ball rolled down the hill.
    b. [the ball T [vP the ball roll down the hill]

(ia)에서는 경동사가 존재하지 않거나 아니면 존재하더라도 의미역을 부여하지 않는다고 가정하면, the ball이 대상자역만을 갖는 현상을 설명할 수 있다.

한편, Hornstein(2001)은 (39a)를 유사한 방법으로 설명하고 있다. John이 shave로부터 대상자역을 받은 다음 v의 SPEC 자리로 이동하여 행위자역을 받는다고 하면 왜 (39a)에서 John이 면도한 대상이 John 자신인지를 설명할 수 있다.

(39) a. John shaved.
b. [John v [shave ~~John~~]]

이러한 설명에서 한 가지 가정해야 하는 것은 경동사 v는 격을 주지 않을 수 있다는 것이다. 만약 경동사(light verb) v가 격을 주게 되면 (40)과 같은 재귀대명사가 나타나는 문장이 생성되고, 만약 격을 주지 못하면 (39a)가 생성된다는 것이 Hornstein의 주장이다.

(40) John shaved himself.

(38)의 경우에도 경동사 v는 격을 주지 않는다고 가정해야 한다. 그러나 roll down이라는 표현에 나오는 경동사 v도 격을 줄 수 있는 용법을 가지고 있다. 예를 들어, 다음과 같은 문장에서는 the ball과 himself가 경동사 v로부터 목적격을 부여받고 있다.

(41) a. John rolled the ball down the hill.
b. John rolled himself down the hill.

요약하면, 의미역 자리에서 의미역 자리로의 이동이 원칙적으로 가능하다. 단 실제로 이동이 발생하기 위해서는 두 의미역 자리 사이에 격부여자(Case assignor)가 끼여 있지 말아야 하는 조건을 준수하여야 한다.

의미역자리로의 이동이 가능하다고 가정하고, Diesing의 주장을 다시 한번 검토하여 보기로 하자. Diesing의 주장은 (42)에서 보여주듯이 PRO가 tone-deaf로부터 의미역을 받으며 the violinists가 T로부터 의미역을 받는다는 것이다.

(42) [the violinists T [be PRO tone-deaf]
         └─────┘   └─────┘
       (Property Role) (Theme Role)

만약 의미역 자리에서 의미역 자리로의 이동이 가능하다면 (42)는 (43)과 같은 구조를 갖게 될 것이다.

(43) a. [T_property [be the violinists_(theme) tone-deaf_theme]: 의미역 자리에서 의미역 자리로의 이동
  b. [the violinists_(property, theme) T_property [be the violinists_(theme) tone-deaf_theme]

이동은 두 개의 복사본을 만들어 주며 이 둘 중의 하나가 음운부와 논리형태부에서 발음이 되거나 해석이 된다고 언급한 바 있다. 논리형태부에서는 두 개의 복사본 중에서 어느 것이 해석되어도 좋다. 하지만 복사본을 생략할 때는 복원가능성의 원리를 준수하여야 한다. (43)의 경우에는 반드시 T의 SPEC자리에 있는 복사본만이 해석되어야 하는데, 그 이유는 위의 복사본이 지워지고 아래의 복사본이 해석되면 the violinists가 T로부터 배당받은 의미역이 손실되기 때문이다. 위의 복사본을 해석하면 두 개의 의미역이 모두 해석되지만, 아래의 복사본을 해석하면 속성을 나타내는 의미역이 손실이 되며, 이는 복원이 될 수 없다. 복원가능성의 원리에 따르면 이러한 경우 반드시 동사구 바깥쪽의 복사본이 해석되어야 한다. 결과적으로 주어가 술어 내에서 생성된다고 할지라도, T가 의미역을 주는 경우에는 반드시 동사구 바깥쪽에서 해석되어야 한다.

이제 개체층위술어의 주어가 무관사복수일 경우 왜 반드시 총칭양화사가 최후의 수단으로 삽입되는지를 설명할 수 있다. 술어의 종류와 상관

없이 주어는 술어구내에서 생성된 뒤 동사구 밖으로 이동한다. 따라서 술어의 종류와 상관없이 표류양화사가 동사구내에서 생성될 수 있다.

(44) a. Children are all happy.
b. Children are all intelligent.
(45) a. Children T [be children all happy]
b. Children T [be children all intelligent]

하지만 논리형태부에서는 장면층위술어와 개체층위술어가 다른 행태를 보인다. 전자의 경우에는 술어구내의 복사본이나 T의 SPEC자리에 있는 복사본 중 아무것이나 해석될 수 있지만, 후자의 경우에는 T의 SPEC자리에 있는 복사본만을 해석할 수 있다. 그 이유는 복원가능성의 원리 때문이다.

(46) a. children_(Theme) T [be children_(Theme) happy]
b. children_(Property, Theme) T [be children_(Theme) intelligent]

Diesing의 사상가설이 옳다면 (46a)의 경우에는 children이 제한절이나 핵영역에 모두 사상될 수 있는 반면 (46b)의 경우에는 제한절에만 사상된다. 핵영역에 있는 변항을 최후의 수단으로 결속하게 되는 양화사는 존재양화사이고, 제한절에 있는 변항을 최후의 수단으로 결속하게 되는 양화사는 총칭양화사이다. 따라서 우리는 어떠한 경우에 어떠한 양화사가 최후의 수단으로 삽입되는지를 원리에 입각하여 설명할 수 있다.

15.4 Any와 최후의 수단으로의 양화사 삽입

A donkey가 변항이라는 주장의 근거로 Heim이 내세운 현상을 다시

한번 생각해보기로 하자. 예문 (47)에서 a donkey는 it을 결속하는 결속자인 것처럼 보인다.

(47) Every farmer who owns a donkey beats it.

그러나 a donkey는 it을 성분통어할 수 없다. 이러한 문제점을 해결하기 위하여 Heim은 a donkey가 변항이라고 주장한다. 즉, a donkey가 it에 대하여 선행사 역할을 할 수 있는 이유는, 그것이 변항이기 때문이라는 것이다. (47)에서 every는 비선택적으로 변항을 결속할 수 있기 때문에 farmer뿐 아니라 a donkey를 결속할 수 있고, 그 결과 a donkey의 작용역은 every의 성분통어영역까지 확대된다. 따라서 a donkey와 it이 관계를 맺는다. 만약 Heim의 논리가 옳다면, 다음과 같은 문장에서 any도 변항이어야 한다. 왜냐하면 any가 it을 성분통어할 수 없음에도 불구하고, 그 둘은 결속관계를 맺는 듯하다.

(48) If Smith owns any donkey, he beats it.

본 절에서는 any가 변항이라는 사실과 (49a-b)가 보여주는 any의 분포에 대한 제약이 서로 관계가 있음을 보이고자 한다.

(49) a. *John met anyone.
b. *Anyone met John.

Any는 극성을 가진 극성(polarity sensitive) any와 자유선택적(free choice) any로 나뉜다.

(50) a. John didn't meet anyone. (극성 any)
b. Anyone can meet John. (자유선택 any)

극성 any는 부정적인 문맥에서 나타나며, 자유선택 any는 존재적으로 양화되지 않은 문맥에서 나타난다. Any와 관련하여 제기되는 쟁점은 다음과 같다. 첫째, 이 두 종류의 any가 서로 관계가 있는가 하는 것이며, 관계가 있다면 어떠한 관계가 있냐는 것이다. 둘째, 과연 any는 변항이냐 하는 것이다. 이에 대한 대답으로 본 절에서는 (i) 두 종류의 any는 모두 변항이며, (ii) 존재적으로 양화되면 극성 any가 되고, 전칭적으로 양화가 되는 문맥에서는 자유선택 any로 해석되며, (iii) 두 종류의 any는 공히 'or'가 'and'로 해석될 수 있을 때 인허된다고 주장한다.

'Any NP'가 변항이라면 any의 고유한 의미는 무엇인가라는 의문이 생긴다. 본 절에서는 변항 x에 아무것이나 대입해도 참이라는 전제를 any가 갖는다고 주장하고자 한다. 이러한 주장은, 변항 x가 전칭적으로 양화될 수 있는 상황에서 any가 인허될 수 있다는 사실에 의해 뒷받침된다. 예를 들어 다음과 같은 문장에서 students는 양상조동사 can 때문에 존재적으로 양화될 수 없다.

(51) Students can join the party.

존재적으로 양화될 수 없을 때 students는 제한절로 사상된다. 이렇게 제한절로 사상될 때 일반적으로 총칭양화사가 최후의 수단으로 삽입된다.

(52) a. [x is a student] [x can join the party]: 총칭양화사 삽입
b. Gx [x is a student] [x can join the party]

즉, (51) 문장은 if x is a student, x can join the party와 같은 의미를 주는데, 이는 x가 학생이기만 하면 x는 파티에 올 수 있다는 것을 의미한다. 즉, (51)이 참이고, John, Mary, Susie가 학생이라면 다음의 각각의 문장은 참이다.

(53) a. John can join the party.
　　b. Mary can join the party.
　　c. Susie can join the party.

이것이 바로 any가 인허될 수 있는 문맥이다. 따라서 다음 문장은 정문이 된다.

(54) Any student can join the party.

위의 예문을 보면 any는 총칭적 혹은 전칭적으로 해석될 수 있는 문맥에서 사용될 수 있는데, 이러한 any가 바로 자유선택 any이다.[17] Any는 전칭적으로 양화될 수 있는 문맥에서만 나타나지는 않는다. 존재적으로 양화가 된 다음 부정이 되는 경우에도 any가 인허된다. 극성 any가 바로 그것이다.

(55) He didn't meet any student.

(56a)에서 무관사 복수명사는 존재적으로 양화된 다음 부정된다. 이러한 문맥에서는 존재적으로 전제가 되는 학생들의 집합이 있지는 않지만 x가 학생이라면 어떠한 학생이라도 x에 대입하면 전체문장은 참이 된다.

---

17 전칭양화사와 총칭양화사의 차이는 총칭양화사는 예외를 허용할 수 있지만 전칭양화사는 예외를 허용하지 않는다는 것이다. 예를 들어, 어떤 강아지가 성대에 문제가 있어서 짖지 못한다고 하자. 그런 상황에서도 (ia)는 참이지만, (ib)는 참이 아니다.

　(i) a. Dogs bark.
　　　b. Every dog barks.

　Any는 총칭적 의미를 좀 더 강화시키는 역할을 한다. 총칭적 의미란 그 부류에 속하면 일반적으로 옳다는 의미를 말한다. 한편 전칭적 의미는 그 집합 안에 있는 모든 개체가 다 그렇다는 의미를 말한다. 예문 (ia)에서 dogs는 총칭적 의미를 주는데, 만약 any가 dogs와 같이 결합하면, 예외 없이 전부라는 의미를 주게 되므로, any는 총칭적 의미를 전칭적 의미로 강화시키는 기능을 한다고 말할 수 있다.

(56) a. He didn't meet students
    b. ¬∃x[he met x[x is a student]]

다시 말해, (56a)가 참이고, John, Mary, Susie가 학생이라면 다음의 각각의 문장은 참이다.

(57) a. He didn't meet John.
    b. He didn't meet Mary.
    c. He didn't meet Susie.

이것이 또한 바로 any가 쓰일 수 있는 문맥이다. 따라서 (55)에서 any가 인허될 수 있다.
 한편 다음 문장에서는 any가 나올 수 없다.

(58) *He met any students.

그 이유는 (59)가 참이라고 해도 (60a-c)가 각각 참이라고 말할 수 없기 때문이다.

(59) He met students.
(60) a. He met John.
    b. He met Mary.
    c. He met Susie.

요약하면, any는 무관사 복수명사처럼 변항이지만 이것이 나타날 수 있는 환경은 변항이 총칭적으로 양화되거나 아니면 존재가 부정되는 문맥에서 인허되는데, 그 이유는 그러한 문맥에서 바로 변항 x에 주어진 집합의 어떠한 원소를 대입해도 참이기 때문이다. 다시 말하면, any는 스스로는 양화사가 아니지만 어떠한 원소를 대입해도 참이 될 수 있다는 전제를 가지고 있기 때문에 분포적 제약을 가지고 있다. 즉, 무관사 복수명사 대신에 주어진 집합 속의 아무런 원소를 집어넣어도 참이 되는 문맥에서만 any가 사용될 수 있다.

여기서 중요한 요소는 주어진 집합 속의 원소가 어떻게 정해지는가 하는 것이다.

    (61) a. If you find a mistake, I will give you $100.
          b. If you find any mistake, I will give you $100.[18]

(61a)에서는 어떠한 종류의 실수라도 주어진 집합 속의 원소라고 할 수 있다. 즉, (61a)에서는 네가 아주 사소한 실수를 발견하든, 큰 실수를 발견하든 간에, 실수를 발견해 내면 100달러를 주겠다는 뜻이기 때문에, 이러한 문맥에서는 any가 인허될 수 있다. 그러나 다음 문장을 보기로 하자. (62b)의 조건절에서는 any가 인허되지 않는다.

    (62) a. If you drink water, you'll feel a whole lot better.
          b. *If you drink any water, you'll feel a whole lot better.

그 이유는 (62a)에서 water를 바탕으로 만들어낼 수 있는 집합은 모든 종류의 물을 원소로 하는 집합이 아니기 때문이다. 즉, (62a)가 참이라고 해서 (63)의 문장이 참이라고는 할 수 없다.

    (63) If you drink contaminated water, you'll feel a whole lot better.

따라서 (62b)는 비문이다.

---

[18] Linebarger(1991)의 부정함축(Negative Implicature)이론으로는, 본인 스스로 인정하듯이, 왜 (61b)에서 any가 나올 수 있는지 설명하기 어렵다. Linebarger의 주장에 따르면, 극성 any는 부정함축이 있는 문맥에서 인허된다. 그러나 (61a)에서 부정함축이 있다고 보기는 어렵기 때문에 Libarger의 주장이 옳다고 보기 어렵다.

이와 같은 식의 설명은 다음 두 문장의 차이를 잘 설명해 준다.

(64) a. John denied any connection to the scandal.
b. *John denied any approach to the NPI.

(64a)와 (64b)는 문법성의 차이를 보인다. 그 이유는 (65a-b)이 두 문장이 주는 함의(entailment)가 다르기 때문이다.

(65) a. John denied a connection to the scandal.
b. John denied an approach to the NPI.

만약 (65a)가 참이면 (66)에 있는 모든 문장은 참이다.

(66) a. John denied a very strong connection to the scandal.
b. John denied a strong connection to the scandal.
c. John denied a weak connection to the scandal.
d. John denied a very weak connection to the scandal.

그러므로 (64a)가 정문인 것은 너무 당연한 일이다. 반면에 (65b)가 참이라고 해서 (67)의 모든 문장이 참이 될 수 없다.

(67) a. John denied A approach to the NPI.
b. John denied B approach to the NPI.
c. John denied C approach to the NPI.
d. John denied D approach to the NPI.

따라서 (64b)는 비문이 된다. 요약하면, deny는 양과 관련하여서는 부정할 수 있으나 종류에 관해서는 부정할 수 없기 때문에 (64a)와 (64b)가 문법성의 차이를 보인다.

Williams(1994)는 (64a-b)의 문법성의 차이를 문장으로의 의역(paraphrase)

가능성에서 찾고 있다. (64a)의 목적어는 문장으로 의역(paraphrase)될 수 있으나 (64b)의 목적어는 문장으로 의역될 수 없기 때문에 (64a-b)의 문법성에 차이가 생긴다는 것이다. 다시 말해, (64a)는 (68a)와 같이 풀어쓸 수 있으나 (64b)는 그렇지 않기 때문에 (64a-b)가 다른 문법성을 갖는다는 것이다.

    (68) a. John denied that there is a connection to the scandal.
          b. John denied that there is an approach to the NPI.

그러나 이는 정확한 말은 아니라고 할 수 있다. 왜냐하면 (64b)는 다음과 같이 문장으로 풀어쓸 수 있기 때문이다.

    (69) John denied that an approach to the NPI is correct.

따라서 정확하게 (64a-b)의 차이를 설명하자면, deny는 connection의 존재를 부정할 수 있지만, approach의 존재를 부정할 수 없기 때문에 문법성의 차이가 생긴다고 말할 수 있다.
  의문문은 참과 거짓으로 따질 수 없는 문장이다. 그렇다면 문제는 의문문에서도 any가 인허되는 현상을 어떻게 설명할 수 있느냐 하는 것이다.

    (70) Do you have any potatoes?

의문문은 대답을 요구하는 문장이다. 따라서 대답을 통하여 함의관계를 따질 수 있다. (71a)에 대한 대답으로 (71b)와 같이 긍정적인 말을 할 수 있는 상황은 어떠한 상황인지 알아보기로 하자.

    (71) a. Do you have a potato?
          b. Yes, I do [have a potato].

(72)와 같이 양이 얼마가 되었든 그리고 (73)과 같이 종류가 어떠한 종류가 되었든 간에 감자를 가지고 있으면 (71b)와 같은 대답을 할 수 있다.

 (72) a. I have many potatoes.
    b. I have two potatoes.
    c. I have one potato.
 (73) a. I have an uncooked potato.
    b. I have a boiled potato.
    c. I have a roasted potato.

이렇게 (72-73)이 기술하는 어떠한 상황에서도 (71a)에 대한 답으로 (71b)와 같은 긍정적인 표현이 쓰일 수 있기 때문에 (70)에서 any가 인허될 수 있다. 위의 현상을 또 다른 시각에서 설명하자면, (70)이 정문인 이유는, 이 문장은 기본적으로 감자의 존재에 대해 질문을 하는 것이므로 양이나 종류에 상관없이 감자가 존재하면 참이 되기 때문이다. 요약하면, 존재가 부정되거나 아니면 존재에 대하여 질문을 하게 되면 any가 인허될 수 있다.

 이러한 식의 설명으로 우리는 또한 부정함축이 있는 문장에서 왜 any가 인허될 수 있는지를 설명할 수 있다. Linebarger(1987)는 직접적 부정이 없더라도 부정함축이 있는 문장에서 부정극어가 허락될 수 있다고 관찰하고 있다. 술어 surprised는 부정적 함의를 하고 know는 그렇지 않기 때문에 (74a-b)가 문법성의 차이를 보인다는 것이다.

 (74) a. I'm surprised that any student was in the classroom at 7 p.m.
    b. *I know that any student was in the classroom at 7 p.m.

(74a)에서 놀라운 것은 오후 7시에 교실에 남아있는 학생이 존재한다는 것이 놀라운 것이다. 따라서 그가 누가 되었든 그리고 몇 명이 되었든

학생이 존재한다는 것이 놀라운 것이므로 (74a)는 정문이다. 다시 말해, 학생이기만 하면 그가 누가 되었든 놀라운 일이므로 다음 문장이 가능하다고 할 수 있다.[19]

(75) I'm surprised that a student was in the classroom at 7 p.m. whoever he/she is.

이렇게 whoever-절과 양립할 수 있으면 any가 인허될 수 있는데, 예문 (76)은 주절술어가 know일 경우에는 whoever-절이 나타날 수 없음을 보여준다. 따라서 (74b)에서는 any가 나타날 수 없다.

(76) *I know that a student was in the classroom at 7 p.m. whoever, he/she is.

위에서 펼치고 있는 주장은, Ladusaw(1979)의 단조감소(monotone decreasing)이론과 맥을 같이 하고 있다고 말할 수 있다. 단조감소 맥락과 아무 원소나 대치해도 참이 되는 맥락이 상당히 많이 겹치기 때문이다. 그러나 Ladusaw(1979)의 단조감소(monotone decreasing)이론으로는 의문문, deny의 행태, 그리고 부정적 함의를 하는 문장을 비롯하여 상당히 많은 자료를 설명할 수 없다. 반면에 any NP가 변항이라는 주장은 훨씬 많은 자료를 다룰 수 있다는 점에서 좀 더 타당한 주장이라고 말할 수 있다. 또한 Ladusaw의 단조감소이론은 왜 단조감소 문맥에서만 NPI가 인허되는지에 관하여 근본적인 설명을 제시하지 못한다. 반면에 any NP

---

[19] 뜻밖에도, 의문이나 부정, 조건, 놀람과 전혀 상관이 없는 (i)과 같은 문장에서 NPI가 인허될 수 있다.

(i) I'm glad ANYBODY likes me. (Kadmon과 Landman 1993: 384)

위의 문장도 그가 누가 되었던 나를 좋아하는 사람이 존재한다는 것 자체가 기쁜 일이므로 NPI가 인허된다고 말할 수 있다.

가 변항이며, 이 변항이 특정 문맥에서 쓰이는 이유는 any가 갖고 있는 고유의 전제 때문이라는 주장은 설명적 타당성 또한 확보하고 있다고 말할 수 있다. 즉, '아무 원소나 대입해도 참이다'라는 전제를 갖고 있기 때문이며, 이러한 의미를 줄 수 있는 문맥에서만 any가 인허된다고 주장함으로써 왜 any의 분포에 제약이 있는지를 설명할 수 있다.

맺음말

문장을 만들어가는 과정에서 반드시 필요한 것은 두 개의 단어나 형태소를 합치는 일이다. 이렇게 두 개의 요소를 합치는 일을 병합(merge)이라고 한다. 소위 강 최소주의론(strong minimalist thesis)에 따르면 병합이외의 작업은 필요하지 않으며, 따라서 병합이외의 작업은 허용되어서는 안 된다는 것이다. 문장을 만드는 과정은 레고 블럭을 조합하여 원하는 모양을 만드는 과정과 유사하다고 말할 수 있다. 레고 블럭을 만들 때 삐져나온 부분을 잘라낸다거나 아니면 두 개의 레고를 접착제를 이용하여 붙일 수는 없는 것이다. 마찬가지로 문장을 만드는 과정에서 새로운 요소를 임의로 삽입하거나 아니면 기존의 요소를 생략하여서는 안 된다는 것이 조작금지조건(No Tampering Condition)이다. 그러나 이러한 조작금지조건을 할 수 없이 어겨야 하는 경우가 존재한다. 문장을 만드는 과정에서, 조작금지조건을 어기지 않으면 더 이상의 작업이 불가능하거나 아니면 비문이 생성되는 상황이 얼마든지 발생할 수 있다. 이러한 상황에서 조작금지조건을 어기고 삽입이나 생략과 같은 작업을 할 수밖에 없는데 이를 최후의 수단이라고 한다.

일반적으로 최후의 수단은 통사-음운 접합부에서 주로 발생한다고 알려져 있다. 그러나 본서에서는 최후의 수단은 순수 통사부와 논리형태부에서도 발생함을 보였다. 두 개의 단어가 병합을 하게 되면 구(phrase)라고 불리는 새로운 구조물이 탄생하게 되는데 이 구조물에 이름표 혹은 표찰(label)을 붙이지 않으면 결국 비문이 만들어진다. 따라서 표찰을 붙일 수밖에 없는데 이렇게 표찰을 다는 작업은 조작금지조건을 어기는 첫 번째 최후의 수단이다. Chomsky(1995)는 이러한 불법적인 작업을 최소화하기 위해 소위 필수구조(bare phrase structure)를 제안하고 있다. 붙여지는 이름표는 핵의 이름표와 같다는 주장이 필수구조론의 핵심이다. 예를 들어, love와 Mary가 병합되어 만들어진 새로운 구조물의 이름은 love라는 주장이다.

(1) [love love Mary]

그러나 이러한 필수구조론에 입각한 표찰달기도 조작금지조건을 위반하지 않는다고 말할 수 없다. 표찰달기 자체가 병합은 아니므로, 통사구조를 만들어 가는 과정에서 병합이외의 연산 작업이 필요하다는 것을 인정할 수밖에 없는 것이다. 앞에서 언급하였듯이, 표찰이 없다면 결국 비문이 형성될 수밖에 없다. 따라서 통사부에서 최후의 수단으로 표찰달기가 발생하여야만 한다. 표찰달기가 병합이라는 필수적인 작업의 뒷설거지라고 한다면 아래복사본의 생략은 이동, 즉 내부병합(internal merger)의 뒷설거지라고 할 수 있다. 이동을 하게 되면 두 개 이상의 복사본이 생기게 되는데 모든 복사본이 음운부와 논리형태부에서 발음이 되어서는 안 된다. 따라서 최후의 수단으로 생략이 발생한다.

표찰달기와 하위복사본 생략이 병합의 결과물을 보수하는 과정이라고 한다면, 어휘자체나 구조자체가 가지고 있는 문제점을 보완하는 최후의 수단도 존재한다. 통사부에서는 접사(affix)가 자신의 지지대(host)와 함께 나타나지 못할지라도 문제가 되지 않는다. 그러나 음운부에서 발음을 하는 과정에서는, 반드시 접사는 지지대를 필요로 한다. 그러나 접사좌초금지조건을 만족시킬 수 없는 위치에 접사가 나타난다면, 발음을 하는 시점에서 최후의 수단을 활용할 수밖에 없다. 본서에서는 기능범주에 속하는 T와 C는 접사로 기저생성되며, 만약 이 영접사가 자신의 지지대를 발견하지 못할 경우에 do, to, that, for와 같은 단어들이 최후의 수단으로 삽입된다고 주장하였다. 또한 한국어에도 do-삽입에 해당하는 '하'-삽입이 존재함을 보였다. 구조자체의 결함도 또한 통사-음운 접합부에서 삽입을 통하여 보수될 수 있다. 예를 들어, 분사구문의 경우 정형절이 아니지만 주어가 반드시 나타나야 하는 상황이 생길 수 있는데 이럴 경우 격이 최후의 수단으로 부여된다고 할 수 있다. 또한 허사주어의 삽입이 구조자체의 결함을 삽입으로 해결하는 대표적인 예이다. 독일어와 같은 언어의 경우 C의 SPEC 자리가 반드시 채워져야 한다. 이러한 문장의 구조적 요구를 만족시킬 수 없는 상황에 처했을 때, 허사주어의 삽입을 통하여 보수할 수 있다. 본서에서는 독일어의 수동 구문을 비롯하여 일부 구문에서 허사주어가 최후의 수단으로 삽입될 수 있음을 보였다.

통사-음운 접합부에서 어휘나 구조의 문제를 해결하는 최후의 수단으로는 삽입이외에도 생략을 활용하는 방법이 있다. 예를 들어, 접사가 좌초될 위기에 처한 경우, 삽입을 통하여 문제점을 해결하는 방법도 있지만, 아예 문제가 되는 접사를 생략하여 문제점을 해결하는 방법도 있다. 본서에서는 주류 영어의 일부 구문에서 접사가 생략이 될 수 있음을 보였다. 의존형태소를 생략하는 현상은 주류영어에서 흔히 발생하는 현상은 아니다. 그러나 아프리카계 미국인 영어에서는 접사생략이 좀 더 넓은 범위에서 발생함을 보였다. 또한 한국어의 경우 최후의 수단으로 격이나 후치사가 생략될 수 있다고 주장하였다. 격이 생략될 수 있는 것은 어찌 보면 당연한 일이라고 할 수 있다. 왜냐하면 격 자체가 의미가 있다고 보기 어렵기 때문이다. 그러나 본서에서는 고유의 의미가 있는 후치사의 경우에도 피치 못할 경우에는 생략이 될 수 있음을 보였다. 물론 이럴 경우에도 후치사의 의미가 동사의 의미역을 통하여 복원될 수 있기 때문에 복원가능성의 원리를 준수한다고 주장하였다. 구조자체의 문제를 생략으로 해결하는 대표적인 구문으로는 분사구문을 들 수 있다. 분사구문에서는 주어에 격을 줄 수 없는데, 만약 분사구문의 주어가 주절주어와 동일하다면 분사구문의 주어를 생략시킴으로써 문제를 해결한다.

최후의 수단이 주로 발생하는 곳은 통사-음운 접합부라고 할 수 있다. 재미있는 것은 논리형태부에서도 최후의 수단을 이용하여 적격의 논리형태를 만들어 낸다는 것이다. 통사-음운 접합부에서 최후의 수단을 활용하는 이유는 주로 접사좌초금지조건을 준수하기 위해서이다. 한편 논리형태부에서 최후의 수단을 사용하는 이유는 의미유형의 불일치가 발생하거나 아니면 결속되지 않은 변항이 존재하는 경우이다. 양화사는 동사가 요구하는 의미유형이 아닐 수 있으며, 이러한 의미유형 불일치가 발생할 때 최후의 수단으로 양화사 인상(QR)이 일어난다. 또한 비한정사는 논리형태에서 최후의 수단을 요구하는 구성소이다. 비한정사는 의미적으로 변항이다. 변항은 태생적으로 보수가 필요한 요소이다. 마치 접사가 지지대가 필요하듯이, 변항은 결속자(binder, quantifier)가 필요하다. 이러한 하자가 있는 어휘에 존재양화사나 총칭양화사와 같은 양화사가 최후의 수단으로 삽입되게 되면, 적형식의 논리형태가 만들어 진다. 본서에서는, 이러한 시각에서 any의 분포를 조망하면, any의 특이성을 원리에 입각하여 포착할 수 있음을 보였다.

본서를 요약하면, 최후의 수단이란, 병합이라는 연산 작업으로 문장을 만들어 가는 과정에서 발생하게 되는 문제를 보수하는 작업을 의미하며, 최후의 수단으로 활용되는 작업으로는 표찰달기, 삽입, 생략, 자질부여, 재병합 등을 들 수 있다. 최소주의 틀에서는 통사론이 병합과 최후의 수단으로 이루어진 학문이라고 해도 과언이 아니다. 병합이라는 연산 작업은 더 이상의 설명이 필요 없는 간단명료한 작업이다. 그렇다면 통사론의 중요 연구부분은 최후의 수단이 될 수밖에 없다는 시각에서 본서는 시작되었다. 본서의 주요 목적은 최후의 수단이 순수 통사부, 통사-음운 접합부, 그리고 논리형태부에서 광범위하게 활용되며, 최후의 수단이라는 개념이 자연언어의 본질을 이해하는데 크게 도움이 될 수 있음을 보여주는 것이었다.

참고문헌

Ackema, Peter, and Maaike Schoorlemmer. 2002. Middles. In *The Blackwell companion to syntax* vol. III. ed. by M. Everaert and H. van Riemsdijk, 131-203. Oxford: Blackwell.

Ackema, Peter, and Maaike Schoorlemmer. 1995. Middles and non-movement. *Linguistic Inquiry* 26: 173-197.

Ackema, Peter, and Maaike Schoorlemmer. 1994. The middle construction and the syntax-semantics interface. *Lingua* 93: 59-90.

Baker, Mark. 1988. *Incorporation: A theory of grammatical function changing.* Chicago: University of Chicago Press.

Baltin, Mark. 2010. The nonreality of doubly filled COMPs. *Linguistic Inquiry* 41: 331-335.

Baltin, Mark. 1987. Do antecedent-contained deletions exist? *Linguistic Inquiry* 18: 579-595.

Barros, Matthew, and Luis Vicente. 2011. Right Node Raising requires both ellipsis and multidominance. *UPenn Working Papers in Linguistics* 17: 1-19.

Basilico, David. 2003. The topic of small clauses. *Linguistic Inquiry* 34: 1-35.

Bhatt, Rajesh. 2002. The raising analysis of relative clauses: Evidence from adjectival modification. *Natural Language Semantics* 10: 43-90.

Bobaljik, Jonathan. 1995. Morphosyntax: The syntax of verbal inflection. Ph.D dissertation. MIT.

Bobaljik, Jonathan. 1994. What does adjacency do? *MIT Working Papers in Linguistics* 22: 1-32.

Bolinger, Dwight. 1977. *Meaning and form.* London: Longman.

Bošković, Željco, 2011. Last resort with Move and Agree in derivations and representations. In *The Oxford handbook of linguistic minimalism*, ed. by

Cedric Boeckx, 327-353. Oxford: Oxford University Press.
Bošković, Željco, 2007. On the locality and motivation of Move and Agree: An even more minimal theory. *Linguistic Inquiry* 38: 589-644.
Bošković, Željko. 1997. *The syntax of nonfinite complementation: An economy approach*. Cambridge, Mass.: MIT Press.
Bošković, Željco, and Howard Lasnik. 2003. On the distribution of null complementizers. *Linguistic Inquiry* 34: 527-541.
Brame, Michael. 1968. A new analysis of the relative clause: Evidence for an interpretive theory. Unpublished Manuscript. MIT, Cambridge, Mass.
Bresnan, Joan. 1977. Variables in the theory of transformations. In *Formal syntax*, ed. by Peter W. Culicover, Thomas Wasow and Adrian Akmajian, 157-196. New York: Academic Press.
Choi, Kiyong. 2003. The echoed verb construction in Korean: Evidence for verb raising. *Japanese/Korean Linguistics*, 11: 457-470. Stanford, CA: CSLI.
Chomsky, Noam. 2013. Problems of projection. *Lingua* 130: 33-49.
Chomsky, Noam. 2008. On phases. In *Foundational issues in linguistic theory. Essays in honor of Jean-Roger Vergnaud*, ed. by Robert Freidin, Carlos Peregrín Otero and Maria Luisa Zubizarreta, 133-166. Cambridge, MA.: MIT Press.
Chomsky, Noam. 2004. Beyond explanatory adequacy, In *Structures and beyond: The cartography of syntactic structures*, volume 3, ed. by A. Belletti, 104-131, Oxford: Oxford University Press.
Chomsky, Noam. 2001. Derivation by phase. In *Ken Hale: A life in language*, ed. by Michael Kenstowicz, 1-52. Cambridge, Mass.: MIT Press.
Chomsky, Noam. 2000. Minimalist inquiries: the framework. In *Step by step: Essays on minimalist syntax in honor of Howard Lasnik*, ed. by Roger Martin, David Michaels and Juan Uriagereka, 89-155. Cambridge, Mass.: MIT Press.
Chomsky, Noam. 1995. *The minimalist program*. Cambridge, Mass.: MIT Press.

Chomsky, Noam. 1986. *Barriers*. Cambridge, Mass.: MIT Press.

Chomsky, Noam. 1981. *Lectures on government and binding*. Dordrecht: Foris.

Chomsky, Noam. 1957. *Syntactic structures*. The Hague: Mouton.

Chomsky, Noam and Howard Lasnik. 1977. Filters and control. *Linguistic Inquiry* 8: 425-504.

Chung, Sandra, William Ladusaw, and James McCloskey. 1995. Sluicing and logical form. *Natural Language Semantics* 3: 239-282.

Culicover, Peter. 1993. Evidence against ECP accounts of the *that*-t effect. *Linguistic Inquiry* 24: 557-561.

Culicover, Peter. 1991. Polarity, inversion, and focus in English. *ESCOL* 1991: 46-68.

Davidson, Donald. 1967. The logical form of action sentences. In *The logic of decision and action*, ed. by N. Rescher, 81-95. Pittsburgh: University of Pittsburgh Press.

Diesing, Molly. 1992. *Indefinites*. Cambridge, Mass.: MIT Press.

Embick, David and Rolf Noyer. 2001. Movement operations after syntax. *Linguistic Inquiry* 32: 555-596.

Fagan, Sarah. 1992. *The syntax and semantics of middle constructions*. Cambridge: Cambridge University Press.

Fiengo, Robert and Robert May 1994. *Indices and identity*. Cambridge, Mass.: MIT Press.

Fox, Danny. 2002. Antecedent-contained deletion and the copy theory of movement. *Linguistic Inquiry* 33:63-96.

Fox, Danny. 2000. *Economy and semantic interpretation*. Cambridge, Mass.: MIT Press.

Fox, Danny and David Pesetsky. 2005. Cyclic linearization of syntactic structure. *Theoretical Linguistics* 31: 235-262.

Fox, Danny and Howard Lasnik. 2003. Successive-cyclic movement and island repair: the difference between Sluicing and VP-ellipsis. *Linguistic Inquiry* 34: 143-154.

Fox, Danny, and Jon Nissenbaum. 1999. Extraposition and scope: A case for overt QR, In *Proceedings of the 18th West Coast Conference on Formal Linguistics*, ed. by Sonya Bird, Andrew Carnie, Jason D Haugen, and Peter Norquest, 132-144, Somerville, Mass.: Cascadilla Press.

Green, J. Lisa. 2002. *African American English: a linguistic introduction*. Cambridge: Cambridge University Press.

Hagstrom, Paul. 2000. Phrasal movement in Korean negation. *Proceedings of the 9th Student Conference in Linguistics*, 127-142.

Han, Chung-hye, and Chung-min Lee. 2007. On negative imperatives in Korean. *Linguistic Inquiry* 38: 373-394.

Han, Chung-hye, Jeffrey Lidz, and Julien Musolino. 2007. Verb-raising and grammar competition in Korean: Evidence from negation and quantifier scope. *Linguistic Inquiry* 38: 1-47.

Hankamer, Jorge. 1979. Deletion in coordinate structures. New York: Garland Publishing.

Haik, Isabelle. 1984. Indirect binding. *Linguistic Inquiry* 15: 185-224.

Heim, Irene. 1982. The semantics of definite and indefinite noun phrases. Ph.D dissertation. Univ. of Massachusetts, Amherst.

Hornstein, Norbert. 2009. *A theory of syntax: Minimal operations and universal grammar*. Cambridge: Cambridge Univ. Press.

Hornstein, Norbert. 2001. *Move! A minimalist theory of control*. Oxford: Blackwell.

Hornstein, Norbert. 1999. Movement and control. *Linguistic Inquiry* 5: 481-506.

Hornstein, Norbert. 1995. *Logical form*. Blackwell: Oxford.

Hornstein, Norbert, and David Lightfoot. 1991. On the nature of lexical government. In *Principles and parameters in comparative grammar*, ed. by Robert Freidin, 365-391. Cambridge, Mass.: MIT Press.

Hulsey, Sarah and Uli Sauerland. 2006. Sorting out relative clauses. *Natural Language Semantics* 14: 111-137.

Jackendoff, Ray. 1987. The status of thematic relations in linguistic theory. *Linguistic Inquiry* 18: 369-412.

Jo, Jung-Min. 2004. Grammatical effects of topic and focus information. Ph.D dissertation, University of Illinois at Urbana-Champaign.

Johnson, Kyle. 2012. Toward deriving differences in 'how *wh*-movement and QR are pronounced'. *Lingua* 122: 529-553.

Johnson, Kyle. 2001. What VP ellipsis can do, what it can't, but not why, In *The handbook of comtemporary syntactic theory*, ed. by Mark Baltin and Chris Collins, 439-479. Oxford: Blackwell Publishers.

Kadmon, Nirit and Fred Landman. 1993. Any. *Linguistics and Philosophy* 16: 353-422.

Kayne. Richard. 1994. *The antisymmetry of syntax*. Cambridge, Mass.: MIT Press.

Kennedy, Christopher. 1997. Antecedent-contained deletion and the syntax of quantifiers. *Linguistic Inquiry* 28: 662-688.

Kim, Jong-Bok. 2000. On the prefixhood and scope of short form negation. In *Harvard studies in Korean linguistics* 8, ed. by Susumu Kuno et al., 403-418. Cambridge, Mass.: Harvard University, Department of Linguistics.

Kim, Jong-Bok. 1994. Structure and scope in Korean psych constructions. *Japanese/Korean Linguistics* 4: Stanford, CA: CSLI.

Kim, Kwang-sup. 2018. Two sources for the scope extension of the operator -*man* 'only'. A paper presented at the Korean Generative Grammar Circle 2018 Winter Workshop.

Kim, Kwang-sup. 2017a. On the expletive object. *Korean Journal of Linguistics* 42: 257-276.

Kim, Kwang-sup. 2017b. On the reconstruction effects of modals. ms. Hankuk University of Foreign Studies.

Kim, Kwang-sup. 2017c. Three different types of copula in English-based varieties. *Proceedings of SMOG, LAK, KGGC 2017 Fall Joint Conference*, 12-20.

Kim, Kwang-sup. 2015a. Why does head movement take place? In *Proceedings of the 17th Seoul International Conference on Generative Grammar*,

192-208.

Kim, Kwang-sup. 2015b. On the peculiarities of the subject-aux inversion in counterfactuals. *The Journal of Studies in Language* 30: 749-766.

Kim, Kwang-sup. 2015c. Remarks on A/A'-distinction. *Language Research* 32: 125-149.

Kim, Kwang-sup. 2014. On the distribution of negative PPs. A paper presented in 10th Glow in Asia.

Kim, Kwang-sup. 2011. Movement paradoxes are not paradoxes: a raising approach. *Lingua* 121: 1009-1041.

Kim, Kwang-sup. 2010a. Paradoxes in labeling. *Language and Linguistics* 47: 1-22.

Kim, Kwang-sup. 2010b. Control, Repair by ellpisis and default Case. A Paper presented at the 28th West Coast Conference on Linguistics.

Kim, Kwang-sup. 2008. English C moves downward as well as upward. *Linguistic Inquiry* 39: 295-307.

Kim, Kwang-sup. 2006. On the distribution of the infinitival *to*. *The Journal of Studies in Language* 22: 1-22.

Kim, Kwang-sup. 2005. Missing affixes. *Studies in Generative Grammar* 15: 275-292.

Kim, Kwang-sup. 2002. VP-focus and the scope of subject. *Studies in Modern Grammar* 29: 1-16.

Kim, Kwang-sup. 1999. A paradox in Korean NPI licensing. *Studies in Generative Grammar* 9: 403-428.

Kim, Kwang-sup. 1998. (Anti-)Connectivity. Ph.D Dissertation, University of Maryland, College Park.

Kiparsky, Paul and Carol Kiparsky. 1970. Fact. In *Progress in linguistics*, ed. by Manfred Bierwisch and Karl E. Heidolph. The Hague: Mouton.

Kratzer, Angelika. 1995. Individual level predicates vs. stage level predicates. In *The generic book*, ed, by Gregory N. Carlson & Francis Jeffrey Pelletier, 125-175. Chicago: Chicago University Press.

Kratzer, Angelika. 1988. Individual-level and stage-level predicates.

Proceedings of the 1988 Tubingen conference, 247-284.

Labov, William. 1972. *Language in the inner City: Studies in the Black English vernacular*. Philadelphia: University of Pennsylvania Press.

Labov, William. 1969. Contraction, deletion, and inherent variability of the English Copula. *Language* 45: 715-62.

Ladusaw, William. 1979. Polarity sensitivity as inherent scope relations. Ph.D dissertation, University of Texas, Austin. [Distributed by Garland Publishing, New York and London, 1980]

Laka, Itziar. 1990. Negation in syntax: on the nature of functional categories and projections. Ph.D Dissertation. MIT.

Landau, Idan. 2007. Constraints on partial VP-fronting. *Syntax* 10: 127-164.

Landau, Idan. 2006. Chain resolution in Hebrew V(P)-fronting. *Syntax* 9: 32-66.

Lappin, Shalom. 1999. An HPSG account of antecedent-contained ellipsis. in *Fragments: Studies in ellipsis and gapping*, ed. by Shalom Lappin and Elabbas Benmamoun, 68-97. Oxford and New York: Oxford University Press.

Larson, Richard K. 1988. On the double object construction. *Linguistic Inquiry* 19: 335-391.

Lasnik, Howard. 2010. On ellipsis: Is material that is phonetically absent but semantically present present or absent syntactically? In *Memory, Mind and Language*, ed. by H. Götzche, 221-242. Cambridge: Cambridge Scholars Publishing.

Lasnik, Howard. 2003. Patterns of verb raising with auxiliary *be*. In *Minimalist investigations in linguistic theory*, ed, by Howard Lasnik, 6-21.

Lasnik, Howard. 2002. Feature movement or agreement at a distance? In *Remnant movement, F-movement and the T-model*, ed. by Artemis Alesiadou, Elena Anagnostopoulou, Sjef Barbiers, and Hans Martin Grutner, 189-208. Amsterdam: John Benjamins.

Lasnik, Howard. 2001. When can you save a structure by destroying it? In *NELS* 31, vol2, ed. by Min-Joo Kim and Uri Stauss, 301-320. Amherst,

University of Massachusetts, GLSA.

Lasnik, Howard with Marcela Depiante and Arthur Stepanov. 2000. *Syntactic Structures revisited.* Cambridge, Mass.: MIT Press.

Lasnik, Howard. 1999. *Minimalist analysis*. Oxford: Blackwell.

Lebeaux, David. 2009. *Where does binding theory apply?* Cambridge, Mass.: MIT Press.

Lebeaux, David. 1988. Language acquisition and the form of the grammar. Ph.D dissertation, Univ of Massachusetts, Amherst.

Lekakou, Marika. 2005. In the middle somewhat elevated: The semantics of middles and its crosslinguistic realization. Ph.D Dissertation, University College London.

Linebarger, Marcia. 1987. Negative polarity and grammatical representation. *Linguistics and Philosophy* 10: 325-87.

Lightfoot, David. 2006. Minimizing government: Deletion as cliticization. *The Linguistic Review* 23.2: 97-126.

Lobeck, Anne. 1995. *Ellipsis: functional heads, licensing and identification.* New York: Oxford University Press.

Marantz, Alec. 1991. Case and Licensing. *ESCOL* 91: 234-53.

May, Robert. 1985. *Logical form: its structure and derivation.* Cambridge, Mass.: MIT Press.

Merchant, Jason. 2001. *The syntax of silence: sluicing, islands, and the syntax of ellipsis*. Oxford: Oxford University Press.

Milsark, Gary. 1974. Existential sentences in English. Ph.D dissertation, MIT.

Myers, Scott. 1984. Zero-derivation and inflection. *MIT Working Papers in Linguistics* 7: 53-69. Cambridge, MIT.

Nunes, Jairo. 2004. *Linearization of chains and sideward movement.* Mass: MIT Press.

Nunes, Jairo. 1999. Linearization of chains and phonetic realization of chain links. In *Working Minimalism*, ed. by Samuel D. Epstein and Norbert Hornstein, 217-249. Cambridge, Mass: MIT Press.

Parsons, Terence. 1990. *Events in the semantics of English: a study in subatomic semantics*. Cambridge, Mass.: MIT Press.

Pesetsky, David. 2000. *Phrasal movement and its kin*. Cambridge, Mass.: MIT Press.

Pesetsky, David. 1995. *Zero syntax*. Cambridge, Mass.: MIT Press.

Pesetsky, David. 1991. unpublished chapters of Zero syntax. [available at http://web.mit.edu/linguistics/www/pesetsky/infins.pdf]

Pesetsky, David. 1989. The earliness principle. ms. MIT.

Pesetsky, David and Esther Torrego. 2004. Tense, case and the nature of syntactic categories. In *The syntax of time*, ed. by Gueron and Lecarme. Cambridge, Mass.: MIT Press.

Pesetsky, David and Esther Torrego. 2001. T-to-C Movement: Causes and consequences. In *Ken Hale: A life in Language*, ed. by Michael Kenstowicz. Cambridge, Mass.: MIT Press.

Pollock, Jean-Yves. 1989. Verb movement, universal grammar, and the structure of IP. *Linguistic Inquiry* 20: 365-424.

Potsdam, Eric. 1997. NegP and subjunctive complements in English. *Linguistic Inquiry* 28: 533-541.

Preminger, Omer. 2014. *Agreement and its failures*. Cambridge, MA.: MIT Press.

Preminger, Omer. 2011. Asymmetries between person and number in syntax: a commentary on Baker's SCOPA. *Natural Language & Linguistic Theory* 29: 917-937.

Rizzi, Luigi. 1997. The fine structure of the left periphery. In *Elements of grammar*, ed. by L. Haegeman, 281-337. Dordrecht: Kluwer.

Roberts, Ian. 1998. Have/Be raising, move F, and procrastinate. *Linguistic Inquiry* 29: 113-25.

Rosenbaum, Peter. 1967. *The grammar of English predicate complement constructions*. Cambridge, Mass.: MIT Press.

Ross, John R. 1969. Guess who? in *CLS* 5. ed. by Robert Binnick, Alice Davidson, Georgia Green, and Jerry Morgan, 252-286. Chicago, Illinois: Chicago Linguistic Society.

Roussou, Anna. 2002. C, T and the subject: that-t phenomena revisited. *Lingua* 112: 13-52.

Sag, Ivan. 1976. Deletion and logical form. Ph.D Dissertation, MIT.

Schachter, Paul. 1973. Focus and relativization. *Language* 49: 19-46.

Schein, Barry. 1993. *Plurals and events*. Cambridge, Mass.: MIT Press.

Sebba, Mark. 1986. Adjectives and copulas in Sranantongo. *Journal of Pidgin Creole Language* 1: 109-121.

Sohn, Keun-won. Negative polarity items, scope, and economy. Ph.D Dissertation, University of Connecticut.

Sportiche, Dominique. 1988. A theory of floating quantifiers and its corollaries for constituent structure. *Linguistic Inquiry* 19: 425-451.

Steinbach, Markus. 2002. *Middle voice: A comparative study in the syntax-semantics interface of German*. (Linguistik Aktuell; 50) Amsterdam: John Benjamins.

Stowell, Tim. 1982. The tense of infinitives. *Linguistic Inquiry* 13: 561-570.

Veenstra, Tonjes. 2015. Copulas as bare roots in the Surinamese Creoles or copulas are not what they seem to be. A paper presented at Workshop on copulas across languages. University of Greenwich.

Vergnaud, Jean-Roger. 1974. French Relative Clauses. Ph.D dissertation, MIT.

Williams, Edwin. 1994. *Thematic structure in syntax*. Cambridge, Mass.: MIT Press.

Williams, Edwin. 1984. *There*-insertion. *Linguistic Inquiry* 15: 131-153.

Williams, Edwin. 1980. Argument structure and morphology. *The Linguistic Review* 1: 81-114.

Williams, Edwin. 1977. Discourse and logical form. *Linguistic Inquiry* 8: 101-139.

Williams, Edwin. 1974. Rule ordering in syntax. Ph.D dissertation, MIT.

찾아보기

ㄱ

가시성 조건 ·· 158
가용한 정보 ·· 268
간접사역 ·· 99
간접적 결속 ·· 297
간접적 원인 구문 ······································· 96
강 최소주의론 ·· 323
강세원리 ·· 212
강양화사 ·· 301
강자질 ·· 20
강조 구문 ·· 13
강조문 ·· 62
강최소주의론 ·· 1
개체층위 ·· 304
개체층위술어 ······························· 134, 312
격 중첩 ·· 160
격부여 ·· 53
격부여자 ·· 310
격여과 ··································· 125, 157
격표지 ·· 120
결속 대명사 ··· 176
결속관계 ·· 90
결속자 ·· 326
결속조건 A ································· 184, 219
결속조건 B ·· 184
결속조건 C ······················· 178, 184, 292
결속조건 C 위반효과 ························· 262
결속형태소 ·· 5
결합 ·· 280
경계어 ·· 216
경동사 v ···················· 54, 148, 155, 310
경제성 원리 ································· 56, 135
경험자 ·· 308
공백 구문 ·· 111
공범주원리 ······························· 202, 203
관계적 분석 ··· 300
관계절 ·· 217
관할 ·· 203

구 정보 ·· 74
구조격 ·· 155
국면 핵 ······························· 205, 256
국면 ··································· 89, 205
국면불침투조건 ······················· 204, 205
국부조건 ······················ 201, 204, 222
굴절어미 ································· 92, 144
극성 any ·· 315
극성 ·· 313
긍정극어구 ·· 13
기능범주 ·· 125

ㄴ

날씨구문 ······························· 136, 138
내부논항 ······························· 143, 306
내부병합 ······························· 183, 324
내부주어 ·· 305
내재논항 ·· 134
내적 해석 ····························· 264, 274
넓은 작용역 ······················· 269, 274
논리구조 ·· 302
논리형태 표상 ··· 196
논리형태부 ··········· 182, 296, 311, 326
논항구조 ·· 133
누적적 일치 ··· 274
누적적 일치현상 ···································· 264
능격 ·· 152
능격/절대격 언어 ·································· 153
능동동사 ·· 78
늦은 병합 ·· 291

ㄷ

단조감소 ·· 321
단형부정 ································· 40, 43
담화표지이론 ·· 302
대격동사 ·· 56
대동사구 ·· 178
대명사 ·· 184

대상자	308
대조적 주제	70, 73
that-흔적효과	104, 110
That의 분포	103
동반이동	198, 287
동사 굴절어미	228
동사구내 주어가설	303
동사구중첩	70
동사이동	44
동사중첩 구문	71
동일성	279
do-삽입	5, 14
뒤늦은 삽입	273
뒤섞기	51, 120

➡ ㅁ

Myers의 일반화	117
메아리의문문	191
명령문	21
명사구 이동	185
모서리	89
모음 삽입	60
모형 to	80
모형동사	5, 10
무순의 원리	84, 107, 122
무표격	149, 150
무표성	55
무표성 원리	55, 135
무표적인 시제	238
문법화 현상	172
문부정	33, 35
문부정소	19, 33

➡ ㅂ

반-that-흔적 효과	113
반국부조건	46
반순환적	292
발음 경제성 원리	194
범주결정의 원리	85, 107, 122
벨파스트 영어	213
변항	5, 297
병합	1, 182, 251, 253, 323
보문소 '고'	119
보문절	92
보완적 장음	159

보조동사	308
보충어	290
보충어 자리	166
보충어구	169, 256, 291
복사	182, 253
복사이론	182, 230, 253
복원가능성의 원리	175, 194, 223, 237, 311, 325
복합명사구 제약	259
부가	276, 291
부가어	276
부가어구	169, 291
부가어구 제약	259
부가의문절	240
부정극어	75
부정극어구	13
부정명령문	29
부정함축	317, 320
부정형	232
부정형태소	42
분사구문	131, 179, 326
분열문	216
분열발음	193
분절음소	231
불변화성	277, 279
불투명술어	95
V-2언어	138
비교량동사	104
비논항적 요소	196
비능격 구문	53
비대격 구문	53
비사역동사	100
비선택적 결속자	297
비인칭 수동태	137
비인칭 주어	131
비인칭 중간구문	142
비한정사	208, 296, 326
비해석적 자질	254
비해석적 Q-자질	189, 256
비해석적 자질 금지조건	194

➡ ㅅ

사건논항	130, 133, 142, 305
사건의미역	130
사상7·설	299

사실동사	118
사역 구문	77, 87
사역 구문의 수동문	92
사역동사	78, 100
삽입금지제약	282
삽입에 의한 보수책략	296
삽입전략	103
상	228
상보적 분포	17, 35
상승	217
상승 구문	305
상호성분통어조건	36
생략	253
생략 경제성 원리	194
생략 자질 E	269
생략에 대한 평행 조건	210
생략에 의한 보수	201
생략에 의한 보수현상	218
선교차금지조건	272
선택관계	107
선택의 원리	107, 122
선택적 제약	79
선행관계	205
선행사 관할	203
선형상응공리	188
선형화	64, 295
성분부정	33, 35
성분부정소	33, 52
성분통어	43, 187
성분통어영역	43
소유자상승	165
속격	165
수동 구문	138
수동동사	78
수식어	169
수의적 생략	225
순수통사부	2
순환적 선형화이론	204, 272
술어내 주어가설	48
습관상	248
시제좌초금지제약	58
심층구조	185

➡ ㅇ

아이슬랜드어	146, 151
아프리카계 미국인 영어	229
악양화사	301
양상조동사	314
양화사 인상	296, 326
어휘격	149
S-구조	185
A'-자리	197
NP-구조	184, 185
여격	149
여격 구문	150
연결사 구문	80
연결사	228
영운용자	202, 217
영접사	105, 325
영접사화	117
영향술어	131, 289
영형태소	15
영형태소론	206
예외격 구문	159
완료조동사	249
외부논항	134, 305
외부병합	183
외부주어	305
외적 해석	264
외치	110
우분지상승 구문	111, 254, 257
우선 원리	197
운용자	196, 207, 302
원형부정사	77
위반할 수 없는 조건	194
위반할 수 있는 조건	194
유/무표성	242
유발자	308
유사강조 구문	59, 62
유인설	254, 257
음운부	9
의문운용자	208
의문절 섬제약	259
의미역 기준	308
의미역 자리	310
의미유형의 불일치	326
의미적 선택 제약	136
의사논항	132
의존격	149, 155
이동	182, 253

이동설 ····································· 258
E자질 ····································· 272
이접적 격이론 ························ 148
이중목적어 구문 ···················· 150
EPP자질 ································· 92
인용격 ··································· 120
인접면 ··································· 185
인접성 조건 ············ 105, 108, 119
인접조건 ················· 36, 85, 172
인지 구문 ························ 77, 87
인지동사 ································· 78
인칭 중간구문 ························ 142
일치 ······································· 89
일치 핵 ································· 157
일치소 ··································· 247
일항술어 ······························· 289

➡ ㅈ
자동양화 ··································· 4
자동적 3인칭 단수 자질 부여 ········· 144
자유변이형 ······························ 58
자유선택 any ························· 315
자유선택적 ···························· 313
자질부여 ······························· 161
작용역 ··································· 297
작용역 중의성 ·················· 18, 264
장면층위술어 ········· 134, 304, 312
장형부정 ································· 40
재구 ····································· 183
재구원리 ······························· 198
재구효과 ·················· 50, 183, 291
재귀사 ··································· 184
재병합 ··············· 253, 258, 272, 274
재병합이론 ···························· 253
전제 ····································· 301
전칭적인 의미 ························ 290
절대격 ··································· 152
접사 ·································· 5, 81
접사이동 ···························· 5, 82
접사좌초금지조건 ········ 5, 6, 14, 52, 108
   189, 324
정형굴절시제 ·························· 16
정형굴절어미 ························· 179
제한부 ··································· 207
제한절 ······················ 299, 300, 302

조각성분통어이론 ···················· 36
조기원리 ······························· 164
조작금지조건 ············ 2, 195, 323
존재양화사 ············ 296, 298, 312, 326
좌초된 초분절음소 ·················· 243
주격/목적격 언어 ··················· 153
주류영어 ······························· 213
주어-조동사 도치 ··················· 202
주어추출 ······························· 110
주제 ····································· 163
주제-평언 구조 ························ 70
준사역동사 ············· 80, 92, 100
중간구문 ······························· 142
중립적 주제 ······················ 70, 73
중립적 주제 구문 ···················· 70
중의성 ··························· 177, 290
중첩 구문 ······························· 63
GB이론 ································· 308
지배-결속 이론 ·························· 1
지시적 표현 ··························· 184
지연원리 ······························· 164
지정어 자리 ··························· 166
직시 ····································· 176
직시 대명사 ··························· 176
직접사역 ································· 99
직접적 원인 구문 ···················· 96
직접적인 작용역 ······················ 76

➡ ㅊ
차량변경 ··············· 178, 262, 274
초분절음소 ····················· 229, 244
초분절형태소 ··················· 64, 234
초점구 ··································· 293
초점확산 ······························· 213
총칭양화사 ············ 298, 299, 312
최대생략원리 ··················· 209, 210
최대투사 ······························· 272
최소거리 이동 ························ 192
최소의 탐색 ··························· 285
최소주의 ························· 1, 326
최후의 수단 ········ 2, 56, 65, 81, 92, 105,
   122, 131, 140, 158, 164, 165, 180, 206,
   222, 225, 257, 283, 312, 323, 326
최후의 수단설 ··················· 254, 257
최후의 수단으로 생략 ················ 249

충실성 원리 ······················· 56

➡ ㅌ
타동사 구문 ······················ 53
터키어족 ························· 159
통사-음운 접합부 ············· 9, 182, 326
통사-의미 접합부 ·················· 251
통사구조 ··························· 10
통사부 ···························· 251
통사적 선택제약 ··················· 136
통제 구문 ···················· 132, 305
통제자 ···························· 132
통합 ······························ 270
투명성 ······················ 276, 279
to-부정사 구문 ····················· 16
To-삽입 ···························· 77
To의 분포 ·························· 80
To의 수의성 ························ 81

➡ ㅍ
파생접사 ·························· 117
평언 ······························· 71
for-to 제약 ················· 121, 124
For-삽입 ·························· 121
표류양화사 ······················· 306
표준이론 ························· 164
표찰달기 ········· 4, 276, 280, 283, 294, 324
표찰달기 알고리듬 ············ 285, 288
필수구조 ························· 324
필수구조이론 ······················· 4

➡ ㅎ
'하'-삽입 ························ 6, 40
하강 ····························· 183
하위범주화 ························ 79
하위복사본 생략 ················· 324
하위사건 ·························· 89
하위인접조건 ··········· 202, 205, 222
하자보수작업 ······················· 7
함의 ····························· 318
함의관계 ························· 319
해석 효율성 원리 ················· 194
해석적 Q-자질 ··············· 189, 256
핵 ······························· 300
핵관할 ··························· 203

핵영역 ···················· 299, 300, 302
핵이동 ······························ 6
핵후위 언어 ······················· 46
허사 ····························· 130
허사 pro ························· 145
허사주어 ······················ 131, 325
현재완료 ······················ 232, 239
형용사 구문 ························ 53
화법조동사 ························ 16
확장조건 ······················ 273, 292
후치사 ··························· 216
후치사 생략 ······················ 216
후치사구 ························· 170
후행생략 ························· 268
휴지 ····························· 244
흔적이론 ························· 183

➡ A
absolutive ······················· 152
Across-the-Board Approach ······· 258
adjunction ······················· 276
affix hopping ······················ 5
affix ······························ 5
AGREE ··························· 89
agreement head ················· 157
AGRsP ··························· 270
antecedent govern ··············· 203
anti-locality condition ············ 46
any ······················ 312, 313, 326
aspect ··························· 228
attract approach ················ 254

➡ B
bare infinitive ···················· 77
bare phrase structure ······· 4, 324
be ······························· 246
Belfast English ·················· 213
binder ··························· 326
Binding Condition ··············· 184
Bolinger ························· 133
Bošković ························ 255
bound morpheme ··················· 5
bound ··························· 176

➡ C

Case assignor	310
Case Filter	125, 157
causative	79
causative construction	77
Causer	308
c-command	43, 187
c-domain	43
Chomsky	1, 10, 82, 284, 288
cleft	216
combine	280
compensatory lengthening	159
complementary distribution	17
constituent negation	33
contrastive topic	70
control	305
controller	132
copula	228
copular	80
copy	182
copy theory	182, 230
counter-cyclic	292
c-selection	136
Cyclic Linearization Theory	204, 272

➡ D

dative case	149
dative construction	150
Davidson	133, 281
default	144
default quantification	4
deictic	176
deixis	176
Deletion Economy	194
delimiter	216
denominal verb	117
dependent case	149
direct causation	96
Discourse Representation Theory	302
disjunctive case theory	148
D-linked	192
double object construction	150
dummy	80
dummy verb	5, 10

➡ E

Earliness Principle	164
echo-question	191
ECP	202, 203
edge	89
Embick	29
entailment	318
EPP	131, 141, 254
ergative	152
event argument	305
event theta role	130
existential quantifier	296
Experiencer	308
expletive	130
extension condition	273, 292
external merger	183
external reading	264
Extraposition	110

➡ F

factive	118
finite inflectional ending	16
floating quantifier	306
Focus Phrase	293
focus projection	213
for-to filter	121
Fox	201
free choice	313

➡ G

gapping	111
generic	298
govern	203
Government & Binding	1

➡ H

habitual aspect	248
head govern	203
head movement	6
head-final	46
Heim	298, 312
Hornstein	184, 276, 280

➡ I

immediate scope	76

implicit argument ··············· 134
inclusiveness condition ········· 282
indefinite ····················· 296
indirect binding ··············· 297
indirect causation ··············· 96
individual-level ··············· 304
individual-level predicate ······· 134
infinitival form ················ 232
interface ······················ 185
internal merger ·········· 183, 324
internal reading ················ 264

➡ **J**
Johnson ·················· 231, 253

➡ **K**
Kayne ···················· 188, 294
Kratzer ························ 133
labeling ················ 4, 276, 280
Ladusaw ······················· 321
Lasnik ···················· 82, 201

➡ **L**
last resort ······················· 2
late insertion ·················· 273
late merge ····················· 291
LCA ··························· 188
level ······················ 185, 186
lexical case ···················· 149
LF ····························· 296
LF representation ··············· 196
light verb ······················ 310
Lightfoot ······················ 243
Linear Correspondence Axiom ····· 188
linearization ···················· 64
locality condition ··············· 201
lowering ······················ 183

➡ **M**
mainstream English ············· 213
mapping hypothesis ············· 299
Marantz ······················· 148
markedness ···················· 242
Max Elide ····················· 209
Merchant ·············· 201, 210, 268

merge ··············· 1, 182, 251, 323
middle construction ············· 142
Milsark ························ 300
minimal search ················· 285
modifier ······················· 169
monotone decreasing ············ 321
movement approach ············· 258
mutual c-command condition ······ 36

➡ **N**
narrow syntax ···················· 2
Negative Implicature ············ 317
Negative Polarity Phrase ········· 13
neutral topic ···················· 70
neutral topic construction ········ 70
No Line Crossing Condition ····· 272
No Tampering Condition ···· 2, 195, 323
No Uninterpretable Feature Condition,
  No UF Condition ············· 194
non-bridge verb ················ 104
Noyer ·························· 29
NP-movement ·················· 185
NPI ··························· 321
nuclear scope ·········· 299, 300, 302
nucleus ······················· 300
null operator ··················· 217
Nunes ························· 280

➡ **O**
old information ·················· 74
one-place predicate ············· 289
opaque predicate ················· 95
operator ·················· 196, 302

➡ **P**
Parsing Efficiency ·············· 194
pause ························· 244
perceptual construction ··········· 77
perceptual ······················ 79
Pesetsky ·················· 46, 117
phase ····················· 89, 205
phase head ···················· 205
Phase Impenetrability Condition ·· 204, 205
pied-piping ·············· 198, 287
polarity sensitive ··············· 313

Pollock ·········· 12
Positive Polarity Phrase ·········· 13
possessor raising ·········· 165
precedence relation ·········· 205
Predicate-Internal Subject Hypothesis ···· 48
Preference Principle ·········· 197
Preminger ·········· 148
presupposition ·········· 301
Principle of Recoverability ··· 175, 194, 237
Procrastinate Principle ·········· 164
Pronounce Economy ·········· 194

➡ Q
QR ·········· 296
Quantifier Raising ·········· 296
quantifier ·········· 326
quasi-argument ·········· 132

➡ R
raising ·········· 217, 305
reconstruction effects ·········· 183
relational analysis ·········· 300
remerge ·········· 253
repair-by-ellipsis ·········· 201
repair-by-insertion strategy ·········· 296
repairing operation ·········· 7
restriction ·········· 300, 302
restrictive clause ·········· 299, 300
R-expression ·········· 184
Right Node Raising ·········· 111, 254, 257
RNR ·········· 254

➡ S
Sakha ·········· 159
scrambling ·········· 51, 120
selectional relation ·········· 107
sentential negator ·········· 19, 33
Shortest Move ·········· 192
split spell-out ·········· 188
Sportiche ·········· 306
s-selection ·········· 136
stacking ·········· 160
stage-level predicate ·········· 134, 304
Stowell ·········· 94
stray affix condition ·········· 5

strong feature ·········· 20
strong minimalist thesis ·········· 1, 323
strong quantifier ·········· 301
subcategorization ·········· 79
subevent ·········· 89
Subjacency Condition ·········· 202, 205, 222
suprasegmental morpheme ·········· 64
syncretize ·········· 270
Syntactic Structures ·········· 10
syntax-phonology interface ·········· 9

➡ T
tag question ·········· 240
the segment theory of c-command ·········· 36
Theme ·········· 308
theta-criterion ·········· 308
to-infinitival construction ·········· 16
topic ·········· 163
topic-comment ·········· 70
Torrego ·········· 46
trace ·········· 183
transparency ·········· 276
Turkic ·········· 159

➡ U
unaccusative ·········· 53
unaffectedness ·········· 277
unergative ·········· 53
uninterpretable ·········· 189
unmarked case ·········· 149
unmarkedness ·········· 55
unselective binder ·········· 297

➡ V
valuation ·········· 91, 161
variable ·········· 5, 297
Vehicle Change ·········· 178, 262
Visibility Condition ·········· 158

➡ W
weak quantifier ·········· 301
wh-operator ·········· 208
Williams ·········· 133, 184

➡ **Y**
Yiddish ·· 115, 141

➡ **Z**
zero affix ·· 105
zero morpheme ································ 15, 206
zero-place ··· 131
zero-place predicate ···························· 289